Tratando con

TRATAR CON PARIENTES Y SUEGROS DIFIíCILES

Cómo tratar a los parientes y suegros enojados, exigentes y manipuladores

EDICIÓN REVISADA

ROBERTA CAVA

Copyright © 2018 por Roberta Cava

Todos los derechos reservados. Ninguna parte de este trabajo cubierto por los derechos de autor aquí en adelante puede ser reproducida o utilizada en cualquier forma o por cualquier medio - gráfico, electrónico o mecánico, incluyendo fotocopia, grabación o almacenamiento de información y sistemas de recuperación - sin el permiso previo por escrito del editor.

Publicado por Cava Consulting
info@dealingwithdifficultpeople.info
www.dealingwithdifficultpeople.info

Cava, Roberta

Tratando con parientes difíciles y en leyes

Cómo lidiar con familiares y parientes enojados, exsigentes y manipuladores

Edición revisada

Biblioteca Nacional de Australia

Datos de catalogación en publicación:

ISBN: 978-0-6481522-0-0

LIBROS DE ROBERTA CAVA

No ficción

Tratando con gente difícil
(23 editoriales, en 17 idiomas)
Tratando con situaciones difíciles: en el trabajo y en la casa
Tratando con cónyuges y niños difíciles
Tratando con parientes difíciles y en leyes
Tratando con frente a la violencia doméstica y el abuso infantil
Tratando con Intimidación en escolar
Lidiar con el Intimidación en el lugar de trabajo
Intimidación en aldeas de retiro
Solo di no
Mantenga a nuestros niños seguros
¿Qué voy a hacer con el resto de mi vida?
Antes de atar el nudo
Cómo las mujeres pueden avanzar en los negocios
Habilidades de supervivencia para supervisores y gerentes
¡Recursos humanos en su mejor momento!
Políticas y procedimientos de recursos humanos
Manual del Empleado
Fácil de contratar, difícil de eliminar
Tiempo y estrés: hoy asesinos silenciosos
Toma el control de tu futuro - Haz que las cosas sucedan
¡El vientre ríe para todos! Volúmenes 1 a 6
¡Sabiduría del mundo! ¡Cosas felices, tristes y sabias en la vida!

Ficción

Ese algo especial
Algo falta
Trilogy: La vida se complica
La vida continua
La vida se pone mejor

AGRADECIMIENTOS

Mi gratitud se extiende a los miles de participantes de mis seminarios que aportó ideas sobre cómo maneja su difícil hermanos, parientes, padres y personas mayores.

También, sincero agradecimiento a la Asociación canadiense de Salud Mental que me permitió citar directamente de uno de sus folletos de información.

TRATANDO CON PARIENTES DIFÍCILES Y EN LEYES

Tabla de contenido

Introducción	1
Capítulo 1 - Evalúa sus acciones	3
Capítulo 2 - ¿Qué clase de persona es usted?	21
Capítulo 3 – Comunicarse con personas difíciles	39
Capítulo 4 - Hermanos difíciles y hermanas	53
Capítulo 5 – Relativo difícil	93
Capítulo 6 – Ancianos difililes	123
Capítulo 7 – Padres dificiles	153
Capítulo 8 – Dificiles en leyes	179
Conclusión	193
Bibliografía	195

Tratando con parientes difíciles y en leyes

INTRODUCCIÓN

Esta publicación es una secuela de mi libro internacionalmente más vendido *Cómo tratar con Personas Difíciles* que ha sido tan popular desde su lanzamiento en 1990 que los editores revisar ediciones en 2000, 2004, 2008, 2013 y 2014. Ahora está disponible a través de veintitrés editores y en diecisiete idiomas. Secuelas de ese libro son: *Tratar con de situaciones difíciles - en el trabajo y en el hogar; Tratar con cónyuges y niños difíciles; Tratar con parientes y suegros difíciles.* Los libros sobre la intimidación incluyen: *Tratar con de la Violencia Doméstica y el Abuso de Niños; Tratar con de la intimidacion la escuela; Tratar con la intimidación en el lugar de trabajo y la Intimidación en las Aldeas de Jubilación.*

En lugar de orientar este libro hacia aquellos en la fuerza de trabajo, he inclinado lo hacia hermanos, padres, familiares, personas mayores y suegros que pueden ser, malestar, irate, grosero, impaciente, emocional, persistente o apenas llano agresivo.

Estas personas difíciles pueden tratar de manipular a hacer cosas que no quieren hacer, evitar que hagas las cosas que quieres hacer, tratar de darte sentimientos negativos acerca de ti mismo o hacer que pierdas la calma.

Este libro no es una cura y no soy lo suficientemente presuntuoso como para pensar que tengo todas las respuestas. Lo que obtendrá, sin embargo, son alternativas a la forma en que actualmente se ocupan de los problemas; para darle la opción de probar plan 'B' y 'C' cuando su plan 'A' no funciona.

¿Ha comenzado su mañana a sentirse feliz con el mundo, pero encontrar su día va rápidamente cuesta abajo debido a las situaciones difíciles que encuentras? ¿Dejas que otras personas o situaciones controlen qué tipo de día tienes? ¿Se siente a menudo como si no está en control durante situaciones difíciles? Son las pequeñas molestias que pueden arruinar tu día, así que, si puedes manejarlas constructivamente, ciertamente estarás por delante del juego.

Aprender a lidiar con personas difíciles implica aprender a manejar su lado de una transacción de dos vías. Esto le da a la otra persona la oportunidad de trabajar con usted para resolver lo que está haciendo que él o ella difícil. Aunque usted puede hacer varios intentos para cambiar el comportamiento difícil de otros - su oportunidad de hacer una diferencia depende de la receptividad de su gente difícil de cambiar. Lo que usted tiene control total de - es su reacción al comportamiento difícil de otros.

Las personas difíciles son aquellas que tratan de:

- nos hacen perder la calma;

- nos obligan a hacer cosas que no queremos;
- nos impiden hacer lo que queremos o necesitamos hacer;
- usar coerción, manipulación u otros métodos que se superpongan a los suyos;
- hacer que hagamos su parte del trabajo.
- nos hacen sentir culpables si no van con sus deseos;
- nos hacen sentir ansiosos, enfadados, frustrados, enojados, deprimidos, celosos, inferiores, derrotados, tristes o cualquier otro sentimiento negativo.

La gente viene en todas las formas y tamaños y también muestran muchos tipos de comportamiento. Muchos usan la manipulación, para salir adelante, usando conductas pasivas-resistentes, pasivas / agresivas, indirectas agresivas y agresivas. ¿Qué tácticas usas cuando intentas persuadir a alguien para que haga algo? ¿Intenta manipular a otros usando manipulación negativa?

¿Podrían otros objetar a esta manipulación que resulta en muchas de las situaciones difíciles que tu enfrentan? Al leer los ejemplos de este libro pregúntese si también podría ser culpable de cualquiera de las situaciones que causan tal pena a los demás.

¿Qué ganará al leer este libro? Aprenderás técnicas que te permitirán mantener la calma, ganar una actitud más positiva y mantener tu bienestar emocional cuando te enfrentas a situaciones negativas de la vida. Su nivel de confianza en sí mismo aumentará y usted estará en control al tratar con cónyuges, parientes y suegros difíciles.

¿Cómo sé que las técnicas identificadas en este libro realmente funcionan? Más de 55.000 participantes (a nivel internacional) que han asistido a mis seminarios sobre **Cómo Tratar con Personas Difíciles,** respaldan las técnicas descritas en este libro y las usan a menudo.

CAPÍTULO 1

EVALÚA SUS ACCIONES

Controlando sus estados de ánimo:

Antes de que pueda hacer frente a miembros de la familia y suegros difíciles, es esencial que usted tiene su actuar juntos. ¿Podrían sus acciones o comportamiento ser un desencadenante para el comportamiento difícil de la otra persona? ¿Podrías haber hecho o dicho algo que inició el difícil encuentro?

¿Usted es quizá una persona cambiante usted mismo? ¿Tiene cambios de humor que afectan el tipo de día que tiene? Si normalmente eres una persona de mal humor, probablemente has permitido que el comportamiento y las acciones de otros afecten tu día.

Si crees que las circunstancias externas causan infelicidad y no tienes control sobre esta infelicidad, te equivocas. Externo de fuerzas y eventos no puede ser perjudicial, a menos que les permita afectar a usted. La felicidad viene en gran parte dentro de una persona. Aunque los acontecimientos externos pueden irritar o molestarle, usted todavía tiene control sobre cómo usted responde.

Cada día nos enfrentamos a situaciones negativas que causan emociones negativas. Algunas reacciones pueden hacernos sentir:

Enojado; desconcertado; tonto; herir; intimidados; suspicaz; culpable; rechazado; preocupado; ansioso; nervioso; difícil; deprimido; afligido; frustrado; preocupado; trastornado; ignorado, trastorno emocional; decepcionado; humillado; preocupado; avergonzado; resentido; agitado; celoso; restringido; arrepentido; estúpido; inseguridad; ofendida; triste; o obstaculizado.

¿Hay alguna maravilla por qué muchas personas se han convertido en personas de pensamiento negativo? Por lo tanto, mira a los signos físicos (que probablemente tiene cuando se trata de personas tratando de hacer que se sienta cualquiera de las anteriores) y pregúntese si está exagerando. Si usted ha determinado que la sensación no es realista, ha reaccionado exageradamente. Esto podría ser diez minutos después de que ocurriera la situación negativa. ¡Apague su reacción negativa - déjelo ir! ¡Si usted encuentra que su mente está constantemente volviendo a estas situaciones negativas, recuerde que está dando a alguien el control sobre su vida - y no lo haga!

¿Cuántos de estos sentimientos negativos *no* has sentido en el último mes? ¿Es de extrañar que estés estresado con tantos negativos que te bombardean todos los días?

Cuando nos enfrentamos a estas emociones negativas, la mayoría de nosotros reaccionamos automáticamente, como siempre, si es bueno o malo. Por ejemplo, cuando alguien lanza un comentario de corte a su manera o hace un comentario enojado - ¿mantener su equilibrio y manejar las púas de una manera positiva? ¿Qué hay de situaciones en las que alguien está tratando de hacerte sentir culpable por algo? ¿Puede mantener su compostura y mantener el control sobre sus emociones y reacciones en esas circunstancias? ¿O reaccionas casi automáticamente al estímulo negativo de los demás y tomas represalias o te sientes herido o culpable?

¿Qué sucede con su nivel de autoestima cuando no está en control de situaciones? ¿Permanece intacto o está magullado por las acciones negativas de la otra persona? Esto es lo que puede mantenerte desequilibrado. Cuando eres capaz de controlar tus emociones y reacciones cuando te enfrentas a situaciones difíciles, también conservas tu sentimiento de autoestima. Cuando usted se sienta en control de situaciones, sus pies permanecen firmemente plantados. Pero, si reacciona mal al comportamiento negativo de alguien, puede encontrarse perdiendo ese control.

¿Culpas a los demás por cómo te sientes? Cuando haces comentarios como: *'Ella me pone tan enojada cuando ella...'* O, *'El Siempre me hace sentir tan inferior.'* O, su propia charla de sí mismo dice: *'Usted goofed de nuevo. ¡Qué tonta cosa que hacer! ¿Nunca aprenderé?'* Estás permitiendo que otros (y tú mismo) arruinen tu día. Al permitir que usted se sienta mal acerca de las situaciones o tomar en la culpa que no merece, te estás dando un mal día. Seamos realistas - no vas a ganar nada culpando a los demás por la forma en que te sientes. Recuerda,

- Usted decide si el comentario enojado de alguien le molestará o no.
- Te permites sentirte herido cuando alguien te habla sin cuidado y
- Usted elige sentirse culpable, incluso si la sensación no está garantizada.

Usted renuncia a una parte importante de su autoestima, si permite que otros gobiernen si tiene un día bueno o malo.

¿Cómo puede evitar que esto suceda? Simplemente apague las situaciones negativas y no dejes que te afecten emocionalmente. Si te permites absorber el sentimiento negativo, el tendrá que salir de alguna manera, así que pasas la mala sensación a alguien más. ¡Debido a que probablemente has estado en 'piloto automático' al reaccionar a situaciones negativas en el pasado, esta técnica puede tomar una práctica considerable - pero vale la pena!

Uno de esos días

¡Estoy seguro de que has enfrentado un día en que todo parece ir mal! De hecho, usted desea que usted podría ir de nuevo a la cama (¡y es solamente 10:00!) Cómo usted reacciona a este tipo de día determina a menudo el resultado de él. La mayoría de la gente responde diciendo: *'Va a ser uno de esos días!'* Esperan que el resto del día sea terrible - ¡y lo es! Se preparan para un mal día y son recompensados en consecuencia.

Si usted se encuentra de día donde ocurren tres o cuatro situaciones negativas - tener una charla con usted mismo. En lugar de *decir 'Va a ser uno de esos días,'* decir, *'¡Gracias a Dios que las cosas malas han terminado!'*

¡Lo que estás haciendo es decirte a ti mismo que el resto del día va a ser mejor (porque todas las cosas realmente malas ya han sucedido)! Trate de cambiar su actitud de negativo a positivo cuando está teniendo un mal día y ver si su día no da la vuelta.

Gestione sus emociones

Cuando otros se vuelven irate, grosero, impaciente o enojado, también le molesta. El primer paso para mantener la calma es cambiar su respuesta. Mi vida cambió cuando me di cuenta de que podía elegir cómo reaccionar ante situaciones difíciles. Podría tomar los sentimientos negativos que otros me impondrían o simplemente no los tomé. Logré esto, deteniendo mi mecanismo de defensa de patear pulg Este es el mismo sistema defensivo que hombres de las cavernas y cavewomen había. Se prepararon mental y físicamente para levantarse y luchar contra el dinosaurio o correr como locos en la dirección opuesta.

Hoy en día, la misma reacción ocurre cuando nos enfrentamos a situaciones peligrosas o negativas. Deténgase un momento y pregúntese cómo reacciona mental y físicamente cuando alguien está enojado con usted, le ha hecho daño con sus comentarios o ha tratado de hacer que se sienta culpable por algo. Muy a menudo, su mecanismo de lucha o vuelo entra en juego y es probable que tenga algunos de los siguientes síntomas:

- pulso rápido
- aumento de la transpiración

- el corazón palpitante
- la presión arterial aumenta
- respiración más rápida
- tensión de los músculos de las piernas y los brazos
- estómago nervioso
- músculos del estómago apretados
- dolores de cabeza y estómago
- pérdida o aumento del apetito
- la digestión se ralentiza
- erupciones cutáneas y urticaria
- rechinar los dientes
- apretón de la mandíbula
- manos se sienten mojadas
- extremidades frías
- el cuerpo tiembla
- incapacidad para permanecer sentado
- pensamientos furiosos
- emociones excesivamente emocionantes
- impaciencia
- ponerse nervioso
- emocional
- insomnio

El primer paso que tomé para ser más inmune al comportamiento difícil de otros fue identificar cuándo entró en juego mi mecanismo de defensa. Reconocí que estaba mental y físicamente preparándome para defenderme. Mis reacciones fueron: mi corazón latía, mis pensamientos corrían, mi sangre fluía a mi cara y mis músculos se endurecían (especialmente mis músculos del estómago). ¿Tienes reacciones similares? También puede identificar sus reacciones de lucha o vuelo cuando se enfrenta a situaciones difíciles.

Tan pronto como identifico esta reacción en mí, me detengo; (esto toma sólo una fracción de segundo) y me pregunto si estoy reaccionando correctamente a la situación negativa. Nueve de cada diez veces, reconozco que estoy exagerando o me estoy permitiendo sentir mal.

También reconozco que mi autoestima es menor cuando me encuentro con situaciones en las que no me siento "en control". Me siento incompetente cuando estoy en situaciones difíciles. Cuando aprendí a controlar mis reacciones, podía mantener un alto nivel de autoestima. Esto me permitió dirigir mi energía hacia el uso positivo en lugar del uso negativo.

En vez de huir, de sentirme herido o de defenderme, traté de la situación. Cuando aprendí esta técnica simple, encontré que tenía mucho más control sobre mis estados de ánimo cotidianos. Se fueron los cambios de humor de la montaña rusa del pasado. ¡Otras personas no decidieron qué tipo de día me gustaría tener - lo hice! Usted también puede tener este control. La habilidad para dominar esta habilidad es más fácil de lo que usted podría creer. Todo lo que se necesita es la práctica - ¡pero puedes hacerlo! Tan pronto como sienta la necesidad de defenderse - detenga y practique mi técnica.

Si usted no apaga su mecanismo de defensa, permitirá que otros le den sus sentimientos negativos. Si usted permite que los sentimientos negativos para entrar, que rumble alrededor, pero necesitan ser liberados de alguna manera. ¿Y cómo liberan estos sentimientos? Tu se los da a alguien o algo más. Usted sacude su puño a la persona que le dio la mala sensación; usted tiene una discusión con la siguiente persona que ve; patear al perro o incluso lanzar algo.

¿Esto le suena familiar? ¿Por qué está permitiendo que otra persona active estas respuestas? Recuerde que no *puede* controlar el comportamiento de otras personas, pero puede controlar cómo responde a su comportamiento. Al aceptar l enojo, tu les ha dado control sobre los próximos minutos, horas o incluso días de tu vida. ¿Es esta persona digna de tener tanto control sobre tus emociones? En la mayoría de los casos, creo que usted decidirá un definitivo, ***no.***

Por supuesto, habrá excepciones donde esta técnica no funcionará porque las situaciones son serias:

- Tener un accidente o estar seriamente enfermo;
- Despedido de tu trabajo injustamente; o
- Alguien que usted conoce está gravemente enfermo o muriendo.

Pero éstas son excepciones. La mayoría de los estados de ánimo cotidianos y las reacciones que *puede* controlar.

Cómo 'mantener su fresco'

Piense en una situación en la que un miembro de la familia está obviamente de mal humor. En lugar de saber que él o ella no será fácil hablar con - usted responde negativamente a su comportamiento. No permita que los comentarios le afecten y terminen con sentimientos heridos en ambos lados.

¿Por qué dejó que esto sucediera? Más tarde, la persona probablemente le pedirá disculpas por el o ella comportamiento. Sin embargo, si esta persona está de mal humor la mayor parte del tiempo, usted no debe tener que *"caminar sobre los huevos"* y tener cuidado de cada palabra que usted dice. Si este es el caso, confronte a la persona y explique cómo se siente acerca de el comportamiento (use la técnica de retroalimentación - vea el Capítulo 3).

Mantener la calma cuando estás bajo presión requiere esfuerzo concentrado. Si eres rápido para enfadarse - centra sus energías en detener su mecanismo de defensa automática y en su lugar, pruebe las siguientes tácticas:

Sintonice sus sentimientos. Me siento triste... infeliz... enojado...

Reducir o encontrar la causa de sus sentimientos. ¿La persona no guardó su palabra? ¿Estaba usted decepcionado, o la persona rompió un fideicomiso? Trata de entender por qué te sientes enojado, triste, infeliz, temeroso, etc. ¿Te acusó injustamente o te merecías su reacción por algo que hiciste o no hiciste?

Trata tus sentimientos de manera realista y comparte tus sentimientos con la persona que te molesta. Comuníquese - no los deje fuera. Por ejemplo, diga: *'Cuando me gritas, me congelo y no puedo responder como yo quiero.'*

Dar un paseo. Utilice su adrenalina eficazmente dirigiendo su energía hacia actividades constructivas. Determine por qué hizo o dijo lo que hizo. ¿Cómo debe lidiar con sus acciones? ¿Qué podría decir o hacer que resolvería el problema? Entonces hacerlo.

Usando la lógica y la emoción

Estas dos fuerzas - la lógica y la emoción, están trabajando durante toda nuestra vida. A menudo empujan y tiran en direcciones opuestas. El predominante puede determinar cómo nos llevamos bien con los demás y puede afectar nuestro nivel de logro.

Como niños, podemos tener recuerdos muy agradables y recordar sentir placer, felicidad, emoción y diversión y amor (todas las emociones positivas). O podemos tener recuerdos muy negativos; nos sentimos inseguros e inferiores cuando nuestros logros fueron comparados con otros. Nuestras calificaciones escolares, nuestra destreza en los deportes y nuestra apariencia física fueron cuidadosamente evaluados. Esto a menudo resultaba en comportamientos negativos tales como hacer pucheros, berrinches, gritar, discutir, maldecir y culpar a otros, difundir chismes, dar el tratamiento silencioso, mostrar celos o resentimiento.

Estas respuestas negativas rara vez recibieron reacciones favorables. Como la mayoría de nosotros madura, aprendemos a evaluar nuestro comportamiento y también cuestionar la validez de los comentarios o el comportamiento de los demás.

Ejemplos de situaciones:

Aquí hay ejemplos de cómo podría estar pasando en *"piloto automático"* cuando se enfrentan a situaciones negativas:

1. Te permites aceptar la ira de los demás

Por ejemplo: Usted ha estado comprando comestibles, y regresa a su coche para encontrar que alguien ha puesto una abolladura en la puerta de su coche. El lugar de estacionamiento al lado de su coche está vacío, por lo que el conductor ha dejado sin admitir a causar el daño. Estás furioso, entra en tu coche y la velocidad fuera del estacionamiento. Después de llegar a casa, tu de llamar a su agente de seguros, y comunicarse con todos sus amigos cercanos, ranting y delirante sobre el daño hecho a su coche.

¿Cuánto tiempo te permanecer enojado con el conductor del otro auto? ¿Y de qué sirve? He visto a la gente permanecer en una fiebre por horas relatando su historia a otros. Ellos dicen: '¿Sabes lo que me pasó cuando estaba de compras esta mañana? ¡Alguna persona tonta consiguió la puerta de coche en el mío y hay una abolladura grande en la puerta del pasajero!

Cuando notó la abolladura en su coche, tenía dos opciones:

- quédate molesto.
- manejar la situación mediante:

    (i) reportar el incidente a su compañía de seguros,
    (ii) obtener su coche fijo y olvidarse de la situación.

Su ira no tendrá ningún efecto en el conductor que dañó su coche. En la primera situación, usted eligió permanecer molesto. No se puede culpar al otro conductor por tu continua ira.

2. *Usted* responde negativamente a la culpa

Lamentablemente, vivimos en una sociedad culpable donde permitimos que otros nos hagan sentir culpables y somos muy eficientes para darnos sentimientos de culpa también. Nos sentimos culpables si no podemos entender lo que alguien está diciendo o nos sentimos culpables porque tu cometen errores. Identifique las cosas que ha hecho en el pasado de las que no está orgulloso. En lugar de revolcarse en la culpa, aprender de la experiencia. Si una disculpa es necesaria para quitar la culpa - luego disculparse.

a) *Otros te echan la culpa, así que te permites sentirte culpable:*

Nuestros padres son a menudo los que pueden darnos los sentimientos más eficaces cargados de culpa. Usted no puede cambiar el pasado a pesar de cómo usted o ellosél siente sobre él. Algunos padres tienen recuerdos largos y traen a colación acontecimientos que sucedieron hace años.

Cuando otros tratan de hacerte sentir culpable, deja de identificar lo que el comentario realmente significa. Analice si hay alguna verdad en el comentario y luego actúe en consecuencia. Reconocer cuando otros están manipulando, a usted tratando de hacer que se sienta culpable. Acepte que tiene el derecho de elegir hacer o ser algo distinto de lo que otros pueden esperar o quieren que tu sea.

Por ejemplo, tus padres insistir en que no hay otra profesión que valga la pena aparte de la enfermería (cuando se quiere ser un trabajador social). Es bueno tener la aprobación de sus padres, pero no en el riesgo de perdiendo tu sentimiento de autoestima. Usted tiene el derecho de elegir cómo vive (siempre que no esté violando las leyes de la tierra). Usted también debe estar listo para tomar las consecuencias de su comportamiento y opciones. Reconocer que otros (¿quizás tus hijos?) tienen este derecho también. Es injusto forzar sus ideas sobre otros tratando de hacer que la persona se sienta culpable.

Otros pueden intentar transferir su responsabilidad a usted o tratar de obtener piedad de ti. Mientras intentan por hacerte sentir culpable, su hacen comentarios tales como:

> *'Pasé todo el día cocinando comida y usted toma apenas quince minutos para comerlo. ¡Lo menos que podrías hacer son ayudar a limpiar la mesa!'*
> *'Usted no llamarme más.'*
> *'Si me amabas más, vendrías a verme más a menudo.'*
> *'¿Qué pensarán los vecinos?'*
> *'¿Cómo puede usted simplemente sentarse allí viendo su juego de fútbol estúpido cuando hay tanto que hacer por aquí?'*

¿Cómo manejas a una persona que trata de hacerte sentir culpable? Primero, identifique si el comentarios o declaraciones son verdaderas. Si es así, trate el asunto. Si la culpa no está justificada, trate de establecer por qué están tratando de manipularlo tu y lo que esperan obtener al hacerlo.

Por ejemplo: Usted ha trabajado muy duro pintando el baño y está muy orgulloso de su logro. Tu espera pacientemente el reconocimiento de los miembros de tu familia. ¿Es probable que llegue el reconocimiento? Típicamente, no lo es. Lo que es más probable que escuche, es una pequeña parte de la tarea que realizó incorrectamente. *'Te perdiste este lugar.'* O, *'La pintura corrió aquí.'*

Desafortunadamente, si alguien te critica, puedes aceptar automáticamente sus comentarios sin duda. Esto permite a la persona que te da críticas, para controlar cómo te sientes acerca de ti mismo y / o tu trabajo. Esto, obviamente, puede afectar seriamente su nivel de confianza en sí mismo. Entonces usted puede tener la sensación de que hizo un trabajo pobre y aceptar los sentimientos de culpa que acompañan a la crítica.

Aprenda a evaluar la relevancia de los comentarios de otras personas. ¿Se justifican sus sentimientos de culpa? ¿Podría estar respondiendo negativamente porque esa es la forma en la que siempre ha respondido en el pasado? Reevalúe la situación. ¿Qué tipo de trabajo cree que tu hizo? ¿Estabas originalmente satisfecho? ¿Por qué no te agrada ahora?

No contar con otros para dar reconocimiento.

Nunca compita contra el récord de otra persona. Simplemente trabaje para mejorar su historial de logros. La persona que usted debe intentar por favor es usted. La mayoría de nosotros establecemos altos estándares para nosotros mismos. El hecho de que otros desaprueban lo que haces no tiene nada que ver con lo que o quién su eres. No eres responsable de la felicidad de los demás, es de ellos. Sólo eres responsable de tus propias emociones.

b) Te das sentimientos de culpa a ti mismo:

Como si la crítica de los demás no fuera lo suficientemente mala, parecemos tener un pequeño twerp dentro de nosotros que ama a criticar. ¡Esta voz hace comentarios como *'Lo has hecho incorrectamente otra vez! ¿No puedes hacer nada bien?'* Siempre y cuando usted ha dado una situación su mejor esfuerzo - eso es todo lo que puede esperar de ti mismo. Por alguna razón la sociedad nos ha enseñado a sentirnos culpables si cometemos errores.

Si usted cometió un error - reconocer que es sólo eso - un error - y simplemente no hacerlo de nuevo. Los errores son para el aprendizaje y no deben hacernos sentir que somos fracasos. Deja de ser hipercrítico y comienza a darte refuerzo positivo. Si has hecho un buen trabajo, mentalmente lo acepta con pensamientos como, *'Estoy muy orgulloso de lo bien que pinté esa habitación.'* Entonces dése una pequeña recompensa.

3. Te permites tener sentimientos de venganza

Piensa en un momento en que alguien te *"ha hecho mal"*. ¿Te prometiste que lo harías pagar por sus acciones? ¿Cuánto tiempo le tomó planear su venganza y seguirla hasta la terminación? ¿Pasó años planeando vengarse de una mala conducta percibida y dejar que su odio efecto casi todo lo demás en su vida?

Un buen ejemplo es un cónyuge divorciado que dice: *'¡Él va a pagar por lo que me ha hecho!'*

Estas personas tienen dificultades para seguir adelante con sus vidas, porque están tan atrapados en sus pensamientos vengativos. Algunos pierden preciosos años y otras relaciones románticas en lugar de seguir adelante con sus vidas.

Analiza lo que sucedió durante el tiempo que planeaste tu venganza. ¿Quién controló tu tiempo, tus emociones y tu energía mientras planeabas vengarte? ¡Concentrándote en la venganza, te ata al malhechor, en lugar de permitir que sigas con tu vida!

No es fácil apagar los sentimientos de venganza y usted puede sentir que está siendo injusto consigo mismo dejando a los demás fuera del gancho con demasiada facilidad. Si usted ha tenido una disputa con alguien, ¿espera que él o ella haga algo para reparar la grieta o sentir que deberían pagar por sus malas acciones? A menudo, perdonar es la única acción ese que puede arreglar y sanar. Usted podría defenderse diciendo, *'Tu hermana no chismeaba a tu espalda y pasar información falsa sobre ti.'*

Es irónico, pero el dicho *'Lo que viene alrededor - va por ahí,'* es cierto. Sólo tienes que estar de pie y verlo suceder. Esto toma fe en su parte - pero piense en los beneficios. Ya no estarás dando a la otra persona el control sobre tu vida.

4. Te permites sentirte estresado

Podemos sentirnos estresados cuando nos enfrentamos a una sobrecarga de trabajo. Si no podemos manejar bien nuestro tiempo, nos hace más estresados. Cuanto más estresados nos volvemos, más problemas tenemos con nuestras personas y situaciones difíciles.

Si este es su problema, elimine parte de su estrés. Tome un curso de gestión del tiempo o leer libros de gestión del tiempo para ayudarle a elegir las prioridades. Pasa tiempo en tus prioridades. Haz listas de tareas, para que sepas exactamente cuántas tareas puedes manejar en un día. Esto le permite centrarse completamente en la tarea que está completando en ese momento, en lugar de distraerse por aquellos esperando se haga.

5. Te permites sentirte deprimido

Normalmente, pérdida importante desencadenan la depresión. Usted puede sentirse desanimado cuando pierde artículos de valor, amigos, salud, promociones, ingresos o su valor como ser humano. A medida que madure, perderá muchos artículos de valor - trabajos, ingresos, prestigio, amigos y salud. Usted puede estar en una situación casera que no es adecuada. Su depresión puede ser en realidad la ira que usted se vuelve contra usted mismo porque puede sentirse desamparado para hacer cualquier cosa para cambiar su situación.

¡O, puede permitirse sentirse deprimido por ninguna otra razón excepto que es lunes por la mañana! Usted se encuentra energizado el viernes por la tarde, pero se siente abajo o deprimido el lunes por la mañana. Es posible que usted puede ser uno de los ocho de cada diez personas que están en el tipo de empleo equivocado. Estas estadísticas pueden parecer altas, pero si realizas tu propia encuesta, confirmarás que es verdad.

Pregunte a las personas si sienten que están en el trabajo adecuado para ellos o hay otros trabajos que prefieren estar haciendo. Hágase esa pregunta también. Si usted dijo que usted está en el trabajo incorrecto, usted puede tener que encontrar empleo más conveniente. Después de todo, es probable que pases alrededor de diez horas al día, cinco días a la semana prepararse para, viajar o trabajar en su trabajo. El hombre promedio pasa cuarenta y cinco años de su vida adulta en el lugar de trabajo y las mujeres no están muy lejos con treinta y cinco años en el lugar de trabajo (¡yo dije el lugar de trabajo - no ella trabajo voluntaria que hace en casa!)

¿No vale la pena el esfuerzo de averiguar qué tipo el trabajo te haría feliz? ¿O es más fácil permanecer en su rutina aburrida? Tener control sobre su vida es una necesidad para la felicidad de en vida. Permítase ese control, y usted se permitirá tener una vida más feliz, más sana y más positiva.

6. *Utilizas tales frases como 'si solo...' O ' Yo debería tener...*

Hay muchas frases de evasivo que puede usar para enlazar a sí mismo al pasado. Te encuentras con frases tales como:

> *'Ojalá fuera más joven, más delgada, más atractiva...'*
> *'Lo debería haber hecho esto hace años.'*
> *'Yo debería haber sido más cuidadoso.'*
> *'Yo tenía que...'*
> *'Debo...'*
> *'Tengo que...'*

'Necesito...'
'Estoy tratando de...'
'Si me quieres...'
'Él me hizo...'
'Usted siempre...'
'Usted nunca...'
'Yo soy así porque...'
'No puedo cambiar la manera que estoy porque...'
'El problema con...' O,
'No...'

Siempre que sea posible, elimine estas frases de su vocabulario a menos que esté dispuesto a hacer algo constructivo sobre sus comentarios. Recuerda que elija si desea:

- Deja que otros te den su ira;
- Déjese enojar porque alguien puso una abolladura en la puerta de su automóvil o se quedó atrapado en el tráfico;
- Se siente culpable cuando no puede complacer a otros o porque cometió un error;
- Gastar su valioso tiempo en acciones vengativas;
- Se siente estresado cuando enfrenta una sobrecarga de trabajo;
- Sentirse deprimido sin otra razón que el es lunes por la mañana; o
- Vive en el pasado, usando frases como *'Si sólo...'* y *'Yo debería tener...'*

Cambiando tus reacciones

Tan pronto como usted observe la reacción la *'lucha o del vuelo'* en se, pare y hágase estas preguntas:

1. ¿Estoy reaccionando apropiadamente a esta situación?
2. ¿Debo realmente tener estos sentimientos negativos?
3. ¿Podría estar sobre reaccionando?

Si alguna de estas cosas es verdadera, ¡detenga y jure que no permitirá que estos sentimientos negativos afecten los próximos minutos, horas, días o semanas de su vida! Usted puede encontrarse diez minutos después de una situación difícil en una lucha completa o modo de vuelo. No es demasiado tarde para apagar sus sentimientos y tomar el control de nuevo. Poco a poco, disminuirá el tiempo, hasta que se convierta en una respuesta casi automática.

Zonas de confort

Cuando usted elige un estilo de vida o decide seguir una determinada ocupación, uno de los criterios que debe considerar, es su zona de confort en la situación. Cuanto más confort tenga en una situación, más probabilidades tendrá de lidiar más favorablemente con las personas difíciles te encuentras con.

La mayoría de las personas tienen diferentes *"zonas de confort"* en la vida, donde se sienten cómodos o no. Para algunos, hablar frente a un grupo de personas no estaría en su *"zona de confort"*. Trabajar con el público puede o no estar en su *"zona de confort"*. Algunos pueden ser más introvertidos y prefieren trabajar solos, en lugar de con grupos. Otros pueden preferir las posiciones orientadas al detalle en lugar de las orientadas a las personas. Pueden buscar ocupaciones emocionantes o son más felices con más rutina, quiete unos.

¿Cuáles son sus zonas de confort bajo y alto? Si identifica discrepancias evidentes entre lo que hace cada día y lo que debe hacer cada día, puede que tenga que hacer cambios en su estilo de vida.

¿Qué es importante?

¿Estás vagando por la vida sin objetivos específicos? ¿Estás existente, en lugar de vivir tu vida? Si es así, es hora de considerar hacer algunos objetivos concretos así que usted tiene cierta dirección a su vida. La mayoría de nosotros nunca entrar en un coche y conducir si nos íbamos en un viaje. En cambio, sacaríamos un mapa y aprenderíamos a dónde íbamos. Siempre me sorprende que la gente no haga un mapa de donde se dirigen sus vidas. Ellos vagan por la vida permitiendo que otros y situaciones para determinar dónde su vida se dirige. Si esto suena como usted, lo siguiente probablemente le interesará:

1. Sus objetivos deben ser los suyos:

Es más probable que logres los objetivos personales que estableces para ti mismo que si te esfuerzas en alcanzar los objetivos que otros quieren que logres. Esto no significa que usted no puede aceptar los objetivos de un cónyuge, amigo o jefe como su propio. Usted puede hacer esto, pero su motivación va a ser más fuerte si conscientemente reflexionar y hablar a través de las ventajas y desventajas de trabajar hacia un objetivo - y tomar su propia decisión de perseguirlo. El conocimiento de quiénes somos y de lo que deseamos es esencial, para que podamos establecer metas basadas en nuestros propios valores interiorizados.

2. Metas deben ser claras, concretas - *y escrito*

El propósito de escribir metas es aclarar y concretar para usted. Redacción y revisión de objetivos te obliga a hacer un compromiso con usted mismo. Una vez escrito, habrá invertido más en el objetivo que antes. La escritura ayuda a mantener la meta delante de usted y reduce la posibilidad de que se olvidará como nuevos problemas y nuevos retos aparecen.

Ayuda a integrar sus metas en proyectos y para identificar objetivos contradictorios. Hacer un contrato de_y dé una copia a un amigo o familiar. También puede ahorrar tiempo, porque parte del proceso consiste en determinar los obstáculos que se estarán en su camino. Determinar cómo iría encima, debajo, alrededor o a través de ellos para alcanzar su meta. Si hay demasiados obstáculos, puede decidir que la meta no es razonable o práctica, sino porque están dibujados solo en papel, no estaría perdiendo el esfuerzo que podría haber tomado, si hubiera abordado el objetivo en sí.

3. Los plazos de tiempo específicos ayudan en lograr objetivos de

Asignación de fechas para completar cada paso de un plan proporciona refuerzo constante y un sentido de logro que ayuda a mantener tu motivación. Fechas pueden y debe ser ajustadas y modificadas, pero asegúrese de que las excusas son auténticas y no son simplemente una forma de procrastinar.

4. Empezar con objetivos de corto alcance

Aprender implica cometer errores, así como lograr el éxito. Iniciar el establecimiento de metas trabajando sobre algunos objetivos de corto alcance que son fácilmente alcanzables. Como éstos son logrados, ganarás más confianza para abordar metas más desafiantes de largo alcance. Objetivos de corto alcance también tienen más probabilidades de estar dentro de su propio control. No se preocupe si la primera declaración de los objetivos tiene que ser revisada una y otra vez - la vida no es estable - y las cosas cambian.

5. Considere la legalidad, moralidad y ética de sus metas

Sistemas de valores de la mayoría de la gente incluyen un grado de preocupación por la legalidad, la moralidad y la ética de sus acciones. Debe considerar estos antes de comprometerse a un objetivo.

6. Metas requieren realismo y deben ser alcanzables

Tener una meta es el primer paso a la acción, pero si es poco realista o inalcanzable, no ha siquiera un objetivo - sino pura fantasía y soñar despierto. Cuanto mayor sea la meta; más fuerte la motivación. Pero si usted no cree que la realización es posible, no hay ninguna motivación.

Si se siente derecho a usted y si tiene sentido para usted y sus amigos respetados; entonces *es* posible.

¿Cómo están pasando su vida ahora mismo?

¿Qué están gastando su valioso tiempo haciendo ahora mismo? ¿Está poniendo el énfasis en hacer las cosas que son importantes para usted? ¿O está usted perdiendo mucho de su tiempo haciendo cosas que no son importantes o no te están apuntando hacia tus objetivos de vida? Si le preocupa esto, prueba el siguiente formulario de desglose de tiempo - sólo para una semana - y ver cómo realmente está gastando su tiempo.

Hay 168 horas en una semana. ¿Cómo gastas tu tiempo dentro de la semana pasada? Haz un gráfico con los siguientes títulos: Actividad: Domingo, Lunes, Martes, etc. Debajo de Actividad:

- Dormir
- Higiene personal (lavarse, cuidado del cabello, maquillaje, afeitado)
- Comer
- Viajes (desplazamientos)
- Trabajo (asalariado)
- Trabajo (casa)
- Placer (TV, deportes, lectura)
- Desarrollo (educación, estudio)
- Enfermo

Total
Entonces, decidir cuánto tiempo usted pasa en o con:

> *a. trabajo*
> *b. familia*
> *c. social (comunidad)*
> *d. goof-off tiempo o enfermedad*

Inevitablemente, habrá días cuando terminaras frustrado, con compromisos que se extiende interminablemente antes de tu. No te avergüences de admitir cuando estás encima de la cabeza. Tal vez puede delegar algunas de sus responsabilidades a otra persona (al menos temporalmente). Si usted encuentra usted está constantemente trabajando horas extras, tienes demasiadas responsabilidades o no usas gestión eficaz del tiempo.

Una pareja encontró que estaban gastando su tiempo no haciendo lo querían hacer. Lo realmente querían hacer era viajar, pero encontró que no podían ya que eran encadenados a su casa por sus responsabilidades. Tenían tenía cinco niños, tenía una gran casa y vivía en el país donde cultivaban verduras para ahorrar dinero para su familia numerosa. Debido al tamaño de sus hogares, la esposa seguía muy ocupada y su marido tenía el patio y las reparaciones del hogar para hacer.

Sin embargo, la familia de la pareja había crecido y la mayoría se había mudado. El último niño iría a la universidad el próximo mes. Debido a la distancia desde su casa a la ciudad, pasaron más de una hora viajando hacia y desde sus trabajos (2 horas cada día de trabajo). Decidieron vender su casa en el país y mudarse a un apartamento de gran altura en la ciudad para que pudieran viajar, siempre que quisieran. Luego viajaron solo quince minutos en cada camino al trabajo y pudieron cerrar la puerta del apartamento y viajar.

Otro hombre quería avanzar en su carrera, pero no parecía tener suficiente tiempo para tomar los cursos adicionales necesarios por la noche. Después de la distribución del tiempo, se dio cuenta, para su sorpresa, ¡de que pasaba más de veinticuatro horas a la semana delante del televisor!

Puede descubrir que también ha dedicado su tiempo a hacer cosas que no son importantes para usted. ¿Qué cambios vas a hacer para asegurarte de que estás viviendo la vida, en lugar de simplemente existir a través de ella?

Crítica injustificada o innecesaria

Cuando criticamos a parientes o amigos cercanos, la mayoría de nosotros solicita información sobre sus inquietudes. Pero algunos de nosotros tenemos gente en nuestras vidas que nos complace criticarnos por todo. Personalmente, no nos importa lo que piensen de nosotros o de lo que hacemos, pero quizás de todos modos tengamos que ser amables con ellos.

¿Deberíamos darles una recompensa por sus desagradables comentarios al enojarse o ponerse a la defensiva (que es probablemente lo que ellos quieren que hagamos)? En lugar de reaccionar cuando nos critican injustamente, deberíamos cortocircuitar sus juegos manipuladores haciendo lo siguiente:

Reconocerías con calma que puede haber algo de verdad en lo que él o ella dice. Esto le permite tu recibir críticas cómodamente, sin ponerse ansioso o a la defensiva y sin recompensar a quienes usan la crítica manipuladora.

Por ejemplo:

Aceptar la verdad:
'No me gusta el color de la chaqueta que llevas.'
'Creo que podría elegir otro color.'

Acepte la posibilidad, por más leve que sea:
'No tienes mucho cuidado.'
'Tal vez no soy muy cuidadoso.'

Acepta la lógica:
'Si ahora compramos un camión nuevo en lugar de mantener el viejo cadáver, sería mucho más seguro en el camino y no tendríamos estas facturas de reparación alta.'
'Tienes razón. Un camión nuevo tendría esas ventajas.'

Más bien que:
'¡Ahí tienes, otra forma de gastar nuestro dinero!'

Permitir la mejora:
'Tus trajes no te quedan bien.'
'Estoy seguro de que podrían caber mejor.'

Empatía:
'Estás siendo muy injusto.'
'Puedo ver cómo sientes que estoy siendo injusto.'

Debido a que no reaccionas negativamente (lo que esperaban y esperabas que hicieras) probablemente dejarán de acosarte y dirigir sus críticas hacia otro objetivo.

Saltar a conclusiones

¿Nunca saltó a una conclusión y terminó con huevo en su cara porque respondieron incorrectamente? Lamentablemente, la sociedad da a menudo estereotipos a las personas y es difícil para los individuos a mantener una actitud imparcial hacia los demás. ¿Haces comentarios que identifican sus prejuicios?

Por ejemplo: hacer comentarios que empieza con:

'Todas las chicas son...'
'Hombres / mujeres son...'
'¿Sabes cómo es ella?'
'Nací de esta manera.'
'Nunca cambiarás de opinión.'
'Es lo mismo en todas partes.'
'Nada cambiará jamás.'
'Esto siempre sucede!'
'¿Tengo que explicarlo?'
'¡Él nunca me creería!'
'Todo el mundo lo hace...'

Escúchate si te encuentras sacando conclusiones o estereotipando a los demás. Si otros le están estereotipando, identifique sus hallazgos y pídales que identifiquen por qué hicieron las suposiciones e hicieron los comentarios que hicieron.

Gente realmente difícil

¿Cómo manejas a las personas que activan tu mecanismo de defensa cuando entran a la habitación? Este tipo de persona difícil no es solo alguien que está teniendo un mal día o con quien tiene un conflicto de personalidad. En cambio, esta persona difícil es difícil para todos. Estas personas tienen muchas formas negativas de expresar enojo. Algunos son destructivos, no solo para la persona enojada, sino también para quienes los rodean. Por ejemplo, ellos:

- Gritar o culpar a otros;
- Dar insultos: sarcasmo o burla;
- Uso de violencia física;
- Amenazar a otros;
- Usar rabietas (ver Capítulo 4);
- Uso de 'tratamiento de silencio' o retiro;
- Negar o culpar a los demás;
- Destruir propiedad; o
- Abuso de drogas o alcohol.

¿Aún quieres o necesitas asociarte con esta persona? Si no, puedes decidir alejarte de esta persona.

Cuando te enfrentas a tener que tratar con una persona verdaderamente incorregible, puedes encontrar que ensayar el comportamiento del problema o la situación con otro, te llevará a través de él con una dificultad mínima. Tu amigo debería tener tanto conocimiento de la situación como sea posible. De esta manera, él o ella pueden formular buenos argumentos y pueden anticipar las objeciones de la otra persona. La addage; *"la práctica hace la perfección"*, funciona aquí. Recuerde que la persona con la que está tratando no ha tenido la oportunidad de ensayar.

Esto es especialmente valioso cuando tiene problemas con quienes están en una posición de poder, como un supervisor, padre o anciano.

CAPÍTULO 2

¿QUÉ CLASE DE PERSONA ES USTED?

Tipos de personalidad

Antes de aprender cómo tratar con personas difíciles, es importante para identificar no sólo su estilo de personalidad, sino también de su gente difícil. Podemos cambiar cómo tratamos con los demás, por lo que estará más en su *'longitud de onda de '* y puede emparejar sus necesidades de comunicación. Todos somos una mezcla de estos cuatro tipos de personalidad, pero uno debe coincidir más claramente que los otros. Para hacer esto:

La información siguiente (lectura de los puntos fuertes y las descripciones debajo de cada tipo) seleccione el tipo de personalidad más cercano a su patrón de comportamiento. Esto requerirá que veas dentro de ti mismo para determinar lo que sentir y hacer en la *"vida real"*.

SUS PUNTOS FUERTES

Tipo A: fortalezas

Directo; extrovertida; estimulante; hábil para tratar con personas; persuasivo; tomador de riesgos; competitivo y seguro de sí mismo.

Estas personas son espontáneas, a menudo empleadas en ventas; ellos quieren respeto de otros. Otros pueden pensar que son agresivamente competitivos para obtener lo que quieren. No les gustan las personas que carecen de entusiasmo, los hacen esperar, son rígidos o indecisos o siga estrictamente las reglas. Les encanta la atención, un sentido de logro y anhelan el reconocimiento, la aventura y la emoción.

Fortalezas tipo B:

Práctico; ambicioso; eficiente; metódico; directa; orientado a resultados; convencional; resuelto; determinado; organizada y confiable.

Estas personas hacen buenos empresarios y directores. Les gusta dirigir y hacerse cargo de las cosas. Están orientadas a tareas y siempre debe ganar. Odian la gente emocional, ambigüedad, falta de respeto y pereza en otros. Como otros para ser controlados, leales, para mantener un rápido ritmo y asumir la responsabilidad de sus acciones.

Tipo C: Fortalezas:

Son buenos miembros del equipo; fiel; entusiastas; cooperativa; accesible; confiando; sensible; buen oyente; buen amigo; le gusta el cambio; saliente y embajador.

Estas personas a menudo están en la industria de servicios (hospitalidad, salud, transporte, servicios sociales) porque tienen un fuerte deseo de ayudar a los demás. Permiten que el estrés se acumule; rara vez ponen sus propios deseos en primer lugar.

They protect weaker individuals; desean que todos los amen y a menudo son pasivos en su comportamiento. No les gustan las personas que son insensibles, argumentativas, insinceras o egoístas. Les gustan los otros que son cálidos, amigables y atentos.

Tipo D: fortalezas:

Rígido; meticuloso; preciso; Inhibido; esmerado; sensato; sereno; altos estándares y evita riesgos.

Estos son más orientados a los detalles que las personas las personas. Les gusta trabajar solos, a menudo en campos de contabilidad, técnicos o de ingeniería. Les desagrada a las personas que son falsas, demasiado asertivas, descuidadas o arrogantes. Les gusta a aquellos que son perfeccionistas, consistentes, informados, prácticos, buenos trabajadores y son fáciles de llevarse bien.

Ahora es el momento de elegir qué tipo se adapta mejor a su personalidad antes de pasar a la siguiente sección. Después de elegir su tipo, mire las debilidades de su tipo de personalidad elegido. Éstas son debilidades típicas para los tipos de personalidades y pueden hacer una persona difícil a otras. Es posible que haya eliminado muchos de estos rasgos negativos, pero es probable que reconozca muchos de los que tendrá que trabajar.

TUS DEBILIDADES

Tipo A: debilidades:

Browbeater; dominador; inquieto; impaciente; molesto; manipulativo; reactivo y controlador.

Tipo B: debilidades:

Indiferente; crítico; frugal; inflexible; distante; intransigente; distante; insistente; obstinado; inflexible e inaccesible.

Tipo C: debilidades:

Demasiado empático; indeciso; irrazonable; indefenso; subjetivo; vacilante; irracional; vulnerable; persona fácil de convencer; pasivo; necesita complacer a los demás y otros se aprovechan de ellos.

Tipo D: debilidades:

Irresoluto; perfeccionista; tímido; sin interés; meditando; tímido; pasivo; odia cuando las cosas cambian y es monótono.

Haga todo lo posible para tratar de corregir cualquier debilidad que tenga que pueda convertirlo en una persona difícil para los demás.

Tratar con la gente difícil

Analizar la información para determinar la personalidad de su gente difícil. Esto requiere un alto grado de empatía; entender cómo se sienten y actúan para llegar a un análisis preciso de tu gente difícil.

Lista de la gente difícil dando su nombre. Luego determine el tipo de personalidad de la persona.

Tipo nombre y personalidad

1. _____
2. _____
3. _____
4. _____

Cómo trabajar con otros tipos de personalidad:

Si estás en una relación de trabajo o personal con alguno de esta gente, aquí están algunas cosas que pueden ser útiles recordar:

Tipo A:

- Dar alabanza, crédito y reconocimiento regularmente.
- Ser sociable con ellos.
- Tratarlos como si lo que están haciendo es importante.
- Anímelos a utilizar sus habilidades creativas.
- Si ellos son hiperactivos, volver a canalizar sus energías - ayudarles a elegir las prioridades.

Tipo B:

- Déles el mayor control posible.
- Dé supervisión suelta - mucha cuerda.
- Haz que se sientan importantes.
- Haz uso de sus carácter eficiente, práctico y ambicioso.
- Haz uso de sus habilidades organizativas.

- Respetar sus valores y métodos convencionales.
- Sea flexible al aceptar la forma en que el o ella hacen las cosas.

Tipo C

- No se enoje con la necesidad de la persona de hacer que todos les gusten.
- Trata a los demás con más justicia cuando están en tu presencia.
- Sea sincero en su trato con ellos.
- Bríndeles la oportunidad de mezclarse con los demás.
- Sea paciente con la persona comportamiento indeciso.

Tipo D

- Escucha tus ideas.
- Ayúdelos a establecer fechas límite.
- Déles espacio para hacer su trabajo a su manera.
- Usa la lógica y los hechos en las discusiones.
- Muestra respeto.

Consulte *"Trabajar con tipos como, Bs, C y D"* y cómo podrían llevarse mejor el uno con el otro. A menudo es imposible hacer que los demás adapten su personalidad para que coincida con nosotros, por lo que depende de nosotros tratar de adaptarnos a ellos.

Luego, determine qué ajustes debe realizar para estar más en sintonía con su gente difícil. (Para hacer esto, debes estar dispuesto a adaptar tu estilo de personalidad para acercarte a ellos. Recuerda que probablemente no puedas cambiar su comportamiento, pero puedes cambiar tu reacción ante su comportamiento).

¿Qué podría usted cambiar en su enfoque que mejoraría la situación?

1. _____

2 _____

3. _____

4. _____

Cuanto más sabemos sobre el tipo de personalidad de otro, mejor nos adaptamos nuestro comportamiento por lo que estamos en la misma o simila *"longitud"* de onda como otros.

Trabajar en tus debilidades.

Por ejemplo, si eres una *"A"* personalidad tipo - es posible que usted está percibido por otros como demasiado que controlar, agresivo, dominante; como impaciente (no darles tiempo suficiente para tomar decisiones cómodamente) y tu inquietud puede frontera en hiperactividad. Si dos *"A"* personalidades de tipo trabajaran juntos (o están casados entre sí) usted puede apostar que ambos estarán luchando por el control.

Si eres una personalidad *"B"*, otros pueden pensar que no te importa (incluso si lo haces). Ellos pueden verte como demasiado crítico, obstinado e inflexible. Tendrá que ceder más a menudo. Si dos tipos de *"B"* trabajan juntos, sus personalidades inflexibles y obstinadas causarían muchos conflictos.

Si eres del tipo "C", puedes sentarte demasiado tiempo, odias tomar decisiones y los tipos "A" querrán que tomes una decisión mucho antes de que estés listo para hacerla. Otros pueden aprovecharse de ti debido a tu respuesta a menudo muy empática a las necesidades de los demás.

Si eres un *"tipo D"*, tu hábito de perfeccionismo y procrastinación junto con tu hábito de excavar en los talones cuando enfrentas cambios puede hacer muchos enemigos. La mayoría de los tipos *"D"* tienen problemas para comunicar sus ideas a otros verbalmente.

El manipulador

La mayoría de las personas usa tácticas racionales, incluida la lógica y la negociación, para demostrar que están dispuestos a cumplir o comprometerse para encontrar la mejor solución a las diferencias. Ellos negocien, renunciando un poco, si la otra persona acepta hacer lo mismo. Pero muchos usan métodos ocultos para hacer que otros hagan lo que ellos quieren que hagan. Esto es a través de la manipulación que puede ser hacia fines buenos o malos. Muchos encuentran que tanto la manipulación positiva como la negativa son efectivas para influenciar a otros a hacer lo que quieren. La manipulación positiva es buena; porque ayuda a otros a mejorar sus vidas. Esta manipulación incluye dar elogios, aprecio y aliento, y es bienvenido.

Aquellos que juegan juegos, sin embargo, utilizar la manipulación negativa para adquirir lo que quieren por el uso de comportamiento pasiva, agresivo, pasiva resistente, o agresivo indirecto. La manipulación negativa es destructiva, engañoso y furtivo. Se utiliza para llegar a otros a hacer algo que no quieren hacer. Estas personas pueden usar burlas, ira o gritar para obtener otros para satisfacer sus demandas. Ambos son eficaces, pero la gente a menudo tomar represalias contra el manipulador cuando se encuentran haciendo algo no tenían ninguna intención de hacerlo.

personas que juegan juegos ni siquiera saben que lo están haciendo y no pueden entender por qué otros están tan molestos por su comportamiento. Aunque algunos pueden lograr un sentido temporal de poder - otras personas desconfían de ellos si son atrapados jugando sus juegos.

¿Qué tácticas utiliza cuando usted está tratando de persuadir a alguien a hacer algo? ¿Utiliza potencia y el control, dando a la persona la impresión de que deben *'Hacerlo a tu manera o bien...?'* O ¿vas de camino a humíllate, favorecedor de la persona o actuando demasiado agradable, *'Sé que sientes que tu camino es mejor, pero ¿no podrías hacerlo de esta manera, solo por esta vez?'*

Aquellos que utilizan resistencia pasiva normalmente dañan solamente ellos mismos, porque ver a través de tu manipulación. Algunas personas se quejan de todo, pero no hacen nada para cambiar su situación. Sus métodos no siempre funcionan, porque su manipulación es a menudo tan sutil, que otros pueden perder sus mensajes velados.

La personalidad más hostil utilizará la agresión indirecta, que se muestra oculto antagonismo. Esto se muestra por el comportamiento de la persona que puede ocultar sus hostilidades. Los objetivos de esta hostilidad son a menudo los que tienen autoridad. Usan el sabotaje, el sarcasmo, el *"tratamiento silencioso"*, el mal humor, el chisme y dar cumplidos falsos.

El comportamiento pasivo-agresivo no solo perjudica a la persona a largo plazo, sino también a otros. Estas personas a menudo son encantadores, lo que hace que sea aún más difícil descubrir por qué te llevan por la curva. No es que hagan comentarios crueles o sarcásticos ni se entreguen a berrinches. Por el contrario, nunca se enojan, interpretan al inocente herido si los acusas de estar molestos, pero logran dejarte sintiéndote culpable, estúpido o frustrado. Algunos días puede preguntarse si se está volviendo loco cuando está cerca de estas personas. A menudo puede sentirse culpable y como si usted fuera la persona equivocada, pero no puede señalar qué hizo la persona pasiva / agresiva que desencadenó esa respuesta.

Pasivo-agresivos se comportan de la manera en que lo hacen, porque la ira (reprimida en la primera infancia) se ve forzada a la clandestinidad y no se permite que aflore. Padres autoritarios o negligentes, una reacción al divorcio o a la muerte, podrían haber causado esta reacción y el temor puede prohibirles expresar directamente su hostilidad.

Agresión pasiva no es una enfermedad mental como la esquizofrenia. Es un trastorno de la personalidad inconsciente – un comportamiento aprendido, en que la pasividad se utiliza para ocultar agresión oculta. A menudo aquellos que lo tienen, son desconocen que existe. Enfurecen sus amigos y familiares con dilación e ineficiencia calculada. Generalmente tarda un terapeuta para ayudarles a reconocer su patrón de comportamiento y superar los problemas que causa.

Si usted quiere hacer una investigación más exhaustiva de las formas de manipulación, sugiero que llegar mi libro **Tratando con Personas Difíciles** que dedica un capítulo completo que identifica 115 maneras en que las personas intentan manipular a los demás (y cómo lidiar con ellos).

Cómo su comportamiento afecta a otros

Es importante al interactuar con otras personas a que entiendan el impacto de tus acciones puede tener sobre las emociones y las respuestas de otros.

Aquí hay un ejemplo de una situación - vamos a ver qué comportamiento tu respondería con:

Sólo tienes una hora para ir a la tienda a recoger alimentos y completadas varios recados. Tu llegar a la tienda para encontrar que la tienda el lleno de clientes. Tu finalmente llegar cerca del final de la línea de salida. Alguien se detiene a conversar con la persona delante de ti y entra en la línea frente a ti. ¿Cómo reaccionaría usted?

a) Deje que la persona se quede, murmurando sobre las personas que hacen trampa.
b) Pídale a la persona que vaya hasta el final de la línea y explique tu que ha estado esperando mucho tiempo.
c) No decir nada.
d) Comentario sobre su rudeza y decirles que vayan al final de la línea.
e) Haga un comentario sarcástico sobre el comportamiento de la persona.

¿Qué elegiste? La respuesta correcta es b). ¿Qué tipo de comportamiento mostró la otra persona? Correcto, estaban actuando agresivamente. ¿Hubieras sentido que estabas actuando agresivamente si lo hicieras (b)? No deberías, porque lo que estabas haciendo era defender tus derechos: actuar assertivo.

Aquí hay una explicación de las respuestas identificadas:

a) Resistencia pasiva.
b) Asertivo.
c) Pasiva.
d) Agresivo.
(e) Agresión indirecta.

Lo siguiente lo ayudará a averiguar si permite que otros se aprovechen de usted (pasivo) o si aleja a otros mediante el uso de un comportamiento agresivo.

Estilos de comportamiento

Hay tres tipos básicos de comportamiento:

Pasivo:

Estas personas rara vez (o nunca) expresan sus propios deseos y necesidades. En cambio, ceden a las demandas, necesidades y deseos de los demás. Son reacios a defender sus derechos y defenderse. Su comportamiento muestra que no son respetados. Por ejemplo:

> Marca: *'A dónde quieres ir para almorzar hoy? ¿Debemos nosotros ir a Robertos (comida italiana) y el Wok (comida China)?'*
> Sheldon: *'No me importa (el gusta la comida China).'*
> Marca: *'¡Me siento como spaghetti - así que vamos a de Robertos!'*
> Sheldon: *'Bueno, si quieres.'*

Sheldon había actuado pasivamente y no avisas Marca donde quería ir. Sheldon espera que Mark adivinar lo que quería. Esto rara vez ocurre, por lo que Mark se salió con la suya mientras Sheldon se enfurruñaba porque Mark no parecía escuchar lo que decía.

Agresivo:

Estas personas muestran poco respeto por las necesidades y deseos de los demás: todo debe seguir su camino. Carecen de empatía y tienen dificultades para ponerse en el lugar de otro. Se aprovechan de los demás, especialmente si muestran debilidad o no pueden defenderse (por ejemplo, son groseros con un camarero o una camarera). Otro ejemplo:

> Sandy: *'Barry, ¿puedes llevarme a casa esta noche?'*
> Barry: *'No puedo. Debo ir de compras al trabajo '*
> Sandy: *'Está bien. También tengo que comprar algunos comestibles.'*
> Barry: *'Prefiero no esta noche.'*
> Sandy: *'¿Por qué?'*
> Barry: *'No es conveniente para mí, tendré que apresurarme para hacer todo.'*
> Sandy: *'¡Lo haría por ti! ¡Eres un no amigo!'*

Sandy tenía derecho a pedirle a Barry que la llevara, pero ella cuando intentó imponer sus deseos y deseos, su comportamiento se volvió agresivo. Ella forzó a Barry a defenderse e intentó hacer que Barry se sintiera culpable cuando no cumplió con ella pedido.

Asertividad:

Su actitud hacia los demás muestra que respetan a los demás. Se sienten cómodos al expresar sus necesidades y defender sus derechos cuando es necesario. Además, respetan el derecho de los demás a expresar sus necesidades y defender sus derechos. Por ejemplo:

> Mark: *'¿A dónde quieres ir a almorzar hoy? ¿Deberíamos ir a Robertos (comida italiana) o al Wok (comida china)?'*
> Sheldon: *'Prefiero The Wok. ¿Qué hay de tí?'*
> Mark: *'Realmente estoy anhelando espaguetis.'*
> Sheldon: *'No me importa tener eso hoy. Vamos para allá.'*
> Mark: *'Hagamos planes para ir al Wok el próximo martes, ¿Está bien?'*
> Sheldon: *'¡Claro, me parece bien!'*

Ambas personas ganan en este intercambio. Intente usar un comportamiento asertivo la mayor parte del tiempo. Nadie puede forzarte a renunciar a tus derechos. La única persona que puede renunciar a esos derechos es usted, la persona que los posee. Perderá la confianza en sí mismo si le da sus derechos a otra persona (a menos que sea en el mejor interés de ambas partes).

Además de los tres tipos básicos de comportamiento mencionados anteriormente, existen otros tres tipos:

Resistencia pasiva:

Son personas pasivas que tratan de llegar a ser más asertivo en su comportamiento. Ellos mutter y suspiro mucho y juegajuegos de manipulación para conseguir su manera. No han aprendido a pedir directamente por lo que quieren. Por ejemplo:

> Joey: *'¿Mamá, puede usted llevarme a la escuela hoy?'*
> Su madre tenía su mañana planeada. Era un día hermoso y Joey como de costumbre había estado bromeando hasta que fue tarde salir para la escuela.
> Mamá: *'Joey, he conducido le dos veces esta semana...'*
> Joey: *'¿Oh mamá... por favor?'*
> Mamá: (dejando escapar un gran suspiro) *'De acuerdo, ¡pero esto no puede volver a suceder!'* Ella lenguaje corporal y el discurso decir, 'solo mira los sacrificios me hacen para usted. *'¡Si más me amaras, tu agradeceria que me más!'*

La gente debería ver sus acciones de forma realista. Por ejemplo, las personas con sobrepeso a menudo usan la excusa de que *"la grasa corre en mi familia"* como la causa de sus kilos de más cuando el hecho es que nadie está con su familia. Hacer ejercicio con esta familia generalmente implica caminar hasta el refrigerador para obtener algo de comer mientras mira televisión.

Agresión indirecta:

Estas personas son entre asertivas y obviamente agresivas. Utilizan formas sutiles y discretas para salirse con la suya, como el sabotaje, el sarcasmo, enfurruñado, el tratamiento silencioso y el chisme. Por ejemplo:

Don: *'Mi esposa quiere que limpie el sótano este fin de semana, pero no la limpiaré según sus estándares. Entonces tal vez ella no espere que vuelva a hacer ese trabajo.'* (Sabotaje).

Jane: *'Veo que finalmente decidiste cortarte el pelo con un estilo que te queda bien.'* (Sarcasmo).

Linda no había hablado con su esposo George durante cuatro días después de una discusión. No habían resuelto el problema y George había intentado varias veces hacer que hablara sobre el problema, ella se negó. (Tratamiento silencioso).

Linda: *'Pídele a tu padre que me pase la sal.'* (Enfurruñado)

Jill: *'¿Has oído sobre el marido de Carmen? Fue recogido por conducir ebrio anoche.'* (Chisme).

Pasivo-agresivo:

Estas personas tienen una reacción patológica a la autoridad ya aquellos que percibir están en posiciones de autoridad. Ellos canalizan su agresión a la conducta pasiva, ralentizando los esfuerzos de otros y obstaculizando el progreso. Son a menudo el cuello de botella que retrasos la realización de las tareas. Tratan de controlar sin confrontación y sus acciones pueden implicar sabotaje oculto. La mayoría son muy encantadores y se especializan en la agresión que es fácil de negar y difícil de probar.

Pasivo-aggressives siempre parecen anticipar el siguiente paso de la otra persona y están ahí para proporcionar aún más obstáculos. Les encanta la insubordinación. Algunos son grandes sulkers y mantendrán en ella hasta que consiguen su manera. Pueden ser muy difíciles de detectar y otros a menudo se siente frustrado cuando se trata con ellos, pero no siempre entienden por qué.

Como la mayoría de nosotros crece, nos enfrentamos a restricciones que son normales y necesarias. Las personas con esta tendencia a menudo han sido controladas en exceso, por lo que cuando estaban creciendo, aprenden a controlar a los demás sin confrontación. Les encanta la emoción de la insubordinación y a veces no importa si ganan siempre y cuando parezca que sus oponentes pierden. Les encanta jugar juegos de ganar-perder.

Usan excusas como: *'No es mi culpa que esto no haya funcionado; es tuyo.'* Muestran signos frecuentes de impotencia. La acción más simple parece más allá su comprensión. Cuando otros están lidiando con ellos, provocan sentimientos de actitud defensiva. Llegan tarde para completar la mayoría de sus tareas o no completarlas. Si tratas de hacer que se apresuren, se vuelven discutidores. Son chismosos y, a menudo, tan creíbles que otros creen en sus falsedades.

Mayoría de las personas muestra los signos de arriba en un momento u otro. Sin embargo, si esto se convierte en ser su comportamiento normal, estas personas son probablemente pasiva-aggressives. Aquellos que tratan con ellos tendrán que permanecer en guardia. Confrontarlos con hechos cuando usted «atraparlos en el acto.» Asegúrese de que entienden las consecuencias de sus acciones, *'Si esto sucede otra vez, voy a ...'*

Algunos aggressives pasivos serio tienen tendencias criminales. Estas personas tienen una emoción fuera de exceso de velocidad, de beber y conducir - y conseguir lejos con él. En algunos, esta tendencia sigue acelerando, porque requieren más altos niveles de peligro, emoción y entusiasmo para mantenerlos aplacados.

Comportamiento pasivo agresivo no sólo daña a la persona, pero otros también. Aquellos que muestran esta tendencia tienen una reacción patológica a figuras de autoridad.

Comportamiento tradicional

Hombres: los hombres tradicionales creen que su papel en la vida es ser fuerte, decidido, competitivo y agresivo. Para adaptarse al nuevo pensamiento en la sociedad, los hombres se ven obligados a cambiar. Están actuando de manera menos agresiva, más empática y en sintonía con los sentimientos de los demás, aunque muchos de ellos aún fallarían si se les realizara una prueba de inteligencia emocional.

Imagina a los hombres sonrojarse como novias, llorando como bebés y riendo como colegialas. La nueva evidencia sugiere que la naturaleza pretendía que los hombres fueran al menos tan emocionalmente expresivos como las mujeres.

Tradicionalmente, a los niños varones se les enseña a aislar sus emociones. Esto ha dejado a muchos hombres en una crisis de masculinidad: no están preparados para las demandas de la hombría moderna y son vulnerables a enfermedades como el estrés o el alcoholismo. ¡Muchachos grandes simplemente no deben llorar!

De hecho, los muchachos comienzan más emocionalmente expresivos que las niñas. Un estudio demostró que incluso a los seis meses de edad, los chicos demostraron significativamente más alegría y la ira, eran más vocales, quisquilloso y gritó más que las niñas. Sociedad convertidos a estos niños emocionalmente dotados hombres emocionalmente atrofiados. Las madres trabajaban más duro para gestionar a sus bebés masculinos más excitables y emocionales y les calló. Sin quererlo, enseñaron a chicos a bajar su volumen emocional.

Papá estaba trabajando, asi quey los hijos hablaban casi exclusivamente a sus madres acerca de sus sentimientos y mamá hizo un hogar.

De hecho, los muchachos comienzan más emocionalmente expresivos que las niñas. Un estudio demostró que incluso a los seis meses de edad, los niños demostraron que significativamente más alegría y la ira eran más vocales, quisquilloso y gritó más que las niñas. Sociedad convertidos a estos niños emocionalmente dotados hombres emocionalmente atrofiados. Las madres trabajaban más duro para gestionar a sus bebés masculinos más excitables y emocionales y les calló. Sin quererlo, enseñaron a niños a bajar su volumen emocional. Papá estaba trabajando, y los hijos hablaban casi exclusivamente a sus madres acerca de sus sentimientos y los chicos hablaban con sus papás sobre deportes.

Papá le proporcionó la casa para vivir en, y mamá lo hizo un hogar. Los padres querían que sus hijos fueran masculinos, y el grupo de compañeros esperaba lo mismo. Cuando los chicos jugaban juntos, generalmente era en juegos estructurados donde las cosas como la dureza, el trabajo en equipo y el estoicismo eran valorados y aprendidos. A la edad de seis años, estaba claro que estos niños estaban emocionalmente cerrados.

Este cierre emocional fue exitoso en una época anterior donde las duras condiciones sociales del trabajo agotador y las guerras mundiales requerían un tipo de masculinidad fuerte, como una armadura. Entonces, los niños crecieron para ser como sus padres o abuelos. Sin embargo, en aquel entonces los roles eran más claros. Las mujeres criaron a los hijos y los hombres trabajó por el dinero. Este estilo de socialización no encaja muy bien en la era actual. pero muchos hombres aún no se sienten bien en el papel. Ahora, ambos esposos y esposas ganan dinero y cuidan a los niños. Los maridos todavía están mal equipados emocionalmente para hacer esto, porque no pueden sintonizar con sus propios sentimientos y, por lo tanto, tienen dificultades para hacerlo con sus esposas e hijos.

Si alguien empujaba a un niño hacia abajo en el patio de recreo, se suponía que debía volver con un puñado de tierra, no una cara llena de lágrimas. Entonces, cuando estaban heridos, avergonzados o incluso asustados, a los hombres se les enseñó a reaccionar agresivamente. Esto es claramente disfuncional en una relación familiar. Los hombres crecen avergonzados de mostrar afecto y en la adultez expresan afecto casi exclusivamente a través del sexo.

Afortunadamente, lo que se ha aprendido puede desaprenderse. Las habilidades emocionales requeridas en estos días pueden llevar a una vida satisfactoria como marido empático, padre e individuo en la sociedad. Los hombres que han hecho esto, han encontrado mejores sus vidas porque pueden asumir el papel de nutrir nutriendo padres y compañeros a sus esposas. Muchos de sus padres envidian la cercanía que observan entre sus hijos, sus esposas y sus hijos y se preguntan por qué no tienen la misma cercanía con sus esposas e hijos. Esta cercanía solo puede suceder si los hombres están dispuestos a cambiar. Para muchos, es simplemente demasiado problema.

Mujeres: Muchas mujeres también continúan siguiendo el comportamiento tradicional de sus madres y abuelas. Creen que el comportamiento pasivo es un comportamiento normal y aceptado para las mujeres. Por lo tanto, creen que las mujeres que compiten o se vuelven demasiado poderosas no son femeninas y son agresivos. Algunos intentan cambiar. Han ido al otro extremo y se han vuelto agresivos ellos mismos. La mayoría de las mujeres que tienen éxito en los negocios son más asertivas que agresivas.

Preocupado

¿Es un constantemente preocupado por su familia, sus finanzas, su trabajo, su salud y el clima? ¿Usted preocuparse por cosas sin importancia como una mancha en sus pantalones, polvo debajo de la TV o que usted olvidó una ocasión importante?

Preocupación constante puede provocar o agravar todo tipo de problemas de salud como migrañas, dolor cuello y espalda, úlceras y problemas cardíacos.

Entonces, ¿cómo debe lidiar esta gente con la vida? Empezar por tomar el control de esas preocupaciones. Pon tus preocupaciones en dos grupos: los que tu se puede hacer algo acerca de - y aquellos que no se puede. Entonces abordar al primer grupo e ignorar a la segunda. Cuando atrapes a ti mismo preocupante, distraerte llamando a un amigo, mirar por la ventana por la ventana, a un coche - algo que te distraiga.

Aquí están algunos otros pasos que puede tomar para ayudarse a sí mismo con preocupacións:

1. Analice sus preocupaciones. La mayoría de la gente se preocupa - pero algunos exageran. La preocupación tiende a motivar a la mayoría a tomar las medidas necesarias. Otros reaccionan evitando la situación al no actuar. Preocuparse ofrece una ilusión de control. ¡Algunos creen que si se preocupan lo suficiente - por arte de magia evitará que lo malo suceda! Es una forma de enterrar sus cabezas en la arena. Estas personas están verdaderamente fuera de control de sus vidas. Esperan a que algo suceda, pero rara vez hacen que las cosas sucedan. Necesitan hacer algo acerca de sus preocupaciones, en lugar de dejar que se infecten y efecto todo lo positivo que tratan de hacer.
2. No te dejes quedar atrapado en una situación 22 capturas. Una vez que pensamiento negativo se apodera, pensamientos negativos de la persona pueden obtener rápidamente de las manos. La mente es muy imaginativa y a pensar en todo tipo de cosas extrañas y aterradoras que posiblemente podrían suceder.
3. Reconozca que la preocupación que está sufriendo puede causar serios peligros para su salud. El estrés involucrado probablemente está causando estragos físicos, emocionales y mentales. Sepa que es importante para usted mantener su estrés a niveles tolerables. Entre el cincuenta y el ochenta por ciento de las razones por las que las personas visitan a su médico se atribuyen al estrés y la ansiedad excesiva. La clave está en reconocer la preocupación por lo que es y dejar que el pensamiento se escape sin prestarle atención. Esto no siempre es fácil de hacer. ¡Aligere para arriba! Preocuparse es malo para su salud (como si no tienes lo suficiente como para preocuparse).
4. En una encuesta reciente, más de la mitad de las personas encuestadas dijeron que se preocupan tanto, que la preocupación sí mismo es un problema significativo. Las mujeres preocupan más que los hombres.
5. La preocupación puede causar daño fisiológico y acortar la vida de una persona. Estas personas no solo mueren más jóvenes, sino que también tienen diferentes atributos que aquellos que no se preocupción excesivamente.
6. Pasar algún tiempo diario reflexionando sobre problemas que está enfrentando. Date solo un tiempo para preocuparse, pero estar dispuestos a gastar más, si estás en un rollo de resolución de problemas. Durante ese tiempo, resolver, como muchos de los problemas que estás preocupado por como sea posible. Esta manera, podrá limitar preocupación a un período de tiempo determinado, que le permitirá desactivar sus preocupaciones después de que usted ha tratado con ellos.
7. Trate de programar un tiempo de preocupación en su día. Muchos terapeutas sugieren que personas programación un tiempo de 30

minutos de preocupación en su día - pero nunca dentro de una hora de acostarse. Así, cuando la preocupación en otras ocasiones amenaza con distraer del trabajo que están haciendo, ellos sabrán hay tiempo más adelante en el día para resolver el problema. Cuando llega el momento de preocuparse, si se han olvidado de lo que pretende reflexionar sobre, no era muy importante. Si el problema es de preocupación durante el día, ejercicios de respiración se centró a menudo son útiles. Si el insomnio es un problema - ejercicios de relajación pueden funcionar como un sedante.
8. Reconocer cuando se está empezando a preocuparse. Preocupante tiende ainvadir en las personas, por lo que es importante ser sensible a nuestros patrones de pensamiento. Dígase que va a pasar un tiempo adecuado ocuparse de él en su *"tiempo preocuparse"*. A continuación, quitarlo de tu mente.

Si encuentras que estás todavía preocupante - usar refuerzos negativos. Coloque una banda elástica libremente alrededor de su muñeca y jalarlo duro cada vez que atrapes a ti mismo en aquello que hayas decidido que no puede hacer nada acerca de.

Aquellos que se preocupan excesivamente puede detectar aspectos negativos y hasta peligro en casi cualquier situación. Personas propensas a preocuparse magnifican el peligro involucrado. Aunque la preocupación es un pasatiempo potencialmente dañino, personas siguen preocupantes, porque derivan un sentido de beneficio de él

Kim podía manejar ella preocupaciones de trabajo y asuntos financieros, pero su vida se convirtió en un torbellino cuando murió su gato. Ella encontró que ella no podía dormir. Cuanto más ella intentaba, menos dormía. Después de ver a varios médicos, incluidos un psiquiatra y un neurólogo, ella finalmente encontró ayuda en una clínica de trastornos del sueño. Los psicólogos dicen que el estrés a menudo hace mella en el cuerpo en forma de insomnio.

Antes de acostarse, gente mentir tranquilamente, sin la distracción de sus actividades diarias. Sin embargo, es también cuando tienen tiempo para pensar acerca de los cuidados, penas, problemas y factores de estrés que se ha enfrentado durante su día.

¿Por qué preocuparse? Preocuparse es una actividad inútil. Él toma la energía y el tiempo de la persona; tiempo que podría pasar para resolver sus problemas en lugar de sólo preocuparse por ellos. Algunos profesionales de la salud mental llaman preocupación, una *"ansiedad anticipatoria"* - porque eso ocupa su tiempo esperando que los problemas en el futuro.

Preocuparse puede ser un sustituto para actuar. Otros utilizan la preocupación como una manera de evitar regaños o castigos. Los niños que han hecho algo mal pueden decir: *'Estoy preocupado.'* En lugar de castigar al niño, el padre puede consolar al niño para calmar la ansiedad del niño.

Si una mujer pasó mucho dinero compras, puede ir a su marido y, decir: *'Estoy preocupado de nuestras finanzas.'* Esto desvía la crítica acerca de las compras. Algunas preocupaciones de uso como una forma para llamar la atención o para controlar el comportamiento de los demás.

Algunas personas se preocupan porque son supersticiosas y ven la magia en la preocupación. Algunos creen que, si se preocupan por algo, no sucederá. Otros pueden preocuparse porque si el evento sucede, pueden decir: *'¿Ves? ¡Te dije que sucedería!'*

Entonces, ¿cómo puedes superar las preocupaciones?

1. Acepte que lo que le preocupa es un problema.
2. Elimina todo lo que te está causando que continúes preocupándote.
3. Acepte la responsabilidad de abordar el problema.
4. Abordar el problema.

Cuando ves a otra persona o situación como la causa del problema, te controla y puede hacerte sentir impotente. Al darse cuenta de que la otra persona tiene control sobre el problema y puede manejarlo, la sensación de impotencia desaparece. Esto te permite actuar.

¿Qué hacer si el problema es serio?

    a) Imaginar el peor escenario y lo peor que podría pasar.
    b) Reconciliar a sí mismo emocionalmente al peor resultado y aceptarlo.
    c) Pasar el resto de su tiempo en concentrarse en tomar pasos para prevenir este resultado.

Piensan que si una solución no ha funcionado el 100% perfectamente - que no ha funcionado en todos. Nosotros podemos socavar algunas preocupaciones un poco a la vez. Establecer una meta de reducir la preocupación por el diez por ciento una semana dará a una persona mucho menos estrés.

Probar la técnica de *'¿Qué?'* Esto implica imaginar un problema y entonces decir, *'¿Y qué? Si eso sucede puedo...'* y pensar en una solución.

Otra técnica de afrontamiento es construir vigor en su personalidad. Reconocer su capacidad para influir en los acontecimientos en su vida.

Vigor también enseña a leer signos físicos del estrés y desarrollar estrategias para superarlas. Finalmente, la formación de vigor sugiere que cuando los individuos enfrentan situaciones estresantes (sobre el cual no tienen ningún control) puede reforzar su autoconfianza por nuevos desafíos. El nuevo desafío podría ser tomar un nuevo deporte, por ejemplo.

Antes de dormir cuando me encuentro preocupante, me Anote toda la información sobre el problema y tratar de cometer esa información a la memoria. Luego distraerme leyendo un libro y dejar mi mente subconsciente a trabajar en el problema durante mi sueño. Voila – por la mañana a menudo tengo una solución muy adecuada al problema. Tengo fe en mi subconsciente soy capaz de apagar la preocupación y obtener sueño una buena noche de.

¿Letárgicos, apáticos e infeliz?

¿Encuentras que te sientes aletargada, apática y triste? Es posible que usted está sufriendo de la *"tristeza invernal"*. Una de las curaciones puede aumentar el nivel de estrés en su vida. Esto significa que usted no se sienta en frente de la televisión establecido todo fin de semana o mirar hacia fuera la ventana reflexionando sobre problemas de la semana. Los fines de semana deben ser emocionante y completo, así que usted puede volver a su trabajo el lunes, con las pilas recargadas. Cambiar el estrés y hacer algo diferente de lo que normalmente haces toda la semana. Dejar de preocuparse por situaciones no puedes cambiar y hacer algo constructivo acerca de los que se puede. Por la mañana a menudo tengo una solución muy adecuada para el problema. Tengo fe en mi subconsciente, así que puedo apagar la preocupación y dormir bien por la noche.

Déjate mimar; Tomar una mini-vacación. Haz algo especial solo para ti (sin sentirte culpable).

CAPÍTULO 3

COMUNICARSE CON PERSONAS DIFÍCILES

Si encuentra que hay demasiadas situaciones en las que malinterpreta a los demás o ellos malinterpreta sus mensajes, debe trabajar en sus habilidades de comunicación.

Mismas palabras - diferentes significados

A menudo las palabras significan cosas diferentes para diferentes personas o incluso entre hombres y mujeres. Estaba socialmente con un grupo de personas cuando una joven discutía una entrevista de trabajo que había tenido esa mañana. Su novio le preguntó si ella aceptaría el trabajo si la compañía se lo ofrecía.

> *'Bien, sería un verdadero desafío.'* dijo
> *'Entonces, supongo que usted rechazaría.'*
> *'¡Oh no, llevaría si ofrece a mí!'*
> *'Pero ¿por qué-cuando va a ser una posición tan difícil?'*
> *'Saltaría la oportunidad de conseguir esta posición. ¡Como he explicado, este trabajo será un verdadero desafío para mí!'*

La conversación avanzaba hasta que terminaron en una fuerte discusión. El resto de nosotros se sentó, pensando sobre lo estaban discutiendo. Pronto se hizo evidente que tenían definiciones completamente diferentes de la palabra *"reto"*. Les pedimos que explicar lo que la palabra significada para cada uno de ellos.

La mujer explicó que el desafío de palabra que significaba: la posición le permitiría crecer y estirarse - para alcanzar su pleno potencial y le daría una oportunidad de demostrar a sí misma.

Su compañero cree la palabra *"reto"* significaba: que alguien o algo estaba de pie en su camino - le impide conseguir lo que quería y que él tendría que defenderse.

Si ellos hubieran usado parafraseando, habría eliminado esta dificultad.

Habilidad de paráfrasis

Esta habilidad se relaciona con el uso de palabras. Parafrasear significa:

* Para expresar el significado en otras palabras.
* Una reafirmación de texto o trabajo.
* Dar al significado otra forma.
* Amplificando un mensaje.

El parafraseo se usa para comentarios simples como, por ejemplo, la repetición de números de teléfono cuando se recibe un mensaje. Pero ¿con qué frecuencia transpone dos números al tomar los siete u ocho dígitos simples de un número de teléfono? El uso de paráfrasis es esencial en cualquier momento cuando dos personas están conversando. Lamentablemente, cuando la información no está clara, las personas a menudo hacen suposiciones. No confirman con la otra persona que lo que pensaban que dijeron era realmente lo que querían decir con sus comentarios.

Cuando paráfrasis, a menudo comenzamos oraciones con:

'¿Dijiste eso...?'
'Quiero asegurarme de haber entendido lo que tu dijo.'
'Dices que te sentiste incómodo cuando ...'
'Usted quiere...'

Cuando los pida a otros que hagan una paráfrasis, tenga cuidado al preguntar. Por ejemplo, si dices:

'¿Lo entiendes?' (Esto no confirma que se haya entendido la información que se les proporcionó).

'Repite lo que te dije que hicieras.' (Esto hará que la otra persona que resistir).

'¿Obtuviste lo que dije?' (Una humillación porque está implicando que el receptor no fue lo suficientemente brillante como para recopilar la información).

Si te malinterpretan, es mucho mejor probar otros métodos para comunicar tu mensaje.

'Para asegurarse de que mis instrucciones fueran claras, ¿podría decirme qué pasos va a tomar?'

La técnica de la retroalimentación

Utilizar feedback en situaciones tanto positivas como negativas. Dar retroalimentación positiva a través de reconocimiento y elogios asi que que tu hágales saber que está satisfecho con lo que han dicho o hecho. Estos comentarios que la gente sentirse bien sobre sí mismos y son muy agradables.

Desafortunadamente, la mayoría de nosotros ignora lo bueno de la gente o decir. Porque este libro es acerca de tratar con personas difíciles, nos concentraremos en usarlo en situaciones negativas o difíciles, pero no olvidemos la importancia de la retroalimentación positiva.

En la retroalimentación, compartes sus reacciones al comportamiento de otra persona, con esa persona. Hablar de cómo te sientes cuando otros actúan o se comportan de cierta manera. No tratan de cambiar sus comportamientos a menos que hacerles saber que sus comportamiento o acciones son ofensivos para usted. Si permites situaciones negativas se acumulan, sólo aumenta las dificultades entre las personas. Resuelva las dificultades menores cuando ocurran, no las recolecte para futuras explosiones.

Proceso de retroalimentación

Use retroalimentación negativos si algo que alguien ha hecho le molesta o irrita. Identifica lo que han hecho que te molesta y dales la oportunidad de hacer algo al respecto. No estás siendo justo con los demás si no les comunicas esto.

Los tres pasos en el proceso de retroalimentación son los siguientes:

a) Describir el problema o situación a la persona causando la dificultad.
b) Definir qué sentimientos o reacciones (ira, tristeza, ansiedad, dolor o angustia) de problema le causa.
c) Sugieren una solución o pídale a la persona para dar una solución.

Uno de los hombres de tu familia no dejó el asiento del inodoro otra abajo vez, y en el medio de la noche tuviste otro chapoteo repentino en el tazón. Tu ha tenido el con los hombres de su familia y decide tratar de cambiar su comportamiento inaceptable.

- Describa el problema o la situación a la persona que causa la dificultad.
  'Anoche tuve un baño inesperado en el baño porque uno de ustedes no bajó el asiento del inodoro.'
- Definir qué sentimientos o reacciones:
  'Me conmocionado; tuve que cambiarme el pijama y pasé horas intentando volver a dormir.'
- Sugerir una solución o pedir una solución.
  '¡Quiero que tu los dos prometan que tu no volverán a hacer eso!'

Si no practicas retroalimentación efectiva, los siguientes a menudo resultados:

- Cada vez que la persona hace algo que le molesta tu, se produce un pequeño blip en su *"pantalla de molestia"*. Si tuno se ocupa del problema o la situación y la persona repite el comportamiento, esto lleva a;

- Otro blip más grande que ocurre en su *"pantalla de molestia"*. Esto no tiene por qué ser por la misma razón que el blip original.
- Pronto estos blips se acumulan, y usted tiene una gran explosión con la persona.

Incluso el incidente más trivial puede desencadenar esta respuesta. Sería mucho mejor si manejas cada blip de inmediato en lugar de grabarlo en tu *"pantalla de molestia"*. Los comentarios deben usarse para que los demás sepan cuándo:

- Tu no entiendo algo que dijeron;
- Tu no estoy de acuerdo con ellos.
- Tu piensa que han cambiado de tema;
- Tu se irritan; o
- Tu siéntete herido o avergonzado.

Pasos de la retroalimentación

La mayoría de la gente va a cambiar el comportamiento no deseado si se trajo a su atención de una manera amable, no amenazante. Pero, hay excepciones a la regla. A algunos simplemente no les importa lo que tu piensen. Ellos sienten que no vale la pena cambiar para adaptarse a usted - o tienen un hábito que es difícil de cambiar. Otros cambian su comportamiento por un tiempo, pero vuelven a hacerlo a su manera antigua. En situaciones como esta, son necesarios más pasos de retroalimentación.

1. Seguir una), b) y c) el proceso de regeneración.
2. Si lo hacen otra vez - repetir #1.
3. Si lo hacen por tercera vez:
   (i) pídale a la persona para explicar por qué él o ella es todavía haciendo algo que te molesta.
   (ii) explique las consecuencias si el comportamiento o situación vuelva a ocurrir.
4. Dar seguimiento a las consecuencias.

Si el padre o hermano cambia sus comportamientos por un tiempo, pero poco, se olvidaron de - y el inodoro tazón incidente dé sucedió otra vez, esto es cuando madre e hija tomaría medidas más drásticas para detener el comportamiento:

1. Siga uno), b) ya) el proceso de retroalimentación.
2. Repita el # 1.
3. (i) Pídale a la persona que explique por qué todavía está haciendo algo, sabiendo que las acciones tu molestan.

(ii) Explique las consecuencias si el comportamiento o la situación ocurrieron nuevamente. *'Suzie y yo tendremos el uso exclusivo de un baño y los hombres tendrán que usar el otro y ser responsables de mantener el baño limpio.'*
4. Haga un seguimiento de las consecuencias.

Habilidad de escuchar

Otra habilidad que la gente asume que tiene, es escuchar. La escucha atenta es un proceso que comienza con el oyente dando al hablante el o ella atención indivisa. Esto construye relación y muestra al orador que el oyente valora lo que el o ella están diciendo. Si un orador se siente presionado (ya sea por sugerencias verbales o no verbales) o si los oyentes parecen demasiado críticos, probablemente se agitarán.

Aquí están algunos hechos relativos a escuchar:

- Escuchamos en a borbotones. Mayoría de nosotros somos incapaces de dar duro, estrecha atención a lo que otros dicen que por más de sesenta segundos a la vez. Nos concentramos - dejamos para arriba - entonces nos concentramos nuevamente.
- Pasamos hasta el 80% de nuestras horas conscientes utilizando las cuatro habilidades de comunicación básicas; escritura, lectura, habla y escucha.
- ¡Escucha representa más del cincuenta por ciento de ese tiempo, por lo que realmente pasamos el 40% de nuestro tiempo de vigilia a escuchar!

¿Ha recibido formación específica sobre cómo escuchar? Probablemente no. Como estudiante tu probablemente escuchado, *'Patti dejas de hablar...'* no *'Patti va favor escuchar.'* y darle las habilidades así que ella podría hacerlo.

¿A qué velocidad cree que la persona promedio habla en palabras por minuto?

Habla a velocidad normal es de 125-150 ppm. La velocidad de mi discurso es por lo menos 160 ppm. especialmente cuando estoy llevando a cabo seminarios.

¿Que opinas tu capacidad de pensar es en ppm? He escuchado especulaciones de 50-300 ppm. ¡En realidad, la persona promedio es capaz de pensar a la fenomenal velocidad de 750-1200 ppm!

Entonces, ¿por qué no escuchamos lo que la gente nos dice? Por aburrimiento, es por eso. La conversación no es lo suficientemente estimulante para mantener nuestros cerebros ocupados cuando las personas hablan a velocidades normales. Incluso mi velocidad de 160 w.p.m. no siempre puede mantener motivados a los participantes. ¿Así que lo que ocurre? Mi audiencia realiza viajes secundarios donde pueden ser:

- Pensando en ejemplos de algo de lo que estoy hablando;
- Preguntándose por qué su esposo estaba de tan mal humor esa mañana;
- Admirando una prenda y preguntándose dónde la compró la persona;
- Pensando que debería ser hora de tomar un café, porque tienen sed;
- Hacer una lista mental de qué hacer cuando regrese al trabajo.

Clases de malos oyentes:

Hay varios oyentes de problema que todos tenemos que afrontar. Aquí están algunos - ver si usted tiene una de estas debilidades:

Tímido:

Porque tímido gente esperar otros para dibujar ellos fuera, colocan emocionales demandas demandas emocionales sobre otros. Si ellosno reciben esta atención, ellos desconectan. Mayoría de las personas tímida no es consciente de este negativo comportamiento, ni las demandas que ponen a los demás. Que acumulan información y egoísta no compartir sus buenas ideas con los demás.

Ansioso:

Debido a que carecen de confianza, utilizan la charla nerviosa para llenar el vacío. Esta fanfarronería mental deja poco espacio para escuchar a otros y otras personas se desconectan de ellos.

Discutidor:

¡Discutirían la teoría de la relatividad de Einstein! Critican pequeños detalles y rompen el flujo de la conversación.

Dogmático:

Gastan su energía formulando argumentos, en lugar de escuchar las opiniones de los demás.

A menudo interrumpen o comienzan muchas oraciones con la palabra *"Pero..."* o cuestionan las opiniones de los demás. Por lo general, están demasiado ansiosos en sus intentos por impresionar a los demás. Esto generalmente resulta en que ocurra lo contrario; las personas desconectan de ellos.

De mente cerrada:

Estos son los oyentes más irritantes. Tienen conjuntos rígidos de valores; encontrar seguridad en sus prejuicios. Cualquier nueva idea o cambio los deja sintiéndose amenazados y ellos rara vez cede a las opiniones de los demás.

Cuando se enfrente a estos oyentes pobres, use de retroalimentación para explicar cómo se siente. Usar tacto y empatía te permitirá ayudarlos a ser mejores oyentes. Explíquele a la persona de mente cerrada que lo han excluido: parece reacio a escuchar sus ideas. Dígales que ellos acciones lo hacen sentir rechazado y sin importancia. Una vez que le ha explicado esto a la persona y él o ella todavía se comporta de la misma manera, tiene tus dos opciones:

- Ignora sus comportamientos groseros; o
- Use los pasos 2 a 4 de los pasos de retroalimentación

La mayoría de las personas de mente cerrada no se dan cuenta de la *"rutina"* en la que han caído. Sus comentarios de retroalimentación podrían ser útiles para cambiar la actitud y el comportamiento inaceptables.

Bloques de escucha eficaz:

Hay otras distracciones que nos pueden llevar por mal camino cuando estamos escuchando. ¿Cuál de las siguientes situaciones problemas para usted?

1. Costó entender palabras del orador. (Usa poco común idioma o jerga).
2. Mientras que el orador hablaba, tu estaban pensando de lo que ibas a decir.
3. Sabes que tienes prejuicios, pero él o ella realmente los pusieron a prueba.
4. Usted escuchó lo tu quería escuchar.
5. No tenías suficiente conocimiento para entender el mensaje. (Su lenguaje era demasiado técnico o usaban "grandes" palabras para impresionar a otros).
6. Estabas muy cansada mentalmentepara trabajar en prestando atención.
7. Había fuera de ruidos y distracciones.
8. El orador tuvo mal desempeño - lento, ventoso, irrelevante, o repetitivo.
9. Algo que el hablante dijo te intrigó; lo pensaste, y cuando sintonizaste de nuevo, perdiste el hilo de la conversación.
10. El hablante tenía un acento y tenías dificultad para entenderlo. (Esto requiere una concentración considerable y los oyentes a menudo desconectarse porque están demasiado mentalmente cansados).
11. Fuiste demasiado lejos frente a los altavoces tratando de hacerles entender ideas demasiado pronto.

12. Tu lvidó usar paráfrasis para asegurarse de estar escuchando con eficacia
13. Sentiste que el hablante te estaba dando demasiada información.

Comunicación no verbal

¿Qué dicen otros acerca de su comunicación no verbal? La comunicación no verbal, el lenguaje corporal y el estudio científico de la kinésica, todos leen sonidos y movimientos del cuerpo inconsciente de una persona. Aprendemos a ocultar nuestros verdaderos sentimientos, pero rara vez podemos ocultar nuestros verdaderos sentimientos. Todos usamos el otro nivel más profundo de comunicación, que lleva el mensaje de quiénes somos realmente y qué significan en realidad. Este es el subconsciente, una parte de nosotros que no hemos podido enseñar a ocultar nuestros verdaderos sentimientos. Y se filtra todo el tiempo en nuestro comportamiento superficial, en lo que decimos - la forma en que lo decimos - y la forma en que nuestro cuerpo reacciona. Estos signos incluyen:

- Tono de voz;
- Expresión facial;
- Postura;
- Contacto visual;
- Toque;
- Gestos;
- Distancia espacial; y
- Ropa.

Poder leer la comunicación no verbal de otros es probablemente uno de los mejores activos que cualquiera puede tener. Leemos otros, más por lo que muestran con su comunicación no verbal o lenguaje corporal, que por cualquier cosa que digan verbalmente. Ejemplos de cómo leemos el lenguaje corporal.

- Una cara roja;
- Mandíbula apretada;
- Voz alta;
- Estampó su pie o golpeado la mesa;
- Parpadear de ojos.
- Postura rígida;
- Manos en las caderas o pecho.

Sabes cuando alguien está avergonzado porque tienen:

- Una cara roja;

- Lágrimas o llanto;
- Voz temblorosa;
- Postura del cuerpo abatido;
- Parece avergonzado.

Burbujas de espacio

Todos tenemos un espacio de seguridad burbujeante a nuestro alrededor. Para muchos, esta burbuja se extiende alrededor de 18-24 pulgadas de sus cuerpos. Llena tu espacio personal con un gesto para que parezcan seguros.

Por otro lado, doblar los brazos, encorvarse y hacerse parecer más pequeños - son señales de timidez.

No solo tenemos *"burbujas espaciales"* a nuestro alrededor, sino que la propiedad se extiende a todo lo que creemos que nos pertenece. Este puede ser nuestro dormitorio, cocina o taller, nuestro automóvil o bote o nuestro cepillo y peine. Otros pueden usar estos artículos, pero solo cuando les hayamos dado permiso para hacerlo. Es por eso reaccionamos tan violentamente cuando alguien toma algo que nos pertenece sin pedir permiso.

Las personas tienen una ventaja psicológica cuando están en su *"territorio"*. Por esta razón la gente está más cómoda en su propio entorno - en su propia *"césped"*. El siguiente espacio más confortable es un lugar neutral (como un restaurante, una playa o un lugar que no *"pertenecen"* a cualquier persona). El lugar menos cómodo (lo que se refiere a confort) es normalmente el de la otra persona *"territorio"*. Tenga esto en cuenta debes esperar una confrontación con otra persona. Si es posible, tener la confrontación en su *"césped"*.

Contacto con los ojos

El contacto con los ojos es más que sólo contacto visual. Es más, como contacto facial. Observa las expresiones de la persona, lee los labios, etc. para recoger lo que ellos están diciendo. Confortable contacto de ojos a ojos es un corto de tres segundos - entonces la persona mira a otro lado. Si mantiene contacto visual directo más de tres segundos, invadirá el espacio corporal de la persona, tan fácilmente como si los hubiera tocado.

Muchas personas agresivas utilizan esto para intimidar a otros. Podrían ser 50 pies de distancia de la otra persona, pero la persona todavía sentirá esta invasión de su espacio. Cuando está enojados, es probable que mantendrá contacto con los ojos más de largo - con una mirada enojada en su cara. Esto puede ser muy intimidante para el receptor.

Los que mienten

Cuando las personas están orgullosas de lo que han logrado, están abiertas con su lenguaje corporal y muestran sus manos abiertamente. Cuando se sienten culpables o suspicaces, esconden sus manos en sus bolsillos o detrás de sus espaldas. Si los acusa de algo, es probable que lo miren incrédulos y respondan: *'Quién, yo?'* Para tratar de hacerlos creer más, generalmente pondrán la mano sobre el pecho (un signo no verbal de honestidad). El gesto de mano al cofre cuando lo usan las mujeres a menudo es un gesto protector que muestra sorpresa o shock repentina.

El lenguaje corporal adicional identifica si la persona está mintiendo con varios de los siguientes signos:

- No lo mirarán tu (generalmente miran hacia abajo);
- Abrir y cerrar ojos rápidamente;
- Contracción nerviosa y tragar repetidamente;
- Limpiar su garganta y labios mojados;
- La mano cubre la boca al hablar;
- Encogerse de hombros;
- Frotarse la nariz;
- Rasque sus cabezas mientras habla;
- Mano colocada a la garganta; y
- Frota la parte posterior del cuello.

El último gesto es la señal más obvia de mentir en los hombres y sucederá mientras miente o dentro de los sesenta segundos de mentir. Pero también puede significar que el está exasperado con la situación, así que no saque conclusiones precipitadas.

Hay diferencias cruciales en las mentiras que dicen las mujeres y los hombres. Cuando las mujeres mienten, tienden a centrarse en hacer que los demás se sientan mejor, como la mujer que le dice a un amigo que su atuendo es *"adorable"*, incluso cuando se encoge de verlo. En el corazón de las mentiras de muchos hombres, sin embargo, está el ego masculino. Los hombres mienten para edificarse o para ocultar algo y es más probable que mientan para mejorarse a sí mismos que las mujeres. La mentira consistente, incluso sobre asuntos menores, puede desenmarañar un matrimonio o una pareja. Los hombres tienen dificultades para admitir el fracaso. La forma en que nuestra cultura define el éxito es importante para un hombre, por lo que asume que también es importante para su pareja.

Por lo general, a medida que la confianza se construye entre hombres y mujeres, el hombre deja de usar tales mentiras. Sin embargo, un hombre que no puede ser honesto acerca de sus fracasos en la vida puede culpar a su esposa cuando las cosas se ponen difíciles en su matrimonio. Uno de los temas más mentirosos es el sexo. Las mentiras amables pueden ser demasiado buenas si un hombre habitualmente solo dice lo que su pareja quiere escuchar. Pone a la mujer a despertar groseramente. Si él la felicita por un vestido que lleva puesto, y simplemente no le sienta bien, el no le está haciendo ningún favor al felicitarla por ello.

Una pareja ejecutiva estaba preocupada por perder sus trabajos, pero ninguno quería preocuparse por el otro sobre su problema y su secretismo exigía un alto precio. Debido a que ambos buscaban trabajo en secreto en otro lugar y llegaron inesperadamente tarde a casa, ambos comenzaron a preguntarse si el otro estaba engañando. Afortunadamente, ambos admitieron sus temores y se ayudaron mutuamente para encontrar un puesto adecuado.

Ocasionalmente, hay mucho que perder diciendo la verdad y algo que se gana al no decir la verdad, pero es importante recordar que las mentiras son engaños y los engaños repetidos pueden destruir las relaciones. Un compañero que escucha demasiadas mentiras necesita tener una discusión seria con el compañero. Decir la verdad a un cónyuge es el primer paso para demostrar que el amor es más importante que la mentira y crea confianza entre ellos.

¿Cómo te ven los demás?

¿Cuánto tiempo tardas en medir a los demás? ¿Cinco, diez minutos o incluso menos? Las encuestas muestran que otros deciden en los primeros cuatro minutos si gusta tu o no. Su apariencia es extremadamente importante para sus sentimientos de confianza en sí mismo, así como también para sus impresiones en demás. Si te ves bien, por lo general te sientes bien. Buen aseo es una necesidad. Esto no solo significa vestir bien, sino también la limpieza tanto en su vestido como en su aseo personal.

Muchas personas crean una impresión negativa en los demás. Vea si necesita mejorar alguno de los siguientes:

a) ¿Demasiado o muy poco perfume, after-shave o cologne?
b) ¿Mal corte de pelo o estilo?
c) ¿Olor corporal por falta de baño o uso de ropa por más de un día?
d) Hombres que no están bien afeitados, ellos tienen bigote o barba desaliñada?
e) Las mujeres no se aprovechan de sí mismas con el maquillaje, ¿demasiado o muy poco?
f) ¿Use ropa que esté desactualizada?
g) ¿Trajes no coordinados o un mal sentido del color de que se combina o no?

h) ¿Ropa sucia, moteada, rasgada o arrugada?

Algunas personas usan colores que no les convienen. Por ejemplo, un hombre había estado trabajando como ingeniero de proyectos y normalmente trabajaba en sitio, por lo que naturalmente vestía ropa de construcción. El estaba teniendo problemas físicos por trabajar en condiciones climáticas adversas y buscó encontrar una posición en el interior de algún tipo. Sus problemas ocurrieron cuando llegó el momento de cambiar su imagen. Admitió que no tenía muchos trajes, por lo que tendría que comprar un nuevo guardarropa. Su problema era que no sabía qué colores o estilos comprar.

Normalmente usaba tonos de colores tierra, pero cambió su guardarropa y consultó a un especialista en vestuario. En lugar de utilizar colores de tono tierra, vistió un traje azul grisáceo (con camisa, corbata, calcetines y zapatos complementarios) que resaltaba su cabello gris a la perfección. La imagen que dio fue de un hombre distinguido y maduro (que era la imagen que quería retratar). No solo se veía mejor en los colores que le convenían, sino que también se sentía mejor. Ahora, antes de comprar algo para agregar a él guardarropa, revisó su carta de colores. De esta manera, sin importar lo él que saque del armario, el color le quedará bien.

Si no ha aprendido qué colores le convienen, probablemente esté perdiendo cientos de dólares al año comprando ropa inadecuada. Busque en su armario y vea cuántos artículos ha comprado que aún cuelgan en sus perchas, porque *"no se sentían bien"*.

Aquellos que interrumpen

Cuando los buenos amigos hablan entre sí (especialmente las mujeres) a menudo interrumpen y terminan sus comentarios por ellos. Esto es inaceptable en un entorno comercial o si las personas son prácticamente desconocidas entre sí. Si otros lo han interrumpido bruscamente y tu descubren que está molesto, habla con la persona que lo interrumpió. Extienda su mano y diga con una voz cortés pero firme: *'Disculpe, Melodye, no he terminado.'* Luego continúa con lo tu que iba a decir. No hagas contacto visual con ella porque esto invita a más interrupciones.

Después de hablar, dirija la conversación a la persona que lo interrumpió haciendo contacto visual, extendiendo su mano y diciendo: *'Gracias, Melodye. Continúa con lo que ibas a decir.'*

Si desea interrumpir a otra persona, la forma menos ofensiva de interrumpir es reconocer que lo está haciendo. Ponga su mano en un movimiento de detención y diga, *'Melodye, antes de continuar, me gustaría hacer un punto.'*

Técnica de grabación atascada

En esta era del telemercadeo, todos hemos contestado el teléfono para escuchar a alguien explicando la limpieza especial de alfombras de su compañía. Todos sabemos cuando la persona que llama se identifica él o ella misma y le pregunta cómo va tu día, que están vendiendo algo. A continuación, le mostramos cómo puede tratar los tipos de ventas persistentes:

Dicen: *'Hoy tenemos una limpieza especial de alfombras.'*
Usted, *'No estoy interesado en la limpieza de alfombras.'*
Ellos, *'Pero este especial es bueno para esta semana...'*
Tú, *'No estoy interesado.'*
Ellos, *'¿Qué hay de tener tu sala de estar limpia?'*
Tú, *'No estoy interesado... adiós.'* Y cuelga.

Muchos podrían sentir que esta persona solo está tratando de ganarse la vida. Mi respuesta a esto es que están invadiendo mi privacidad. Si quiero limpiar la alfombra, los llamaré.

Use la *"técnica de registro atascado"* en situaciones similares. Aquí es donde dices las mismas palabras repetidamente hasta que la persona escucha lo que estás diciendo. No levantes la voz ni te pongas a la defensiva. A la tercera vez que te niegas, ellos generalmente escuchan lo que estás diciendo. Te permite mantener la calma, mientras ignoras las maniobras manipuladoras que están usando en tu contra.

Puedes usar esta habilidad en otras situaciones también. Por ejemplo, cuando alguien intenta convencerlo de hacer algo que realmente no quiere hacer.

Tu primo Peter dice, *'Harry, ¿puedes llevarme a casa del trabajo esta noche?'*
Usted dice, *'No, yo no puedo. Lo siento, estoy ocupado.'*
Peter, *'Harry, realmente necesito que me lleves a casa del trabajo esta noche. ¿Por qué no puedes conducirme?'*
Tú, *'Como dije, estoy demasiado ocupado.'*

Cuando alguien te pide que expliques por qué has dicho que no, están actuando agresivamente y están tratando de aprovecharte de ti. No tiene la obligación de decirle a una persona por qué tu no puedes hacer lo que quiere que haga. Use esta habilidad siempre que quiera decirle *"No"* a alguien que esté tratando de convencerlo de que diga *"Sí"*. ¡No se permiten sentimientos de culpabilidad!

Burlas

La mayoría de las burlas son pura picardía, pero ocasionalmente hay un mensaje subyacente. Cuando alguien está haciendo algo mal, la burla es una manera despreocupada de llamar la atención de una persona sin hacer que se sienta mal. Ese es uno de los usos principales de las burlas, Como una forma de comunicación indirecta. Teasing realiza otras funciones también. Los teasers pueden expresar enojo o afecto. Pueden estar hinchando la autoestima herida o haciendo nada más que jugar.

Para muchos adultos incómodos con los aspectos de la intimidad, las burlas son una excelente manera de eludir su malestar. Algunos tienen sentimientos cariñosos entre ellos, pero la intensidad de ese afecto es difícil de manejar para ellos. Podrían hacer una declaración amorosa, luego bromear sobre ella para disminuir la intensidad del momento.

Otro ejemplo es la burla masculina. A menudo es bastante obvio para los demás que los dos hombres que se están riendo el uno del otro se sienten muy cómodos el uno con el otro.

En un momento u otro, la mayoría de nosotros conoce a alguien que nos ha irritado. Una manera de expresar la ira indirectamente, sin que los demás piensen que somos hostiles, es hacerlo de manera lúdica. Por lo tanto, un cónyuge o pariente que continuamente se burla de ti, pero insiste: *'¡Estaba bromeando!'* es probable que el o ella estés bastante molesto contigo.

Las bromas se pueden utilizar como una forma de reparar un ego herido, pero también pueden convertirse en una forma de intimidación. Digamos que el niño más joven, más pequeño y más frágil en la parada de autobús está sujeto a burlas desagradables. El o ella ego es probable que sufra. Si llega un niño nuevo a la parada de autobús (que es aún más joven, más pequeño y más débil), la víctima anterior no necesariamente mostrará empatía o compasión. El o ella es más probable participe de las burlas de este recién llegado. Esto no es justo, pero es una ocurrencia regular. ¿Por qué los niños hicieron esto? Debido a que los modelos a seguir en la vida del niño lo usan, se aprovechan de las personas más débiles y las intimidan.

Y los adultos son aún más crueles con sus burlas. Burlarse / intimidar es una forma de vida en el campo deportivo. El entrenador lo usa todo el tiempo con sus jugadores y en el trabajo los supervisores y gerentes intimidan a su personal.

CAPÍTULO 4

HERMANOS DIFÍCILES Y HERMANAS

Rivalidad entre hermanos

Rivalidad entre hermanos es normal. Es un campo de entrenamiento para los niños a aprender a llevarse bien con otros. Los padres establecer las directrices y paso en si actividades ir demasiado lejos. Los niños aprenden a compartir juguetes y personas, cómo lidiar con los celos y la forma de expresar alegría y enojo en maneras seguras. Los padres que tienen problemas con sus hijos deben comprar un excelente libro llamado, ***P.E.T. - Formación padres eficazness***, por el Dr. Thomas Gordon. Es una de las mejores herramientas disponibles para ayudar a las personas aprender el sutil arte de la negociación, ya sean adultos, adolescentes o niños.

A medida que los niños crecen y maduran, los padres aprenden a 'morder sus lenguas' y se abstengan de interferir a menos que sus hijos pidan o necesitan que ayuden. Si violencia ocurre, entonces intervienen. Sin embargo, la vida no es siempre como nos gustaría que fuera. Los siguientes problemas ocurren en los hermanos a medida que maduran.

Diferencias de personalidad

'Mi hermana y yo hemos tenido que compartir nuestra habitación para dos años y tiene un problema constante. Somos el típico 'extraña pareja'. Ella es muy ordenada y ordenada, y me siento más cómoda con un estilo de vida menos estructurado. ¿Hay alguna esperanza para nosotros?'

Todo depende de la flexibilidad individual. Si eres verdaderamente flexible, haga lo siguiente:

1. Cada uno de ustedes escribe quejas sobre lo que el otro hace que te molesta.
2. Determine qué quejas puede tu cambiar o dónde ambas pueden ceder un poco.
3. Decidir si el compromiso sería conveniente a cada uno de ustedes.
4. Como un último recurso, incluir tus padres en el proceso de resolución de problemas.

Amigos que fuman

'Mi hermano y yo nos mudamos lejos de casa a un apartamento. Él y yo no fumo, pero sus amigos sí. No quiero que él amigos fumen en tu departamento. ¿Cómo puedo lidiar con esto sin alienar nuestra relación?'

Deje que su hermano sepa cuán ofensivo le parece esta situación. Luego intente negociar un acuerdo que sea satisfactorio para ambos. Cuando los amigos de su hermano visiten el departamento, pídales que utilicen el dormitorio de tu hermano como lugar de reunión o insista en que fumen fuera del apartamento.

Estar abierto a las sugerencias de su hermano así. Hubiera sido más sabio había discutido este asunto antes de que se movió en el apartamento juntos.

Procrastinador

'Mi hermana y yo tenemos la misma tarea de fin de semana. Nuestra casa tiene dos cuartos de baño y cada uno de nosotros tiene que limpiar a uno cada fin de semana. Nos tanto odio limpiar cuartos de baño, pero tienen enfoques diferentes sobre cuando cuando se limpian. Yo completo de todas las tareas desagradables al principio de mi día y terminar mis tareas con un sentido de logro. Mi hermana pone tareas desagradables mientras sea posible y consigue más agitado como el día avanza. Ella termina chasqueándome porque las tareas desagradables aún están esperando que ella haga. Estoy cansado de ella comportamiento desagradable.'

Todos tenemos tareas que no nos gustan o que odiamos. Eso no significa que podemos permitirnos hacer un trabajo descuidado. En cambio, debemos tenemos estos tipos de puestos de trabajo fuera del camino primero, por lo que podremos disfrutar el resto de nuestros días. Tienes razón. Hacer primero las tareas desagradables y animar a su hermana a probar esta técnica. Si ella continúa quejándose, explicar cómo le afecta su comportamiento tu.

Hay todo tipo de procrastinadores. Algunos que posponen las cosas dicen: *'Lo haré mañana'* (lo cual puede suceder o no). A veces tienen demasiado que hacer y necesitan aprender a decir *'No'* cuando es necesario. Otros procrastinadores posponen las tareas hasta que estén *'Bien y listos para hacerlo.'* Esto les da una sensación de poder sobre la situación.

¿Cómo pueden las personas saber cuándo la procrastinación es realmente un problema?

- Cuando tienen algo importante que hacer, no mucho tiempo para hacerlo en, pero se encuentran buscando otras actividades que hacer en su lugar.
- ¡Cuando ellos establecen los plazos y no reunirse ellos!
- Cuando constantemente retrasa decisiones importantes.
- Cuando trabajan furiosamente en el último minuto para completar tareas cruciales.

Hay dos tipos básicos de personas que retrasar más de media:

El tipo *"Hurry-up"*

Esperan hasta el último minuto y trabajan 24 horas para cumplir con los plazos. Para corregir este comportamiento, deben establecer fechas límite específicas cuando deben completar las tareas, recordando dejar algún margen en caso de que tengan problemas.

El tipo *"I'll Decide Tomorrow"*

Posponen las decisiones hasta que los eventos resuelvan la situación u otros fuercen una decisión sobre ellos. Por lo general, estas personas son pasivas. No han aprendido que las únicas cosas que obtendrán al no decidir serán problemas.

Olvidadizo

'Mi hermano siempre se olvida de hacer las cosas que dijo que haría. Él espera que otros se lo recuerden. Me estoy cansando de su comportamiento. Sus comentarios habituales son: '¡Pensé que estabas cuidando eso!' O bien, 'No sabía que querías que me detuviera en la tienda por ti.' O: '¿Por qué no me lo recuerdas que era el cumpleaños de mamá?''

Estas personas esperan que otros los cuiden, que les recuerden las cosas que deben hacer, los plazos que deben cumplirse y quién es responsable de qué. No dejes que se salga con la suya con este comportamiento. Dígale que a partir de ahora - está solo - que tu ha terminado recordándole que haga cosas. Si el se olvida, todo recae sobre sus hombros, no el tuyo.

Debes negarte a aceptar cualquier sentimiento de culpa de él cuando encuentre dificultades y dejar de rescatarlo. Entonces el dará cuenta de que te refieres a lo que dices.

Unión de hecho

'Mi hermana de veinte años me ha pedido mi consejo. Ella quiere saber si debería mudarse con su novio. Están contemplando el matrimonio en unos pocos años, pero ella no sabe si debería dar el paso o no. ¿Qué debería aconsejarle?'

Dale a tu hermana la siguiente información y déjala tomar una decisión.

Entre el treinta y el cincuenta por ciento de los menores de treinta años cohabitarán antes de casarse. Lo están haciendo para ver si quieren convertir la relación en matrimonio. Esperan que vivir juntos los prepare para ello. Muchas mujeres ven la convivencia como una oportunidad para aislar cualquier problema. Pero vivir juntos no siempre allana el camino para la dicha matrimonial. ¡La tasa de divorcio de aquellos que viven juntos es la mitad de alta que entre aquellos que no la tienen! No hay razones definidas para esto, pero es posible que debido a que no hay una conexión vinculante para vivir juntos, no hayan probado las cosas. Entonces, cuando la pareja se casa, nunca han vivido juntos como una pareja casada y han enfrentado todas las pruebas y tribulaciones que trae el matrimonio.

Simplemente vivir juntos no garantiza que se hayan integrado. Lo que es tuyo es tuyo, y lo que es de ellos, es de ellos. Ambos pueden tener cuentas bancarias separadas y seguir gastando dinero en lo que es importante para ellos como individuos. Es posible que no hayan negociado en absoluto, especialmente en asuntos importantes.

Hermano desordenado

'Tengo la responsabilidad de limpiar la casa antes de que mis padres lleguen a casa del trabajo, después de eso, empiezo a preparar la cena. Mi problema es que mi hermano desordenado deja un rastro de pertenencias desde el momento en que entra a nuestra casa. Su chaqueta está colgada en el piso, sus botas están en las escaleras traseras y deja sus libros escolares, envoltorios de caramelos, etc. en toda la casa. Estoy cansado de limpiarlo después de él.'

Habla con tus padres y describe la frustración que tienes. Tu hermano debería tener responsabilidades, y uno de ellos debería cuidarse solo. Debido a que tu hermano es tan desordenado, su responsabilidad debe ser limpiar la casa después de la escuela, mientras comienzas la cena. De esta manera, las asignaciones se emiten de manera uniforme.

No hay privacidad

'Soy una persona muy privada. Me pasan la mayor parte de mi día en el trabajo con muchas personas y realmente esperamos de privacidad cuando llego a casa. Mi hermana es una persona sociable quien nunca parece callarse. Tengo que ir a mi habitación para conseguir cierta paz y tranquilidad y, aun así, ella me sigue. En la mañana, me gusta la soledad y tranquilidad y otra vez ella es burbujeante con la conversación. No quiero herir ella sentimientos o tener que buscar otro lugar para vivir, pero no sé cómo abordar este problema.'

Este problema se produce a menudo en situaciones familiares donde las personas son *"encerrados en"* con otros miembros de la familia. Todos en esta situación tienen que comprometer y dejar que otros que sepan cómo se sienten. Hablando de esto con calma es la clave para este problema. Ser directo y pedir tu hermana lo que ella cree que será una solución adecuada a este problema. Ella podría estar sufriendo también, porque ella necesite socializar más durante su jornada.

Gente a veces elige el tipo equivocado de medio ambiente de trabajo. Ambos de debe examinar los trabajos que tienes. Si trabajas con muchas otras personas y es esencialmente un solitario, puede ser en el tipo incorrecto de trabajo para ti. Por otro lado, si tu hermana busca conversación después del trabajo, ella puede no satisfacer esta necesidad en su lugar de empleo.

Gente en la mañana / noche

'Mi compañero de cuarto (mi hermano Bob) es un ave nocturna, ve la televisión hasta altas horas de la noche y luego duerme en. Estoy dormido a las diez y media la mayoría de las noches y estoy despierto al amanecer. ¿Cómo podemos ajustar nuestros horarios para acomodarnos a los dos?'

Ambos deben ajustarse; especialmente, quédate en silencio mientras la otra persona está durmiendo. Para algunos, cambiar compañeros de habitación es la única solución viable.

Antes de elegir un compañero de cuarto, ambos deberían haber identificado esto como un posible problema.

Síndrome de fatiga crónica

'Mi hermano ha sido diagnosticado con síndrome de fatiga crónica. Me siento terrible. Me trataba como si fuera un vago y lo perseguía para ser más activo. El debería haber sabido que estaba enfermo. Siempre había sido tan activo antes de enfermarse. ¿Qué signos debería haber notado y cómo puedo ayudarlo a superar esta enfermedad?'

Síndrome de fatiga crónica (SFC) es una enfermedad física que afecta a personas de todas las edades, grupos étnicos y grupos socioeconómicos y afecta a uno o dos por ciento de la población. Es tres veces más común en las mujeres. Desafortunadamente, el 90% de los pacientes no han sido diagnosticado y no reciben atención médica adecuada para su enfermedad. A pesar de la intensa investigación de una década, la causa de esta enfermedad sigue siendo desconocida. Muchos diferentes virus, bacterias, toxinas y causas psicológicas han sido considerados y rechazados, pero la búsqueda continúa.

Los síntomas comunes son:

Fatiga, debilitación substancial de memoria a corto plazo o concentración, dolor de garganta, ganglios linfáticos, dolor muscular y articular, dolores de cabeza, sueño ineficaz por la noche y fatiga que dura más de veinticuatro horas después alto esfuerzo.

CFS se diagnostica cuando estos síntomas persisten por más de seis meses y no se puede explicar por cualquier otra condición médica o psicológica.

El tratamiento generalmente está orientado al alivio de los síntomas. No existe una terapia única para ayudar a todos los pacientes. Tratamiento se debe adaptar cuidadosamente a las necesidades de cada paciente. Trastornos del sueño, dolor, dificultades gastrointestinales, alergias y depresión son algunos de los síntomas que los médicos comúnmente tratan de aliviar mediante el uso de medicamentos con y sin receta médica. Las personas con esta enfermedad pueden tener respuestas inusuales a los medicamentos, tan extremadamente bajas dosis deben ser intentadas primero y gradualmente incrementado según corresponda.

Solo un medicamento, Ampligen, está llegando al final del proceso de aprobación de la FDA. Los grupos de prueba no reciben ni prueban este medicamento. Cambios en el estilo de vida, mayor descanso, reducción del estrés, restricciones dietéticas, suplementos nutricionales y ejercicio mínimo son frecuentemente recomendados. La terapia de apoyo, como el asesoramiento, también puede ayudar a identificar y desarrollar estrategias de afrontamiento efectivas.

Un signo de esta enfermedad es una intolerancia a los niveles de actividad física que antes eran bien tolerados. Los síntomas de la mayoría de los pacientes empeoran seriamente, a veces durante días, incluso después de un esfuerzo menor. Los médicos recomiendan que realicen un entrenamiento limitado (y preferiblemente anaeróbico o liviano) y que escuchen a sus cuerpos y no los empujen sí mismos más allá de sus límites.

El curso de esta enfermedad varía enormemente. Algunos se recuperan. Otros van entre periodos de relativamente buena salud y la enfermedad y algunos empeoran gradualmente con el tiempo. Otros se convierten en peor o mejor, mientras algunos mejoran gradualmente, pero nunca se recupera. La mayor oportunidad de recuperación parece ser dentro de los cinco primeros años de la enfermedad, aunque algunos pueden recuperarse en cualquier momento. Aquellos con inicio repentino, informó recuperación casi dos veces tan a menudo como los Inicio gradual.

Así, la línea de fondo es tener simpatía por lo está pasando y le ayudara tu hermano lidiar con las frustraciones y los síntomas que acompañan esta enfermedad desconcertante.

No hay tiempo para mí

'Mi hermana Marcie y yo somos ambos padres solteros que viven juntos en una casa con nuestros hijos. No tenemos ningún problema de manejo de gestión de tiempo en el trabajo, pero estamos teniendo problemas de

manejo en el hogar. ¿Cómo podemos pasar nuestros fines de semana divertirse para un cambio?'

La vida corre sin problemas en la oficina, pero ¿por qué se desmorona en casa? ¿Dónde está la factura de gas? ¿Cuándo será la próxima cita con el dentista de Sally? ¿Qué comestibles tengo que recoger en mi camino a casa del trabajo? Cuando usted tiene un estilo de vida dual que balancea una carrera y deberes caseros - es generalmente el frente casero que causa dolor. Aprenda a utilizar las técnicas de negocio en el hogar también.

La planificación es esencial para tener sus tareas domésticas bajo control. Use listas para todo; para compras y tareas para hacer en casa y en el patio (¡y qué hacer!). Establecer prioridades. ¿Es realmente más importante tener un hogar impecable o pasar una hora enseñándole a su hija a tejer?

Conozca las actividades que son importantes para usted y las que puede posponer cuando surgen las prioridades más importantes.

Las listas se deben dividir en:

Tengo que: (Prioridad As)
Necesito hacer: (Prioridad Bs)
Espero hacerlo: Prioridad Cs)
No es necesario: (Prioridad Ds)

También necesitarás encontrar tiempo para ti. En esta área, generalmente es baja en la lista de prioridades, pero en realidad, debe estar cerca de la parte superior. Los padres sabios (especialmente los padres solteros) deberían ser un poco egoístas. Planean actividades para sí mismos para que puedan ser las personas más efectivas. Ponerse como el número uno en sus prioridades, no es un pecado, es una necesidad (siempre y cuando la persona no sea demasiado egocéntrica).

Delegue trabajos a miembros de su familia. Los adultos en el hogar no deben hacer todas las tareas. Un ingrediente esencial de la delegación es el seguimiento. Esto asegurará que sus hijos completen sus tareas correctamente. Asegúrese de alabar un trabajo bien hecho y ayudar a mejorar la calidad desempeño. Planea lo que harás si no completan sus tareas correctamente. Sea consistente con la disciplina y justo con todos los miembros de su familia.

Cuando cocine, haga varios lotes; Lleva un poco más de tiempo preparar las comidas durante cuatro días que para una. Use su congelador tanto como sea posible. Deje de perder tiempo recogiendo víveres cada dos días: haga menos viajes.

Algunas familias dejan la mayor parte de las tareas de la familia hasta el fin de semana, pero luego encuentran que su familia no tiene tiempo para actividades divertidas juntos. Una mujer hace sus compras del jueves por la noche, hace una tanda de lavado todos los días (mientras que la preparación y la limpieza de la cena). Esto elimina las seis tandas de lavado que ella solía hacer cada sábado.

Contratar a un estudiante (o tus hijos) para hacer aquellos trabajos que se acumulan como cortar el césped, pintar la valla, traspaleo de la calzada, ayudando con la limpieza de primavera.

En el verano, considere contratar un 'ayudante de la madre' para que él o ella puede lograr juntos cuidado cuidado de niños y del hogar. Deja 'tarea' listas para que los niños de lo que les espera hacer durante el día mientras estás en el trabajo. Hacerlos sentir parte de un equipo - que está aportando algo valioso para la unidad familiar.

Planifique golosinas especiales para recompensar el buen desempeño.

Pruebe estas cosas y pronto notará que las cosas funcionan más fluidamente y tendrá más tiempo para pasar con sus familias.

Hermano se aprovecha

'Mi hermano espera que lo lleve a todas partes, pero él no ofrece pagar el combustible, ¿cómo puedo hacerle pagar su parte?'

Dile a tu hermano lo que crees que debería ser su parte para los gastos de gasolina y automóvil. No lo ayudes de nuevo a menos que pague su parte de los gastos.

Préstamos de dinero

'Mi hermana siempre toma prestado dinero de mí y rara vez lo devuelve. ¿Cómo puedo rechazar ella petición de más dinero?'

Explicar que ella ya le debe demasiado dinero (tener todo detallada) y no puedes dar ella crédito más hasta que ella nuevamente paga la deuda existente.

Decida cuándo pagará su hermana lo ella que debe, estableciendo plazos y dígale que tu no le prestará más dinero hasta que pague su deuda existente.

'Mi hermana siempre es pedir prestado mi ropa, pero no devuelve lo que recibe.'

'Mis hermanos están siempre prestando cortadoras de césped, herramientas y equipo y tengo que pedirlos de vuelta.'

Explicar cómo se siente acerca de sus comportamientos:

Describe su comportamiento:

'Están pidiendo prestado y no están devolviendo los artículos correctamente.'

¿Cómo te sentiste cuando ellos actuaron de esa manera?

'Sientes que se están aprovechando de ti.'

La solución:

'Diles que no les prestarás más artículos debido a su falta de respeto por tus pertenencias.'

Manténgase firme - no vacilar.

Berrinches

'Mi hermano Bruce todavía tiene rabietas incluso cuando es adulto, puedo ver que esto le causa problemas en el trabajo y en casa con su familia.' Sus berrinches incluyen arrojar objetos inanimados, he visto terror en los ojos de sus hijos cuando hace esto. ¿Qué puedo hacer para explicar qué tan destructivo es este comportamiento para todos los que lo rodean?'

En este caso, es posible que el comportamiento de su hermano sea un signo de abuso de su esposa o hijos. No puedes esperar y dejar que esto continúe. Habla con la esposa de tu hermano para ver si tus hallazgos son verdaderos. Si lo son, brinde la ayuda que probablemente necesitarán la esposa y los hijos para enfrentar el problema. Aliente a su hermano a obtener ayuda profesional para enfrentar sus arrebatos.

Decir. *'Bruce, me gustaría hablar contigo sobre algo que estás haciendo que me molesta. ¿Este es un buen momento para hablar de ello?'*

Si él se compromete a escuchar, decir, *'Esta mañana tu tenía un berrinche donde usted terminó lanzando el libro de teléfono. ¿Usted tiene cualquier idea cómo sus acciones hacen que tus hijos sienten?'*

Luego explicar cómo tu se sentía cuando él actuaba de esa manera. *'Estaba viendo a tus hijos y vi la mirada de terror en sus ojos. Para ser sincero, no sabía qué esperar de usted tampoco porque tu estaban fuera de control.'*

Sugiera una solución: *'En el futuro, ¿podrías alejarte de las situaciones en las que te enojas tanto? Debería considerar obtener asesoramiento sobre el manejo de la ira, para que pueda controlar su temperamento.'*

Puede preguntarse qué esperaba lograr con su comportamiento. Las consecuencias de una acción repetida podrían ser que tu anime a la mujer de tu hermano a buscar ayuda.

Los adultos, que todavía recurren a los berrinches, no han crecido. Estas personas aman el control y el poder que tienen sobre los demás y disfrutan de que todos salten para cumplir sus órdenes. Este comportamiento a menudo les permite obtener exactamente lo que quieren, pero a menudo resulta en represalias de los demás. Alguien que está enojado está buscando una buena pelea y tu simplemente no puede aceptar ese tipo de comportamiento sin tratar de detenerlo. Otras tácticas que puede usar para tratar con una persona que usa explosiones emocionales para manipular a los demás:

a) Mantener la calma y ser firme. Si la persona continúa argumentando, explique que usted va para darle su tiempo para calmarse. Entonces deja a la persona.
b) Después él o ella es más racional, solicitar datos sobre el problema.
c) Escucha con atención y luego hacer lo que pueda para resolver el problema.
d) Él o ella puede lamentar el arrebato. Estar preparados hacer frente a sentimientos de culpabilidad de la persona.

Etiqueta 'Mujer agresiva'

'Mi hermano Ted me acusó de ser una 'mujer agresiva'. Me has estado recientemente en un curso de asertividad y estoy cambiando mi comportamiento pasivo habitual y estoy tratando de ser más asertivo. Estoy confundido sobre los límites entre conductas asertiva y agresiva. ¿Soy una 'mujer agresiva?'

Esto a menudo sucede a aquellos (hombres y mujeres) que han asistido a clases de entrenamiento de asertividad. Aquellos que normalmente se asocian con ellos se sienten cómodos con su comportamiento pasivo, donde encuentran poca resistencia a lo que quieren hacer. Cuando estas personas pasivas comienzan a afirmar su derecho a tener sus propias opiniones, otros pueden erróneamente etiquetar su comportamiento como agresivo. Sólo si usted impuso sus deseos y necesidades a otros, sería tu comportamiento ser clasificado como agresivo.

Pobre oyente

'Mi hermano Phil me vuelve loco porque tengo que repetir casi todo lo que le digo. Es una persona muy intensa y normalmente reflexiva. No es que él no escucha oír mi, porque uso el mismo volumen de voz cuando

repito mi mensaje. ¿Cómo puedo lograr que deje este hábito, porque también debe usarlo con los demás?'

Si él es un tipo intenso de persona que está distraída por sus pensamientos, podría demorar un poco en canalizar su pensamiento hacia atrás. Una forma de abordar este problema es explica la situación a Phil.

'Phil, ¿Te das cuenta de que últimamente tuve que repetir casi todo lo que te dije? Sé que me escuchaste porque uso el mismo volumen de voz cuando me repito. Tengo la sensación de que no crees que lo que tengo que decir sea importante. Esto me preocupa, no solo porque me afecta, sino porque probablemente también tu está haciendo el a los demás. ¿Tienes alguna idea de por qué está pasando esto?'

Esto iniciará un diálogo que debería resultar en una mejora en las habilidades de escucha de Phil.

Frases repetitivas

'Mi hermano Mark me esta volviendo loco porque tiene algunas frases que repite - una y otra vez! El particular frases que me molestan más son, 'sabes... bien... y ahora...' Una vez que le escuchaba hablar por teléfono y he contado las veces que él dijo 'Sabes.' ¡En veinte minutos, repitió la frase cincuenta - tres veces!'

Es fácil a tener patrones de voz que son muy difíciles de corregir. Trate de decir, 'Mark, tengo algo que decirte. ¿Te importa un poco crítica constructiva?' (Trate de esta frase de apertura cuando quiera dar una crítica constructiva).

Si él está de acuerdo (probablemente de mala gana), diga: 'Mark, cuando hablaste con Ken por teléfono ayer, en veinte minutos, conté las veces que dijiste, 'Ya sabes' y ¡lo dijiste cincuenta y tres veces! Probablemente no sepa con qué frecuencia usa esta y otras frases, pero imagino que molesta a otras personas tanto como a mí. ¿Tienes alguna idea de cómo te metiste en este mal hábito?'

Si nada más, esto iniciará una conversación sobre el problema. Si el acepta que hay un problema, tu puede recordarle el problema al tener un símbolo tu que puede usar cuando él usa las frases. Por ejemplo, levantando la mano mostrando tres dedos si el repite una frase, tres veces.

Balbuceador

'Mi hermano no articula sus palabras. Todo el mundo se ve obligado a pedirle que repita lo que está hablando. Esto se convierte en molesto después de un tiempo, porque cada uno tiene que pagar tal atención a lo *que el está diciendo. No tiene un impedimento - sólo murmura sus palabras juntos.'*

Personas mumble. Ellos no a-r-t-i-c-u-l-a-n sus palabras o sus palabras ejecutar juntos. Es una lástima, porque van a estar comunicando con otros el resto de sus vidas.

Si otros tienen problemas para entenderlo el, ciertamente parece que vale la pena que él tome medidas para mejorar esta habilidad; de lo contrario, elpermanecerá discapacitado en una de las habilidades de comunicación más importantes de todos; hablando.

Tu hermano puede mejorar su capacidad habla por unirse a un club de Toastmasters o tomando un curso de hablar en público. Él aprenderá aire control, proyectar su voz y hablar con claridad cuando habla. Aquí es una prueba puede dar a sí mismo para ver si tu es un buen orador o no:

Tasa de tus habilidades para hablar

Tasa de sí mismo (o que un amigo le ayude a) utilizando la siguiente escala:

5 = siempre
4 = casi siempre
3 = a veces
2 = rara vez
1 = nunca

1. ¿Si fuera un oyente, escucharía escucho a mí mismo?
2. Si yo estoy siendo mal entendido, recuerdo que es mi responsabilidad de ayudar a la otra persona me entiende.
3. Guardo mis instrucciones a los demás corta, dulce y al punto.
4. Soy consciente de cuando mi público me ha sintonizado hacia fuera.
5. Hacer que mis oyentes sepan lo que quiero de ellos.
6. Cuando doy instrucciones, pedir comentarios y paráfrasis para asegurarse ellos de que me entendía.
7. Estar seguro de que mis señales no verbales (lenguaje corporal, tono de voz, etc.) están igual a mi los verbales.
8. Asegúrese no intimidar a mis oyentes con voz alta, amenazante apariencia, intenso o prolongado contacto con los ojos, ataques verbales, etc.
9. Habla claro.
10. Trato de usar el lenguaje, que el oyente puede entender.

Total:

Puntuación:

¡40 o más - eres un excelente orador!
32 - 39 - mejor que el promedio.
25 - 31 - necesita mejora.
24 o menos- no eres un orador eficaz. ¡Necesita práctica, práctica y más práctica!

¿Él reír a sí mismo al completar la primera pregunta? ¿Él encontró que había un elemento de la verdad a la pregunta? Si es así, el es posible que

a) Tiene problemas para sacar sus palabras. Él sabe lo que quiere decir, pero absolutamente no puede decir (porque carece de fluidez verbal). Fluidez verbal nos permite expresar nuestros pensamientos claramente para otros entienden exactamente lo que queremos decir.
b) Él no está bien informado de que está sucediendo en el mundo. A menudo la gente se aísla de las situaciones terribles que están sucediendo en el mundo. De repente, en las situaciones sociales pueden encontrar no saben lo que está sucediendo. Por lo tanto, ellos pueden sentir que no tienen nada que aportar a la conversación. La solución es ponerse al día con lo que está pasando.
c) Tiene problemas de mantener conversaciones cortas, dulce y al punto. Necesita tiempo para organizar sus pensamientos antes de que él habla. El puede practicar escribiendo sus pensamientos o utilizar un registrador de cinta para coger él mismo. Entonces él puede practicar reorganización sus palabras usando lenguaje más preciso hasta que él puede decir lo que quiere decir sin divagando.

Promesas, promesas

'Tengo una hermana que promete que va a hacer algo y luego ella no hace lo que promete hacer. No creo que ella lo hace a propósito, pero ella lo hace a menudo. Quiero mantenerla como una amiga, pero me pongo tan exasperado con ella, Yo no hablo con ella por una semana.'

Cuando ella dice que va a hacer algo por ti, le dan la oportunidad de retroceder de la disposición que *'Estoy contando con usted para hacer esto por mí. Si sientes que no puedes, por favor me avisas, de lo contrario estaré muy decepcionado.'*

Si ella te decepciona:

Describe ella comportamiento:
'Tu no me recoja después del trabajo y esperé durante media hora para usted antes de tomar un autobús a casa.'

¿Cómo te sentiste cuando ella actuaste de esa manera?
'Me dolió mucho que ella no se preocupó lo suficiente sobre mí para decirme que ella no venía.'

¿Lo que sientes sería la solución?
'Necesito que me prometas que me llamarás en el futuro si tienes que cambiar tus planes.'

Niños

'Yo estoy planeando mi boda y quiero dejar claro a los he invitado a la recepción de la boda, que no quiero que traigan a sus hijos. Esto incluye a los niños de mi hermano, que son muy revoltosos. Varios de mis amigos han permitido que niños en sus celebraciones de boda y fue caos con niños malhumorados, malcriados, apoderándose de la noche.'

Tienes todo el derecho a eliminar a niños a partir de su recepción si desea hacerlo. En su tarjeta de R.S.V.P., tiene las palabras 'No niños por favor.' Subrayar esto escribiendo el nombre de las personas que son invitados a la cena de la recepción en la tarjeta de respuesta.

'Mi esposa y yo disfrutamos entreteniendo a nuestras familias. Hemos crecido niños, pero nuestros hermanos y hermanas todavía tienen familias jóvenes. Encuentro que estas noches son muy estresantes para mi esposa y para mí porque no entienden que los hemos invitado solo ellos, no sus hijos. ¿Cómo puedo ser discreto cuando los invito en el futuro?'

Sé directo y diles que tu reunirse es solo para adultos. Podría contemplar la idea de tener otra reunión familiar en el futuro (una barbacoa por la tarde, posiblemente) donde hijos serían bienvenidos.

Visitantes de verano

'Mi hermano y su familia llegaron para una visita de último verano y yo apenas hemos hablado a él y a su esposa desde. Mi esposa y yo fuimos a un montón de problemas para alquilar una casa flotante y tomé mi lancha a lo largo por lo que podríamos esquí acuático. Nada parecía impresionarlos y todo lo que oí acerca de era lo que estaba mal con todo. Había demasiados bichos, el agua estaba demasiado frío, llovió un día, etc.

'¡Y la hija de mi hermano! Ella nos condujo locos con ella quejándose. Ella luchó con nuestro hijo, interrumpió nuestras conversaciones en cada vuelta e intentó ser el centro de la atención de todos. ¡Qué lata! ¡Qué vacaciones!

'Ellos sabían todo acerca de nuestros planes antes de que llegan y parecían estar tan entusiasmados estábamos ante la posibilidad de tener tan divertido. ¿Qué podríamos han hecho diferentemente para que todos podríamos puedan tener unas buenas vacaciones?'

Los visitantes de verano deben aceptar hospitalidad gentilmente y adaptarse a las reglas de la casa. Por desgracia, familiares a veces se comportan diferentemente que no familiares y toman ventaja de sus anfitriones.

Cuando las cosas empezaron a ir mal, debería haberse sentado con su hermano y dijo: *'Parece que estaba equivocado al pensar que te gustaría las vacaciones que planeamos. No puedo hacer mucho sobre los insectos, el agua fría y la lluvia. ¿Qué podría estar haciendo para hacer de esto unas felices vacaciones para ti que no estoy haciendo en este momento?'*

Esto iniciar el diálogo por lo menos y tu hermano sabe que la situación con el medio ambiente está fuera de tu control. Entonces, plantear la situación de comportamiento del niño. Asegúrese de que su hijo no está causando a su primo ser miserable.

Si usted usted mismo ha seguro que este no es el caso, por ejemplo, *'Me parece que llego molesto en Sarah debido a sus constantes interrupciones a nuestras conversaciones. Me no termine una oración antes de que ella me está interrumpiendo con su lloriqueo. ¿Qué crees que podríamos hacer para hacerla más feliz y menos propensa a usar un comportamiento tan disruptivo?'*

Tu hermano no puede ser feliz sobre la conversación, pero él no puede negar que lo que dices es ciertosi.

Debido a las habitaciones estrechas de la casa flotante, el comportamiento de este niño haría que todos se sientan como si estuvieran en la cárcel. No podían escapar al lloriqueo del niño. ¡Tuviste que decir algo por tu cordura y por todos los que están a bordo!

Cuidado de niños

'Cuido a los hijos de mi hermana tres días a la semana mientras ella está en un trabajo a tiempo parcial, cada día de trabajo es una lucha para ella y ella siempre llega tarde dejando a sus hijos en mi casa.

'El problema ocurre debido a sus dos pequeños niños, que constantemente se quejan de lo que van a ponerse y de lo que comerán en el desayuno. Mi hermana no parece saber cómo hacer que se muevan por la mañana.'

Aquí hay algunos consejos que puede transmitir:

1. La noche anterior, ella elegiría dos disfraces para los niños. Antes de ir a dormir, elegirán cuál de los dos conjuntos usarán. Luego ella establecerá un tiempo razonable para que terminen de vestirse en la mañana.

2. Ella proporcionaría zapatos con cierres de velcro, para que puedan ponérselos ellos mismos.
3. El niño no desayunará hasta que el o ella esté vestido. Si tarde, desayunarán en la casa de la niñera.
4. Una vez al mes como obsequio por buena conducta: tómalos a un restaurante para el desayuno.
5. Tienen abrigos en ganchos y botas cerca para facilitar el acceso.
6. ¡No hay televisión en la mañana!
7. Si se portan mal en la mañana, explíquele las consecuencias de su comportamiento y asegúrese de darle seguimiento. Asegúrate de que se vayan a la cama lo suficientemente temprano como para tener una buena noche de sueño.

Olor de cuerpo

Larry explicó su problema: *'Mi hermano Wally tiene olor corporal tan fuerte, que odio estar cerca de él. La otra noche, mi esposa y yo, Wally y su nueva novia estaban fuera por una noche. Su novia se acercó a mí porque ella había notado el olor del cuerpo también y me había pedido que hablara con Wally sobre el problema. ¿Cómo puedo abordar este problema sin causar disensión entre nosotros?'*

Larry tenía varias opciones en cómo él podría ocuparse de este problema. Podía pedir a la novia a hacerlo el misma o lo podría hacer él mismo.

Decidió hablar directamente con Wally y comenzó la conversación diciendo, *'Wally, tengo algo quiero hablarte. Espero que te das cuenta de que nunca haría nada para herir tus sentimientos o avergonzarle, pero porque no soy sólo tu hermano, pero considero un amigo, hay algo que usted debe saber.'*

Observó el lenguaje corporal de Wally para ver si su declaración lo molestaba o lo enfurecía. Wally parecía interesado en lo que tenía que decir, en lugar de enfadarse. Larry continuó: *'Esta conversación es tan dolorosa para mí como para ti. Sé que no lo sabes, pero tienes un problema con el olor corporal. Pensé que preferirías saberlo, que hacerme ignorar la situación y causen problemas con los demás.'*

Wally se ruborizó y miró hacia abajo. Explicó, *'No sabía era tan malo. Yo he ido a un médico para un problema de olor de pie. Supongo que el medicamento que estoy usando no es ayudar. Voy a hacer otra cita esta tarde. Gracias por dejarme saber acerca de esto.'*

Esta fue una conversación embarazosa para ambos hermanos, pero Larry lo suficientemente cuidada por su hermano para hacerle saber el problema y Wally era lo suficientemente maduro para tomar el crítico constructivo.

Es interesante observar que las mujeres tienen un umbral de olor más bajo, lo que significa que pueden detectar olores más rápido que los hombres y con frecuencia se ofenden por el olor corporal mucho antes de que un hombre sea consciente del olor.

Hermana obesa

'Mi hermana es muy obesa. Como si eso no fuera suficiente, ella tiene olor corporal. Ella trata de ocultar el olor con perfume, pero no enmascara el olor en absoluto.'

Usa la misma táctica que con su hermano Larry. También debe expresar su preocupación sobre ella problema de peso y tratar de darle la ayuda que necesita para reducir su peso. La clave aquí es mostrar preocupación, no censura. No necesita más críticas, necesita asistencia para ayudarla a superar estos dos problemas graves.

¿Cuál es la diferencia entre las personas naturalmente delgadas y la grasa? Las personas delgadas comen cuando tienen hambre y se detienen cuando están llenas. Parece tan básico, pero los expertos en obesidad dicen que muchos problemas de peso son simplemente una cuestión de perder contacto con pistas internas. Las personas comen cuando no tienen hambre y continúan más allá del punto donde están completas. El hambre sin comer es una de las adicciones más difíciles con las que la gente tiene que lidiar. Todo el mundo come demasiado a veces. Pero las personas que constantemente intentan controlar su comida (en lugar de basarla en el hambre) tienen problemas.

Desafortunadamente, los padres bienintencionados alimentan a su bebé hasta que todo el cereal se ha ido, le piden a su niño que termine el pollo si todavía tiene hambre o no, y exhortan a sus hijos a que limpien sus platos o de lo contrario. Estos padres están arruinando sus hijos señales de hambre.

El primer paso ella que debe dar es estar atento cuando está comiendo: centrarse en la comida y eliminar distracciones como la televisión, los libros o el teléfono. Haga que escriba lo que siente cuando está comiendo. Pronto se dará cuenta de que la mayor parte del tiempo "hambre" no aparecerá en el listo.

¿Tu hermana tiene problemas para controlar su peso o encontrar que su peso fluctúa tanto que ella ha recurrido al uso de sudor pantalones o prendas con bandas de elástico en la cintura? Si es así - ella sólo ha saboteado sus esfuerzos para mantener su peso hacia abajo. ¿Cómo sé esto? ¡Porque a mi me pasó!

Siempre había sido delgado - la envidia de mis amigos. Yo podía comer cualquier cosa, en cualquier momento y nunca parecen aumentar de peso. Me parecía tener una válvula de cierre que me dijo enfáticamente que estaba llenocompleto - muchas veces antes de la comida en mi plato se ha terminado. Simplemente me sentí demasiado lleno para comer otro bocado y mantenerse cómodo. Obviamente me ayudó mi metabolismo y scoffed en la idea que yo podría engordar al igual que todos los demás. ¡Estaba equivocado!

Estuve ofreciendo seminarios en Hawái durante tres semanas y decidí que, dado que era diciembre, me trataría a mí mismo, por lo que extendí mi visita a siete semanas. Al igual que los nativos, me vestía principalmente trajes de baño, pantalones cortos y pantalones con cinturillas elásticas o sudaderas cuando hacía más fresco. Incluso compré un vestido hawaiano suelto que no tenía cintura discernible en absoluto.

Usted sabe el resultado. ¡Después de volver a casa y tratar de ponerme mi ropa normal, me di cuenta de que había ganado ocho kilos (alrededor de quince libras)! ¿Cómo pudo haberme pasado esto? No pensé que había comido más de lo habitual, así que traté de averiguar qué había sucedido para cambiar las cosas. Pronto me di cuenta de que uno de mis mayores impedimentos para comer en exceso era que generalmente me sentía demasiado lleno para comer más. Me sentí lleno, porque la pretina de mi ropa se tensó cuando consumí mi comida.

Es probable que tu hermana sienta lo mismo también. Si ella tuviera una banda en la cintura que le recuerde que ella está llena. Ella comenzaría obteniendo trajes que tienen una cintura rígida. Luego, en lugar de aflojar ese botón en su cinturón durante su comida, ella se alejaría de la mesa (dejando el exceso de comida en el plato). Ella nunca debería sentir que tiene que terminar todo. Esos mordiscos extra que ella toma después de que está llena, lo aumenta su peso.

La obesidad más el estrés es igual a los problemas. Los hombres con barrigas de cerveza y las mujeres con cuerpos en forma de manzana tienen una alta probabilidad de desarrollar diabetes. Muchos pueden no saber que lo tienen, porque a menudo no hay síntomas. Los médicos en un simposio sobre la diabetes señalaron que la grasa y la diabetes a menudo van de la mano. Un médico dijo: *'Si eres diabético y especialmente uno que tiene sobrepeso, puedes firmar tu certificado de defunción hoy, pero no puedes ponerle fecha.'*

Si bien hay pocos síntomas, un diabético que desarrolla hiperglucemia (un nivel demasiado alto de glucosa en la sangre) puede tener gran sed y hambre, boca seca y la necesidad de orinar a menudo. No comprendemos completamente la causa, pero cualquier persona con al menos un familiar cercano con diabetes hereda la tendencia a hacerlo.

Ochenta por ciento de los diabéticos mueren de enfermedad cardiovascular. Otros corren el riesgo de volverse ciegos (representa la mitad de la ceguera bajo 65 años y una cuarta parte de la deficiencia visual). Cuarenta por ciento de las amputaciones (debido a mala circulación) es debido a la diabetes. La diabetes es un desorden permanente en que el cuerpo no puede almacenar adecuadamente y proporcionar combustible a las células. El páncreas no produce suficiente insulina, por lo que el cuerpo puede utilizar glucosa (o azúcar) para la energía o es incapaz de utilizar la insulina que produce.

Los médicos señalaron que algunos diabéticos obesos se han curado por perder peso, mantener una dieta baja en grasa, hacer ejercicio, dejar de fumar y reducir el consumo de alcohol. Por desgracia, otros médicos apoyan el uso de edulcorantes artificiales como lo hicieron las organizaciones de diabetes que recomiendan estos productos de dieta a las personas que necesitan desesperadamente perder peso; A pesar de que ha sido ampliamente documentado que el formaldehído en aspartame (un edulcorante artificial) se almacena en las células de grasa, en particular en las caderas y los muslos y es entonces difícil - a veces imposible de desalojar. Lo más insidioso del aspartame es que es adictivo y tiene graves efectos de abstinencia.

'Mi hermana pequeña es de nueve y pesa 62 kilos (aproximadamente 140 libras). Todo ella lo que hace es sentarse alrededor y ver la televisión y comer comida chatarra. Cómo puedo hacer mis padres ocuparse de esto, me siento avergonzado de ella glotonería.'

En lugar de concentrarse sólo en su dieta - es importante que se levanta de ese sofá y ejercicios. Su hermana podría ser un candidato principal para la osteoporosis cuando ella es un mayor (si vive tanto tiempo). Las niñas que comienzan a hacer ejercicio antes de la pubertad pueden mejorar drásticamente su fuerza ósea como adultos. Los investigadores examinaron jugadores de tenis y squash jóvenes - comparando la longitud del hueso en el brazo de juego con el de sus otros huesos. Los científicos esperaban responder a preguntas sobre la importancia de la construcción de masa mineral en el crecimiento de los huesos justo antes de la pubertad.

La masa ósea por lo general aumenta dramáticamente justo antes de la menarquia - picos en la adolescencia - y luego comienza un declive gradual a lo largo de toda la vida. Las niñas que comenzaron a jugar antes de la menarquia tenían alrededor del doble de la acumulación de fuerza ósea en sus brazos de juego que las niñas que comenzaron a jugar más tarde. El estudio proporciona evidencia de que la actividad física durante los años púberes es crucial para maximizar la masa ósea.

Puedo verificar este estudio debido a mi experiencia personal. Hace varios años, quería comprobar mi densidad ósea porque preocupaba que, debido a mi ajetreada vida, podría poner yo en riesgo al levantar maletas pesadas cuando viajo. ¿Hice una cita y justo después de que el técnico había terminado mi análisis me preguntó, *"ejercitas mucho?"* Tímidamente, admití que no me gustó tanto como solía, pero tenía una vida ocupada y activa. Le pregunté si había un problema, pero me dijo que mi médico tendría que discutir mi densidad ósea conmigo personalmente.

Después de un poco de tiempo inquieto, finalmente hablé con mi doctor quien me dijo que me tenía la mayor densidad ósea que había llegado a través de su clínica. Luego intentamos determinar por qué mi densidad ósea era tan alta. Hablamos de mi dieta y tuve que admitir que no beber mucha leche, pero disfrutar de tener un pedazo de queso o un puñado de cacahuetes para una merienda en la noche. Ambos acordamos que mi dieta no era excepcional. Luego hablamos de la cantidad de ejercicio que hice. Culpable admití que no pasé más de una hora aproximadamente una semana haciendo ejercicio.

'Bueno, algo te ha dado esta excepcional densidad ósea.' Finalmente pudimos determinar fue debido al ejercicio que había hecho como un niño pre-pubescente. Desde que tenía ocho o catorce años: me había entrenado tres veces a la semana, durante dos horas a la vez para los Juegos Olímpicos de Canadá en natación. Por lo tanto, si tiene jóvenes adictos a la televisión o la computadora en su hogar, eso es lo que puede dar una baja densidad ósea cuando maduran.

Asegúrate de mostrarles esta información a tus padres y les pido que ayuden a tu hermana así que eso ella huesos se desarrollen adecuadamente.

Suicidas

'Estoy preocupado por mi hermano adolescentes. Él es estado tan deprimido últimamente, que me preocupa que está contemplando el suicidio. ¿Cómo puedo ayudarlo?'

El suicidio es común entre los adolescentes. 19% de los adolescentes admiten que han pensado de suicidio con veinte y dos de ellos realmente intentar matarse. Adolescentes más deprimidos no decirle a nadie sobre su desesperación. Casi dos tercios - sesenta y tres por ciento de los trece a dieciocho-años dijo vergüenza, miedo y presión de los pares y el estigma que rodea la enfermedad mental, les impidió buscar ayuda.

Los niños que crecen en familias afectadas por la violencia, la enfermedad mental o el divorcio tienen tasas más altas de depresión que la población general. Los expertos dicen que a veces la restauración normal de los equilibrios cerebrales-químicos con la medicación se puede utilizar en el tratamiento de alguna depresión. Los asalariados de ingresos altos reportan menos depresión, pero mayores niveles de estrés. La cantidad de luz del día puede afectar a algunos (los azules del invierno). Este problema se trata a menudo con estímulos artificiales del sol.

Signos de depresión que puede conducir a menudo al suicidio son:

a) Sentimientos de tristeza o irritabilidad;
b) Pérdida de interés en las actividades de la persona antes disfrutaba;
c) Cambios en el peso o la apariencia;
d) Cambios en el patrón de sueño;
e) Sentimientos de culpa, desesperanza o inutilidad;
f) Incapacidad para concentrarse, recordar cosas o tomar decisiones;
g) Fatiga o pérdida de energía;
h) Inquietud;
i) Quejas de dolores físicos que no se puede encontrar ninguna explicación médica;
j) Regalar posesiones; y
k) Poner sus vidas en orden.

Hay muchos mitos sobre el suicidio:

1. **Mito:** Personas que hablan sobre suicidio no tienden a matar ellos mismos. Sólo quieren atención.
   Hecho: Más del 70 por ciento de los que intentar o completar el suicidio, previamente amenazó con tomar su vida.
2. **Mito:** Aquellos que se suicidan rara vez advierten a los demás.
   Hecho: Ocho de diez personas que se matan dejó pistas, aunque no siempre es verbales y puede ser difíciles de detectar.
3. **Mito:** Es mejor no mencionar el suicidio a una persona severamente deprimida, porque les dará ideas.
   Hecho: Muchas personas deprimidas ya han pensado en suicidio como una salida y debatirlo abiertamente puede ayudarles a ordenar a través de sus problemas, trayendo alivio y comprensión.

Hable con el médico de familia de su hermano y pedir un referido a un consejero que lo puede ayudar él. Luego lo acompañaran el a él sesión de asesoramiento y darle el apoyo moral y emocional que tendrá que necesitar.

Ayúdelo obteniendo su permiso para discutir su situación con otros miembros de la familia. De esta manera, otros pueden ayudarlo durante la crisis y apoyar a tu hermano durante su tiempo de necesidad.

Aquí hay otras maneras que su hermano sí puede ayudar a lidiar con las tensiones en la vida:

La Asociación canadiense de Salud Mental suministra la siguiente información.

Hable hacia fuera:
Cuando algo le preocupa, hable al respecto. Siéntate con una persona inteligente en la que confíes; esposo o esposa, padre o madre, buen amigo, clérigo, médico de familia, maestro, consejero escolar. Hablar ayuda a aliviar la tensión y le permite ver el problema más claramente.

Escapar por un tiempo:
A menudo ayuda a escapar del problema por un corto tiempo; Piérdete en una película o libro, tome un paseo en el país. Es realista para escapar al castigo lo suficiente para recuperar la respiración y el equilibrio, pero esté preparado para regresar y lidiar con el problema cuando eres más compuesto.

Libérate de tu enojo:
Mientras que el enojo puede darle un sentido temporal de la justicia o incluso poder, probablemente dejará sentir tonto. Si tienes sentir como arremeter contra los demás, esperar hasta mañana. Hacer algo constructivo con que energía acumulada, limpiar el garaje, jugar un partido de tenis, dar un largo paseo. Un día o dos más tarde estarás mejor preparado para afrontar el problema.

Ceder de vez en cuando:
Si te encuentras entrando en peleas frecuentes y sensación desafiante, recuerde que los niños frustrados comportan del mismo modo. Defender su posición, pero hazlo con calma y recuerde que usted podría estar equivocado.

Incluso si estás en lo cierto, es más fácil para tu sistema ceder de vez en cuando. Aliviará un poco la tensión y tendrá una sensación de satisfacción.

Hacer algo por los demás:
Si encuentras que estás preocupado por ti mismo todo el tiempo, tratar de hacer algo por alguien más. Sus preocupaciones disminuirán y, en cambio, tendrá una buena sensación.

Tratando con parientes difíciles y en leyes

Tomar una cosa a la vez:
Para las personas bajo tensión, una carga de trabajo normal puede parecer insoportable. Las tareas parecen tan grandes que resulta doloroso abordar cualquiera de ellas.

Para comenzar, tomar algunas de las tareas más urgentes yy completarlos. Dejar todo lo demás de lado. Una vez que has despejado un poco lejos, los otros no parecen tan *"horrible"*. Ganarás impulso y el trabajo será más fácil.

Rechazan la función de *'súper persona'*:
Algunas personas esperan demasiado de sí mismos; Buscan la perfección en todo lo que hacen. La frustración del fracaso los deja en un estado constante de preocupación y ansiedad. Decidir lo que haces bien y poner su mayor esfuerzo en esta dirección. Estas son probablemente las cosas que te gusta hacer, por lo tanto, los que te dan la mayor satisfacción. Entonces, quizás, enfrente los que usted no puede hacer tan bien. Dales lo mejor de ti, pero no te reprendas si no logras lo imposible.

Ir fácil con su crítica:
Esperando demasiado de los demás puede llevar a sentimientos de frustración y decepción. Cada persona tiene sus propias virtudes, defectos y valores - su derecho a desarrollarse como individuo. En lugar de ser crítico, buscar de otros buenos puntos y ayúdelo a desarrollarlos. Esto le dará satisfacción y ayuda, usted obtiene una mejor perspectiva de sí mismo.

Dale a la otra persona un descanso:
Las personas bajo estrés emocional a menudo sienten que necesitan *"llegar primero"* para eliminar a la otra persona. Puede ser algo tan común como conducir en la carretera. La competencia es contagiosa, pero también lo es la cooperación. Cuando cedes el paso a los demás, a menudo te facilita las cosas; Si ya no sienten que usted es una amenaza para ellos, ya no son una amenaza para usted.

Hágase *"disponible."*
Muchos de nosotros tenemos la sensación de que estamos siendo dejados de lado, descuidados y rechazados. A menudo, sólo imaginamos que otras personas se sienten de esta manera sobre nosotros. Pueden estar esperando que hagamos el primer movimiento. En lugar de reducirse y retirarse, es mucho más saludable seguir *"poniéndose a sus disposiciones"*. Por supuesto, lo contrario - empujarse hacia adelante en cada oportunidad - es igualmente inútil. Esto puede ser mal interpretado y conducir al rechazo real. Hay un terreno intermedio. Intentalo.

Programar su recreación.
Algunas personas se conducen tan duro que dejan casi sin tiempo para la recreación - esencial para una buena salud física y mental. Situado a un lado definido horas para hobby o deporte que te absorberá totalmente; un tiempo para olvidarse de su trabajo y preocupaciones.

Perfeccionista

'Mi hermana Jennie es una perfeccionista, no solo en el trabajo, sino en su apartamento también. ¿Cómo puedo hacer que entienda que no todo tiene que ser perfecto y que está bien dejar algunos deberes? Me parece que ella se niega a salir con sus amigos porque "tengo demasiado que hacer en casa esta noche". Ella no ha aprendido a relajarse y dejar que las tareas sin importancia se deslicen.'

Jennie probablemente se sienta culpable si no está trabajando. Pregúntele ella si esto es cierto en su caso. Ayúdala a obtener ayuda para la administración del tiempo. Esto te permitirá ella a priorizar lo que es importante para ella. Explique (más de una vez si es necesario) que no todo tiene que ser perfecto.

Ojalá, puedes ayudar a canalizar la energía de Jennie hacia divertirte más. La vida es demasiado corta para pasarla simplemente existiendo: Jennie necesita vivir un poco y detenerse para *"ler las flores"* sin sentirse culpable. Regularmente, invítela a fiestas y eventos para que pueda cambiar su rutina.

Deshonesto hermano

'Mi hermano Steve y yo tuvimos una pelea hace cinco años y apenas hablé con él desde entonces. Nuestro desacuerdo se refiere a la liquidación de la herencia de mi padre.

'Todo lo que mi padre poseía, lo dejó a mi madre (como debería ser). Poco después, cuando diagnosticaron a nuestra madre con la enfermedad de Alzheimer, hicimos un recuento cuidadoso de sus activos.

'Nuestros padres eran muy generosos con mi hermano, mi hermana y yo. Nos prestarían dinero sin intereses. A cambio, esperaban que pagáramos el dinero dentro de un plazo razonable. Cuando pedíamos prestado dinero, dábamos a nuestros padres un pagaré y cuando pagábamos nuestros préstamos, destruirían los documentos.

'El problema comenzó cuando cada uno de nosotros explicó lo que aún debíamos a nuestros padres en el momento de la muerte de mi padre. A mi hermana Ann y a mí nos estaba yendo bastante bien económicamente y había pagado todos nuestros pagarés. Steve estaba muy endeudado. Él

había pedido prestados casi doscientos mil dólares a nuestros padres por dos hipotecas separadas. Revisamos el contenido de la caja de seguridad de mis padres, pero no pude encontrar los pagarés para Steve's hipotecas. Debido a que Steve vive en la misma ciudad que mis padres, antes tuvo acceso a su caja de seguridad. Explicó que el dinero que mis padres le habían prestado por sus hipotecas había sido 'regalos'.

'Ann y yo sabemos que esto no puede ser cierto, debido a nuestra historia financiera con nuestros padres. Debido a que no hay documentación legal (excepto los pagarés que redactaron mis padres), no podemos probar que él deba este dinero.

'Mi madre no está sufriendo financieramente. Ella estado actual asciende a cerca de cien mil dólares. Ese no es el problema. El problema es que no puedo perdonarlo por ser tan deshonesto y por tomar el dinero que debería pertenecer legítimamente a nuestra madre. Sigo recordándome a mí mismo que la vida es corta y que debería reconciliarme con él. No creo que pueda perdonarlo por este abuso de confianza, especialmente con aquellos que confiaban en él implícitamente, sus propios padres.'

Ante este tipo de problema, es importante anotar todas las posibles soluciones a ella. Identificar las ventajas y desventajas de cada forma y elegir la mejor solución para usted. En la situación anterior, hay muchos factores implicados que deben tenerse en cuenta tales como: ¿qué va a pasar cuando su madre muere y los tres dividir el estado de tu madre? ¿Podría resurgir este conflicto en lo que podría ser un momento muy traumático en tu vida? ¿Sería mejor resolver el problema ahora cuando no hay una muerte?

Una solución sería romper el hielo con Steve y discutir la propiedad de su madre. Conseguir a su hermana que Ann involucrada. Ustedes dos podrían explicar cómo tu sienten con respecto al dinero que creen que su hermano le debe su madre. Ofrecer alternativas a él. Sugiérale que pague el dinero que le debe o que él acepte (por escrito) que no recibirá ninguna de las propiedades de su madre cuando muera. Dígale que ya recibió más del doble de lo que usted y Ann recibirían después de la muerte de su madre. Si el no está de acuerdo, pídale que explique por qué cree que merece más de los bienes de sus padres que usted y Ann.

Si no puede resolver la situación, tendrás que juzgar si quiere seguir comunicando con Steve y si usted va a tomar el asunto a la corte ahora. Puede haber un registro de los pagos que hizo a ellos antes de que muriera el padre. Él tendría que explicar por qué había hecho esos pagos a tus padres. Mientras tanto, le habrá dado amplia oportunidad para resolver el asunto. Que tenga que recurrir a tomar la materia al tribunal testamentario después su madre muere, por lo que la finca se divide igualmente.

'Steve y yo no hemos hablado durante cinco años desde que él engañó a nuestros padres. Que no echo de menos el, pero echo de menos ver a su hija (mi sobrina) y puesto que él tiene la custodia de ella me impide verla.'

Su sobrina debe visitar a su madre de vez en cuando (a menos que el tenga la custodia exclusiva). Hable con elle madre y preguntar si tu podría estar ahí la próxima vez que su sobrina visita a su madre. Es probable que usted tendrá que explicar a ella madre por qué estás solicitando a esta visita.

Abuso mental y físico:

'Mi hermana sufre abusos mentales y físicos por parte de su esposo. No puedo convencerla de que debería dejarlo. ¿Cómo puedo ayudarla?'

El abuso mental a menudo comienza cuando las parejas se atacan mutuamente. Cuanto más un matrimonio está en problemas, más se atacan entre sí. El comportamiento de francotirador incluye:

1. Un compañero está contando una historia. El otro cónyuge sigue interponiendo correcciones de la historia.
2. Un compañero hace comentarios despectivos relacionados con el otro sexo, lo que obliga al compañero a defender su género. (es decir: las mujeres son tan malos conductores).
3. Comience peleas en público o frente a amigos o familiares.
4. Juega juegos de superación o compite abiertamente con el compañero.
5. Algo salió mal, por lo que tiene que ser por algo el otro socio ha hecho (chivo expiatorio o pase el buck).
6. No admiteel o ella es mal incluso cuando él o ella es.
7. Si su compañera gana en un juego, él o ella se convierte en mal humor o enfada.
8. Si su pareja quiere algo de privacidad o espacio, él o ella lo sigue y le pregunta: *'¿Qué ocurre?'* Y no acepta la explicación de que quiere estar a solas para pensar las cosas.
9. Él o ella tiene rencores, llora o da el otro el tratamiento del silencio.
10. Usa comentarios cortantes o usa sarcasmo hiriente.
11. Burla de la apariencia de su compañera, lo que lleva o cosas que hace.
12. Cava encima de viejos problemas e indiscreciones y no dejar ir de argumentos pasados.
13. Que culpa a otros por de lo que se siente, hacer comentarios tales como:
    '¡Ahora mira lo que me has hecho hacer!'
    'Él siempre me hace sentir tan inferior.'

'Ella me hace tan loco cuando ella...'
14. Echar la culpa a su pareja por causar su mal comportamiento.

La mejor manera de ayudar a su hermana si ella se está emocionalmente o físicamente maltratados es:

- Hazle ella saber que usted sabe hay algo mal y que te importa. Poner el acento en sus propios miedos: *'Me temo que están atrapados en una relación abusiva y estoy preocupado por su seguridad.'*
- Hazle ella saber que crees lo que te dice.
- No se desanime si ella se niega a dejar la relación o niega el abuso. Las estadísticas muestran que las mujeres son abusadas en promedio treinta y cinco veces antes de que la violencia se informa - y dejar casa siete veces antes de irse para siempre.
- Le proporciona ella la información de los refugios de emergencia y hazle saber que hay ayuda disponible.
- Ofrecer ayudar y invito ella a llamar a cualquier hora del día o de noche. Dígale que la llevará al refugio de emergencia si decide ir (asegúrese de saber dónde está el refugio y cómo llevarla allí).

Ya sea un familiar, compañero o vecino, nunca es fácil de intervenir. Existe el temor de que sus sospechas son infundadas o la mujer niega el abuso. Lo importante es hacerle ella saber que sabes sobre el abuso y que te importa. Amigos y familiares a veces conseguirán cansados esperando la relación para terminar. Es importante para la gente entender que hay una cabeza y corazón trabajando aquí. La cabeza dice salir, pero el corazón dice estancia. Es crucial para los amigos y familiares a ser paciente. Cuando ella está lista, ella dejará a su marido.

A diferencia del maltrato infantil, en muchos casos no hay ninguna obligación legal para que cualquiera pueda informar para reportar el abuso de la esposa, pero la policía no puede ayudar a nadie si no sabe que alguien está siendo lastimado. No hay nada que perder por la divulgación, como la llamada puede ser confidencial. Muchos departamentos de policía tienen la política de presentar cargos cada vez que hay evidencia de abuso, con o sin el consentimiento de la mujer. Eso puede ayudar a proteger a la mujer de futuras represalias de un cónyuge violento.

¡Usted puede obtener una copia de mi libro ocupan de violencia doméstica y abuso infantil-vergüenza Judicial de la sociedad!

Muerte de un miembro de la familia

'Mujer de mi hermano murió repentinamente en un accidente de coche. No sólo tiene un tiempo terrible por esto - pero los niños son demasiado. ¿Cómo puedo ayudarlos ellos?'

Además de consolarlo el y ayudarlo a aprender cómo hacerse cargo de un hogar sin esposa y madre, hay mucho tuque puede hacer para ayudar a los niños. Los niños que han tenido un dado de padre pueden entrar en choque. Él no puede darse cuenta de estas señales de peligro, pero se puede ver las señales.

Al igual que los adultos, los niños deben llorar la pérdida de un familiar cercano. Algunos niños se sienten culpables, posiblemente debido a palabras que pueden haber intercambiado con su madre antes ella de morir o sientan que de alguna manera que ellos eran responsables de ella muerte. Cuando alguien cercano a un niño, muere por alguna razón que el niño puede sentir que hicieron posible. Necesitan tranquilidad que no tenían nada que ver con la enfermedad y la muerte de su madre.

Revise para ver cómo lo están haciendo en la escuela. Advierta a las autoridades de la escuela sobre la muerte de la madre y pídales que mantengan a su padre informado sobre cualquier comportamiento inusual del niño. Si surgen problemas graves, sugerimos que su hermano le pida a su clérigo oa un psicólogo que lo ayude a sí mismo ya sus hijos a lidiar con su dolor. Pídales a otros parientes cercanos (especialmente a las mujeres maternas) que pasen tiempo con los hijos para ayudarles a compartir su dolor y obtener la crianza que necesitan para pasar los primeros meses de duelo. También pídale el que lea el libro ***Beginnings: A Book for Widows*** de Betty Jane Wylie, que también puede ayudar a los viudos.

'Tengo diecisiete años y mis padres me acaban de decir que mi hermana de cinco años tiene leucemia y que probablemente no viva más de seis meses. Mis padres están en estado de shock y me pregunto cuándo y cómo prepararán a mi hermano menor y mi hermana (de siete y nueve años) para la muerte evenutal de mi hermana.'

Uno de los papeles más difíciles que vienen con ser cuidador de un niño es la de portador de malas noticias cuando un ser querido está enfermo o muere. Para los niños, la muerte de un abuelo, compañero de clase y especialmente un hermano o padres suele ser traumática. La muerte es otro paso en el ciclo de vida, pero cuando se trata de discutir la muerte con sus hijos, muchos padres tienen dificultad para encontrar las palabras adecuadas - y por buenas razones. Adultos no particularmente disfrutan pensando en muerte. Esa reticencia hace discutiendo el tema con hijos será aún más difícil.

La muerte puede ser un tema lleno de misterio, envuelta en incertidumbre y lleno de preguntas de los niños. Por esa razón, los padres deben abordar al tema desde el principio - antes de que el ser querido muere uno. Deben tratarlo con honestidad y sensibilidad y antes de que surja inesperadamente.

Los padres deben recordar que los niños más pequeños pueden no entender los conceptos del cielo y el infierno y pueden estar asustados innecesariamente. Los padres con fuertes convicciones espirituales o religiosas no deben ofrecer explicaciones teológicas sobre la muerte. Más bien su respuesta debe ser una respuesta sencilla y objetiva. Mientras que muchos padres sienten que los niños menores de diez años son demasiado jóvenes para entender la muerte, algunos expertos sugieren que las discusiones comiencen con niños de tan sólo tres años. Los niños pequeños tienen un tiempo muy difícil aprender lo que es la muerte, debido a la naturaleza abstracta del concepto. Lo que un niño de tres años y un adolescente entienden son dos cosas diferentes. La concepción de una persona sobre la muerte evoluciona a medida que madura:

Niños en edad preescolar: Los niños a esta edad se ocupan principalmente de tres preguntas: *'¿Qué es muerte?' 'Lo que hace que la gente muera?'* y *'¿Qué pasa con las personas cuando mueren; ¿a dónde irán?'* Ellos no pueden captar la finalidad de la muerte.

De cinco a nueve años: estos niños son más capaces de comprender el significado de la muerte física debido a sus propias experiencias de vida. En esta etapa, los jóvenes niegan la muerte o aceptan su inevitabilidad.

Nueve años en adelante: los niños en esta etapa pueden formar conceptos realistas basados en la observación. Ellos entienden el propósito de la muerte y que la muerte es inevitable.

Independientemente de la edad del niño, los padres deberían comenzar por examinar sus propias creencias. Antes de que puedas hablar sobre la muerte con un niño, debes tener una comprensión sólida en tu concepto de la muerte. Muchos usan erróneamente palabras como *"pasado"* o expresiones como *'Perdimos a la abuela.'*

Mientras que los padres creen que esas palabras suavizan el golpe, se interponen en el camino de la comprensión del niño. Necesitan dar a los muertos un buen lugar al que ir. Al presentar el concepto de la muerte a los niños pequeños, muchos padres se sienten bien al explicar que los muertos terminan en un lugar agradable como el cielo. Tienen que darle al niño un concepto de otro lugar que se considera un lugar seguro para los jóvenes.

Pero no hagas que ese paraíso suene demasiado tentador. Deben moderar sus comentarios para que estos niños no hagan las cosas por sí mismos ni contemplen el suicidio. Necesitamos definir la muerte como inevitable, pero no toman medidas para ayudarlos a llegar allí.

Tenga en cuenta que las demandas de sus padres serán tan grandes durante la enfermedad de su hermana que no tendrán mucho tiempo para usted y sus hermanos. Esto podría hacer que todos se sientan celosos de la atención que le darán a su hermana moribunda. Esto podría llevar a sentimientos de culpa. Sus padres deben usar la ayuda de amigos cercanos, maestros y abuelos que puedan intervenir para asegurarse de que los niños obtener respuestas sus preguntas y se sientan amados y atendidos.

Otro temor real que sus hermanos menores puedan tener es que puedan atrapar lo que sea y también morir. Debido a esto, pueden ser reacios a acercarse a su hermana. Los padres a menudo cometen el error de aislar a sus hijos del niño enfermo, lo que los hace preguntarse: *'¿Qué está pasando que yo no sé?'* O *'¿Mi hermana también me enfermará?'* Los niños restantes son atentos y sobreprotectores.

Sus padres necesitan atención porque su hermano o hermana está en problemas si comienzan a tener explosiones de mal genio o si lloran en casa o en la escuela.

Podrían estar quemando calderos de ira y culpa o teniendo sentimientos de abandono. Algunos pueden querer que su hermana muera para que puedan tener más atención y luego sentirse culpables debido a esos terribles sentimientos. Es un momento difícil para todos los miembros de la familia, pero con el apoyo suficiente de amigos y familiares, ellos superarán esto.

Celos

'Mi hermano es un hombre muy celoso - no sólo relativas a su relación con su esposa -, pero en otras áreas de su vida. Está celoso cuando un compañero de trabajo recibe un ascenso y cuando uno de nuestros hijos se graduó de la universidad se enfurruñó durante días porque ni él ni sus hermanos tuvieron la oportunidad de hacerlo. ¿Cómo puedo explicar cuán destructivos se han vuelto estos celos hacia los demás?'

Estudios recientes muestran que los celos golpean a las mujeres y los hombres por igual y probablemente más a menudo de lo que quieren admitir. Hay diferencias fundamentales entre los celos normales y los destructivos. Los celos normales surgen de un verdadero miedo o anticipación de la pérdida de una relación valiosa. Se ilumina cuando se percibe una amenaza y luego desaparece. Los celos destructivos persisten a pesar de la ausencia de una amenaza real o probable. Incluso los celos normales pueden llegar a ser destructivos si cualquiera de las personas trata de ocultarlo o se siente culpable por ello. Los celos ocultos están obligados a criar resentimiento, sospecha y un deseo de venganza. En última instancia, puede conducir una cuña entre dos individuos. Los estudios han demostrado que expresar sentimientos de envidia puede ser constructivo a una relación, ayudando a resolver los sentimientos, en lugar de dejarlos aumentar.

Tu hermano sufre de celos y resentimiento y no puede aceptar que otros han ganado cualquier reconocimiento o estatus que han conseguido en la vida. Es probable que se siente que otros logros se obtuvieron a través de 'suerte' y que él es privado porque la vida no ha sido tan amable con él. Por poner otros abajo (y haciéndose sentir más importante) él intenta desacreditar a otros logros. Él puede ventilar su frustración a los demás con actos hostiles.

Utilice la retroalimentación para identificar lo que él acciones están haciendo a los que lo rodean. Pídale que explique por qué tiene tal naturaleza celosa. Una vez que él admite que tiene un problema, hágale saber cuando lo ves el mostrando signos de celos.

Le ayudará si lo alientan más y le dan muchas alabanzas por sus actos auténticos. Mostrar interés en él - sus metas, ambiciones y éxitos y minimizar sus fracasos percibidos. Parece que necesita desesperadamente este tipo de aprobación. Cuando esa aprobación no llega sus superficies de celos. Es probable que no haya tenido mucha aprobación durante la mayor parte de su vida y anhela eso.

Cuando los celos las llamaradas para arriba, él debe usar el incidente para explorar lo que está subyacente a sus sentimientos celosos. Por ejemplo, élse puede ser celoso del conocimiento del negocio de su pareja y esto asociado con su insatisfacción con su trabajo.

Él puede estar celoso al ver lo mucho que su pareja disfruta de su trabajo. Esto puede recordarle él propias frustraciones. Él necesita identificar qué desencadena sus celos, para que pueda tomar medidas para mejorar su vida.

Si él es celoso porque su esposa pasa demasiado tiempo en el teléfono con los amigos, podía decir, *'Realmente no entiendo por qué me siento así, pero me siento incómodo cuando hablas tanto con tus amigos. ¿Podemos hablar de ello?'*

Depresión postparto

'Mi hermana Caroline sufre terrible depresión postparto. Me sufrió a través de este mismo después de que tuve mi primer hijo y recuerda lo horrible fue, porque nadie me ayudó a través de él. ¿Qué puedo hacer para ayudarla a lidiar con esta terrible depresión?'

Abrumado y sin energía para la tarea más simple son los síntomas de la desesperación profunda que puede afectar al menos uno de cada diez madres. Como explica Caroline, 'Me siento tan mal que yo no puedo funcionar en incluso la forma más sencilla. Tuve que contratar a una mujer venir y ayudar con los niños.'

Utilizando datos de entregas de más de 35.000 nacimientos, investigadores demuestran claramente un aumento de siete veces en el riesgo de hospitalización psiquiátrica en los primeros tres meses después del parto. Esta importante incidencia de la depresión y el pico en el número de casos diagnosticados después de entrega pone de manifiesto que el período postparto es único en el desarrollo de la enfermedad mental. De los millones de nacimientos que ocurren anualmente, 40 por ciento es complicados por alguna forma de un trastorno del estado de ánimo después del parto.

La depresión posparto (PPD, por sus siglas en inglés) generalmente comienza con una forma más leve de la afección, conocida como "tristeza por maternidad" o "melancolía del bebé", que se presenta entre el 40 y el 85 por ciento de los partos. Los médicos y los pacientes a menudo lo ven como un fenómeno "normal" que generalmente ocurre en la primera semana a diez días después del nacimiento. Para la mayoría de las nuevas madres, el estado de ánimo deprimido, la confusión, el llanto, los cambios de humor, las alteraciones del sueño y del apetito, la ansiedad y la irritabilidad, que se cree que son causadas por una caída repentina de estrógeno y progesterona después del parto, desaparecen gradualmente.

Los síntomas de PPD pueden incluir cambios de comportamiento tales como un deseo de dormir constantemente o insomnio, desesperanza y desinterés en la vida diaria, sentimientos de profunda tristeza, cambios de humor, irritabilidad, ansiedad extrema o sentimientos de estar atrapado y aislado. Aquellos que no entienden que la afección es una enfermedad que afecta la química cerebral, han sido culpables de sugerir que estas madres probablemente solo necesiten una salida nocturna para salir de ella.

En el otro extremo del espectro, se encuentra una enfermedad comparativamente rara que afecta entre el 1-2 por ciento de las entregas. Los pacientes están severamente discapacitados, sufren alucinaciones y delirios que con frecuencia se centran en la muerte del bebé o en ser divino o demoníaco. Estas alucinaciones a menudo le dicen a la paciente que se haga daño a sí misma oa los demás, colocando a estas madres en mayor riesgo de cometer infanticidio y / o suicidio.

Entre estos dos extremos está la depresión posparto, que se reconoce cada vez más como una complicación grave del parto que ocurre en el 10 al 15 por ciento de todos los partos y en el asombroso 26 al 32 por ciento de todas las entregas de adolescentes. Más del 60 por ciento de los pacientes presentan una aparición de síntomas dentro de las primeras seis semanas después del parto. La mayoría de los pacientes padecen esta enfermedad durante más de seis meses y, si no reciben tratamiento, el 25% de los pacientes siguen deprimidos un año después. Cuatro años más tarde, aproximadamente el 80 por ciento de los pacientes buscaron ayuda nuevamente para las quejas psiquiátricas.

Estas madres deprimidas a menudo muestran una actitud más negativa hacia sus hijos y muchas cambian sus planes futuros para tener hijos, recurriendo a la adopción, el aborto y, en algunos casos, hasta la esterilización.

Los funcionarios de salud están preocupados de que las mujeres no encuentren la ayuda disponible para ellos en la comunidad. El problema es que si estas mujeres no reciben tratamiento y apoyo temprano, entonces su depresión a menudo empeora. Ellos es posible que necesiten hospitalización, su relación matrimonial o la relación con su bebé y otros niños puede verse afectada negativamente. Los estudios demuestran que las madres deprimidas crían a los bebés deprimidos y este estrés puede engendrar padres clínicamente deprimidos.

Pero la ayuda está a mano. Comience por hacerla contactar a su médico de familia. Acompaña a ella y sé solidario. Y pídale ella que se ponga en contacto con una enfermera de salud pública para analizar su estado. Muchos servicios de salud han creado paquetes de información distribuidos por enfermeras de salud pública que hacen visitas a domicilio inmediatamente después del parto.

Otro grupo de salud tiene todas las madres que traen a sus bebés para su inmunización de dos meses completan un breve cuestionario diseñado por los psiquiatras para detectar la depresión posparto.

Por favor, asegúrese de ella que reciba la ayuda que necesita para superar esta parte traumática de su vida.

Muchas mujeres no se dan cuenta de que les está sucediendo, por lo que no buscan ayuda o, si lo hacen, vacilan en pedir ayuda. Durante mucho tiempo se ha atribuido un estigma a cualquier forma de depresión, pero las nuevas madres se sienten doblemente amenazadas porque la maternidad suele considerarse una experiencia maravillosa. Muchos sienten que son un fracaso porque no pueden manejar una cosa tan simple como un bebé pequeño. Se supone que son felices y tienen un bebé feliz, por lo que muchas mujeres no buscarán ayuda porque creen que otros las juzgarán como madres no aptas o incluso se llevarán a sus bebés. Hay presión social increíble. Asegúrate de que sepa que ella no es una mala madre, que no es su culpa y que hay un tratamiento para su condición.

Desempleo

'Debido a los drásticos recortes que se están haciendo en el campo de la salud, mi hermana está aterrorizada de que su posición como enfermera va a ser cortada y ella se encontrará desempleada. Ella ha admitido que está cansada de la enfermería, pero no sabe qué más puede hacer. Es una madre soltera con dos hijos en edad escolar. ¿Qué medidas debe ella tomar para prepararse para esa eventualidad?'

Es fácil seguir haciendo nuestro trabajo, y solo cuando ese trabajo se retira de debajo de nosotros, hacemos un balance de dónde estamos. Podemos encontrar que:

a) Tenemos miedos de intentar nuevos emprendimientos – es mucho más seguro permanecer en la rutina que estamos in.
b) Realmente no nos gusta nuestro trabajo - pero es constante y no queremos a cambia nuestras vidas buscando en otra parte.
c) Hay mucho más interesantes y emocionantes trabajos nos gustaría tener, pero nuestras familias dependen de nosotros para traer en un salario constante.

En esta economía apretada, tenemos que prepararnos para la posibilidad de que:

1. Podemos ser despedidos de nuestros puestos existentes.
2. Si trabajamos por nuestra cuenta, descubrimos que nuestro producto o servicio no proporciona suficientes ingresos para sobrevivir (al menos temporalmente).

Cuando analizamos nuestro uso del tiempo, la mayoría de nosotros pasamos diez horas (ya veces más) de cada día de trabajo, preparando para, viajando a, y haciendo nuestro trabajo. El hombre promedio trabaja cuarenta y cinco años antes de la jubilación. Las mujeres pasan un promedio de treinta y cinco años trabajando en parte, o tiempo completo en la fuerza de trabajo antes de la jubilación. ¿No tiene sentido para nosotros pasar estos valiosos años haciendo un trabajo que disfrutamos?

Muchos puestos serán volverse redundantes. La mayoría de los trabajos clericales han dejado de existir porque sus supervisores y gerentes están llevando a cabo negocios a través de sus computadoras. Si ella "pone todos sus huevos en una cesta" (ha trabajado en una sola ocupación) ahora es el momento de prepararse para el futuro, por determinando sus habilidades transferibles.

Una forma de describir esto es contar la historia de una mujer que vino a mí para consejería de carrera: Jane había sido empleada como supervisora de enfermería, pero encontró que, con una familia joven, el trabajo por turnos estaba afectando seriamente a su familia. Nos concentramos en determinar ella habilidades transferibles que podrían utilizarse en muchas ocupaciones.

Había:

a) Supervisor experiencia;
b) Habilidades interpersonales (pacientes irritables, sus familias, su personal, médicos, técnicos, etc.);
c) Atención al detalle (dosis correcta de medicación, historia clínica concisa);
d) Scheduling (asegurándose de que los pacientes están preparados para la cirugía, conseguir a rayos x y tener medicamentos a tiempo, etc.) y
e) Muchas otras habilidades y capacidades.

Cuando se le preguntó qué le gustaría hacer como alternativa, ella respondió: *'Me gustaría trabajar con moda de señoras, pero sé que nunca puedo ganar lo suficiente como un asistente de ventas.'*

La convencí de que ella ya tenía muchas de las habilidades que ella requiera, para administrar una tienda de moda femenina. Para gestionar - ella que simplemente necesitaba cursos de gestión de venta por menor para poder cambiar sus habilidades transferibles a otro ambiente completamente diferente: en la industria del retail podría utilizar estas habilidades existentes:

a) Supervisor experiencia (supervisar personal);
b) Habilidades interpersonales (clientes de mal humor, sus empleados, comerciantes, compra de agentes, personal de entrega, etc.);
c) Scheduling (ordenar modas – a menudo ocho o nueve meses por delante); y
d) Precios de artículos para seguir siendo competitivo.

¡Ella siguió adelante y recibió entrenamiento y no sólo se encarga de una tienda de vestidos, sino que es gerente regional de una cadena de tiendas de ropa de damas!

Podría sugerirle a su hermana que ella obtenga asesoramiento de orientación profesional.

Hace un tiempo, tuve que diversificar el servicio que mi empresa ofrece a los clientes. Mi compañía ofrece seminarios de capacitación y desarrollo de todo el mundo. Cuando vi que los presupuestos de capacitación de la empresa se habían reducido drásticamente, me di cuenta de que tendría que diversificar un poco y usar mis otras habilidades. Debido a mi experiencia en recursos humanos, me decidido ofrecer mis servicios a empresas que eran demasiado pequeñas para tener sus propios departamentos de recursos humanos. Además (porque soy un autor), decidí ponerme a escribir columnas en periódicos y revistas. Todas estas actividades me permitieron continuar y prosperar en una economía apretada.

Tu hermana debe comenzar escribiendo sus habilidades transferibles. Un amigo puede ayudarla a hacerlo, porque ella puede no identificarse todos sus talentos y habilidades. Entonces ella contactaría con un consejero de carrera para ayudar a identificar qué ocupaciones utilizan esas habilidades transferibles. Ella se sorprenderá de la cantidad de ocupaciones que pueden utilizar sus habilidades y talentos existentes. Ella necesitará puede a *"recargar"* sus conocimientos tomando cursos.

¿Qué nos impide hacer los cambios necesarios en nuestras vidas para mejorar nuestra existencia? Mayoría de las personas resiste a cambiar. Es más fácil y más seguro hacer cosas la manera antigua. En estos tiempos difíciles, económicos, quienes resistir o luchar contra el cambio simplemente fallará. Aprovecha la oportunidad, o quédate atrás.

Otros esperan a otros forzar cambios en ellos - reaccionan, en lugar de plan su propio futuro. La cura para esto recae a menudo en autoconcepto de la persona sobre sus propias capacidades. Muchos no han probado ellos mismos para ver si pueden hacer nuevas tareas - es simplemente demasiado arriesgado. Temen que ellos fracasen.

Solo aquellos que no lo intentan, fallarán.
Aquellos que lo intentan, pero no tuvieron éxito, hacen exactamente eso, no lo logran, pero no han fallado.

Niño destructivo

'Mi hija tiene dos hijos. El más pequeño tiene cinco años. El puede ser un niño muy dulce, pero es terriblemente destructivo. Ayer, su madre lo encontró prendiendo fuego papel en el lavabo del baño. Él ha golpeado a otros niños con sus juguetes y una vez que abrió la puerta tan fuerte que el pomo de la puerta entró en la pared. Mi hija está tan frustrada con él que no sabe qué hacer.'

Comience por asegurarse de que él es visto por un pediatra que también podría sugerir que él tiene una evaluación psiquiátrica o psicológica. Podría haber una razón médica para él destrucción y el comportamiento podría estar relacionada con él dieta. El necesita que se le evaluó ahora, antes de comenzar a la escuela porque la escuela no va a tolerar ese tipo de comportamiento. Les deseo suerte, porque el va a necesitar.

¡Venganza!

'Mi hermano nunca olvida un desaire y pasa mucho tiempo buscando maneras de devolverle a alguien lo que le han hecho, siempre está enojado con alguien o algo.'

El necesita apartarse de su situación y analizar lo que realmente está sucediendo cuando está en busca de venganza. Si se concentra en vengarse, se ata él mismo al malhechor, en lugar de permitirle gastar sus energías en acciones positivas que enriquecerán su futuro. Si el omes capaz de resolver el problema de inmediato, sin duda debería hacerlo, pero si no puede tratar con el malhechor de inmediato, debería abandonar el tema y no permitir que los pensamientos de *"vengarse"* entren en su mente.

Él encontrará que *"lo que viene, da vueltas"* y simplemente tendrá que dar un paso atrás y ver cómo sucede. La persona infractora generalmente es castigada de alguna manera, sin ninguna intervención de él.

Tiene que recordarse a sí mismo que, mientras esté pensando en los actos negativos de la otra persona, todavía le está dando a la persona el control de su vida. ¿Es esa persona digna de tener este tipo de impacto en él vida? Lo dudo.

Hermano a casa de la universidad

'Mi hermano estuvo en la universidad durante cuatro años, cuando regresó para las vacaciones escolares, siempre se quedó en la habitación de invitados. Ahora quiere su habitación anterior (mi habitación) y espera a que me mude a la habitación de invitados (que es mucho más pequeño). No creo que esto sea justo.

'Él también está discutiendo con nuestro padre todo el tiempo y la tensión en nuestro hogar es muy alta para todos los involucrados. ¿Qué se puede hacer para que las cosas vuelvan a la normalidad?'

Sus padres son los que deben decidir quién obtiene qué dormitorio, pero espero que decidan que debe mantener el dormitorio que ha tenido. Su hermano probablemente no vivirá en casa por mucho tiempo una vez que obtenga un trabajo. Está en la etapa en la que probablemente va a dejar el nido pronto de todos modos.

Tu hermano no es la misma persona que salió para la universidad. Estaba tomando sus propias decisiones y sus padres tenían una menos persona cuidar diariamente. Cuando una familia encuentra ellos mismos juntos otra vez, las viejas reglas y formas de relacionarse a menudo no funcionan. Estudiantes de la Universidad pueden desencadenar conflictos viejos e introducir nuevos. Los padres de la manera y sus crías se relacionan durante la llegada del estudiante y salidas durante las vacaciones escolares a menudo pueden dar una idea de cómo las cosas será cuando el alumno vuelve a casa después de sus estudios sean completados.

Para empezar, tus padres deberían organizar una reunión familiar para hablar sobre las expectativas y estar abiertos al compromiso. Los padres deben identificar los problemas importantes: obtener un trabajo, pagar el alquiler, usar el automóvil, hacer las tareas del hogar y participar en actividades familiares. Las tareas domésticas pueden incluir: no deje platos sucios en el fregadero, toallas mojadas en el piso del baño, y todos sean responsables de su dormitorio y baño. Si su hermano no quiere cumplir con las reglas y regulaciones de la familia, se le debe alentar a que se vaya.

Dating interracial

'Mi hermano está saliendo con una chica negra y su relación parece ser grave, mis padres y yo estamos realmente molestos por esto porque podemos anticipar que podrían casarse y tener hijos, simplemente no creo que pueda aceptar a sus hijos. No me puedo imaginar siendo una tía de un bebé de color.'

Las relaciones interraciales, interculturales e interreligiosas son comunes, aunque no siempre aceptadas, incluso por los adolescentes. Pero la mayoría de las veces los adolescentes no lo dicen. No quieren ser percibidos como racistas. Los padres, por otro lado, no siempre son tan discretos. Algunos albergan prejuicios y lealtades arraigados y ven el comportamiento de sus hijos como una traición.

Las relaciones interraciales, interculturales e interreligiosas son comunes, aunque no siempre aceptadas, incluso por los adolescentes. Pero la mayoría de las veces los adolescentes no lo dicen. No quieren ser percibidos como racistas. Los padres, por otro lado, no siempre son tan discretos. Algunos albergan prejuicios y lealtades de larga data y ven el comportamiento de citas de sus hijos como una traición.

La familia debe comenzar por tener una conferencia familiar para discutir abiertamente sus preocupaciones con los demás. Ambas partes deben confirmar al comienzo de la discusión que están allí para escuchar al otro lado y que todos mantienen la mente abierta. La discusión incluye cómo usted y sus padres se sienten sobre la relación interracial; sus preocupaciones sobre futuros hijos; y la actitud de la sociedad hacia estas relaciones. Incluiría escuchar por qué eligió a esta mujer para ser su compañera. Solo hablando abiertamente sobre estos asuntos se resolverá la situación.

CAPÍTULO 5

MANEJAR UN RELATIVO DIFÍCIL

Cómo nos relacionamos con los parientes tiene mucho más impacto que el contacto que tenemos con los compañeros de trabajo y simples amigos. A menos que nos *"divorcio"* nuestras parientes, tenemos que aprender mecanismos que mantienen las relaciones saludables. Aquí hay varias situaciones que también puede han enfrentado en el pasado.

Naturaleza Competitiva

'Mi primo Jerry, siempre quiere competir conmigo. Toda su vida gira en torno a ser el mejor en todo. No tengo una naturaleza competitiva y encuentro que estoy ansioso por estar en la misma habitación que él.'

Hágale saber cómo se siente acerca de su enfoque competitivo de todo:

Describe su comportamiento:

'Jerry, siempre quieres competir conmigo.'

Cómo te sentiste cuando actúa de esa manera:

'Me enojo porque aún esperas que compita contigo.'

Lo que sientes sería la solución:

'En el futuro, me gustaría que dejaras de hacer eso y me permitas continuar haciendo lo mejor que pueda sin sentir que tengo que competir contigo.'

Tu podría añadir, *'Mientras trato de lo mejor, no siento la necesidad de competir con los demás.'*

Si el continúa su comportamiento, siga los pasos de técnica de retroalimentación a lidiar con su comportamiento negativo repetitivo, incluyendo una consecuencia si él actúa de esa manera en el futuro. 'Si tu continúan insistiendo en que tu compiten conmigo, simplemente tendré que pasar menos tiempo con usted.'

El tratamiento de silencio

'Mi tía Betty utiliza el 'tratamiento de silencio' con mi tío. Si ella está molesta por algo, se niega a hablar con él. Esto puede continuar durante días. Mi tío me ha pedido que intervenga y hacerla ver cómo su comportamiento es destruyendo su relación. Quiero ayudarlos a salvar su matrimonio. ¿Qué debo decir a ella que va a cambiar su comportamiento?'

Esta es una forma de agresión indirecta. Ignorar a los demás, siendo malhumorado o dándoles otros el 'tratamiento silencioso' al negarse a discutir asuntos con ellos, es manipuladora e injusto para el destinatario.

A menudo la persona dando el tratamiento silencioso gana la batalla, pero prolonga la guerra. Si los problemas no se resuelven, esos problemas resurgirán más adelante.

Hágale saber a la tía Betty que se trata de un comportamiento injusto y un acto de agresión indirecta. Explique que ella y su esposo deben discutir y resolver situaciones molestas de inmediato, para que no se acumulen y terminen causando grandes explosiones.

Al discutir el tratamiento silencioso durante mis seminarios, pido para la entrada de mis participantes sobre si creen que los hombres o las mujeres usan el tratamiento silencioso más. El consenso es que las mujeres utilizan mucho más que los hombres. Las explicaciones son que tradicionalmente, las mujeres no debían para discutir, así ganaron la mano superior al negarse a hablar de un tema. Más tarde, cuando las mujeres se sentían más cómodas expresando sus opiniones opuestas, encontraron todavía estaban utilizando esta táctica. ¡Cuando se le preguntó por qué estaban haciendo esto, elos respuesta era a menudo, *'Él nunca escucha a mí, así que por qué debo me molesto expresando mi opinión!'*

'¡Nunca me escucha!' proviene de las diferencias en estilos de comunicación de hombres y mujeres. Porque él es mirar fijamente apagado en espacio, en lugar de dar el contacto con los ojos y mirarla, haciendo sonidos de escucha y asintiendo con la cabeza - ella asume él no escucha. Esto a menudo es no el caso. Explicar esto a la tía Betty.

'Mi tío es el que se enfada y recurre a enfurruñarse y refunfuñar.'

Esto no significa que los hombres no usan el tratamiento silencioso. Por el contrario; casi el 45 por ciento del tratamiento silencioso se produce cuando los hombres se niegan a hablar de lo que realmente está sucediendo dentro de sí. Esto es probable debido a sus problemas implican generalmente la necesidad de explicar sentimientos.

Por ejemplo, su esposa ve eso él es uncommunicative - generalmente un signo de que algo de malo. Ella dice, *'¿Cuál es el asunto, querido?'*

'Nada,' respondió.

'Puedo ver que eso hay. ¿Por qué no me lo que está pasando?'

'¡Te lo dije, no quiero hablar de eso!'

Esto coloca a este hombre en una isla más grande de soledad. No solo ha rechazado la ayuda bien intencionada que se le ofreció, sino que ha agravado el problema alienando a su esposa.

Retraso

'A menudo llevo a mi prima Joanne a las reuniones del club comunitario y las compras, ¡pero nunca está lista cuando voy a recogerla! ¿Qué puedo hacer para resolver esta situación?'

Hay tres tipos básicos de usuarios de tiempo. Por ejemplo, si tienen que asistir a una reunión a las 2:00 pm:

a) Persona entra por la puerta a la derecha a las 2:00 p.m.
b) Persona entra a la 1:45 pm (o antes, ¡y da la impresión de que él o ella acaba de llegar!)
c) Persona entra a las 2:10 pm (y actúa como si él o ella estuviera a tiempo, no da ninguna explicación para sus tardanzas).

Las personas que se ajustan a la categoría (a) a menudo cortan una línea muy fina y de vez en cuando entran en la categoría (c).

Las personas que entran en la categoría (b) llegan demasiado temprano y pierden su valioso tiempo. Si necesitan llegar temprano para todo, deben traer algo para hacer durante el tiempo de espera.

Las personas que entran en la categoría (c) (como su primo) generalmente no entienden por qué otros son tan hostiles hacia ellos o por qué los que están esperando están molestos por su tardanza. Estas personas asisten tarde a los eventos o no están listas cuando otros esperan que lo estén. Interrumpen las reuniones, los eventos sociales, los conciertos y la falta de consideración del tiempo de otras personas. Por sus acciones (llegando tarde) han demostrado que su tiempo no es importante, por lo tanto, está bien que otros esperen. Como todos tienen 168 horas semanales de vida, las personas se oponen a otros que pierden su valioso tiempo.

Dígale cómo se siente cuando llegue tarde (con comentarios) y explíquele que cuenta con que estará lista. Luego, explica las consecuencias: si ella no está lista cuando vienes a recogerla te irás sin ella. ¡Entonces hacerlo!

Él quiere ser mi compañero

'Mi tío quiere que me convierta en su compañero en una pequeña empresa. No involucraría todo mi tiempo, pero desconfío de comenzar una asociación comercial. He visto a muchos de mis amigos convertirse en enemigos después de convertirse en socios. ¿Cómo le explico cómo me siento acerca de esto?'

Convertirse en un socio con un pariente o cualquier otra persona, es como casarse. Debido a esto, pregúntese a sí mismo: 'Si mi matrimonio tuviera problemas, ¿a dónde iría por ayuda?' Probablemente iría a consejería matrimonial. Lo mismo es cierto si está contemplando comenzar un negocio o convertirse en un socio. Socios deben obtener asesoramiento: asesoramiento empresarial.

Recuerde que *salir* de una asociación es tan angustiante como divorciarse. A menos que ambos socios trabajen igual de duro para que funcione, es probable que la empresa falle. Sea honesto al explicar sus preocupaciones a su tío. Habla de los problemas. Si hay más aspectos negativos que positivos, dígale que su estado familiar y su amistad son demasiado importantes para arriesgarse convertirse en un socio con él.

Necesita la aprobación

'Tengo que ten cuidado de que digo a mi prima Brenda. Ella y yo tenía el mismo nivel de posición hace muchos años, pero por alguna razón, he subido la escalera corporativa y ella ha tenido un éxito limitado. He sido reacio a mantenerla informada sobre mis éxitos porque ella es tan sensible sobre su propio estado. Ella siente que yo soy demasiado 'tomado con mi propia importancia' para hablar con ella alguna más.

'No sólo ella es mi primo, pero un amigo anterior y encuentro que estoy distanciando yo mismo de ella debido a su actitud. ¿Cómo puedo resolver esta situación?'

Brenda parece tener un bajo nivel de autoestima que puede explicar su incapacidad para ascender en su propia escalera corporativa. Impresiona sobre ella que valoras su amistad y cómo sientes que tu amistad está siendo socavada. Aliéntela a tomar un curso de capacitación de asertividad y alabarla por sus propios éxitos. Explique exactamente cómo se siente acerca de no poder compartir sus éxitos con ella.

Nietos destructivos

'Vivo con mi hijo, su esposa y tres hijos. Esto se hizo necesario cuando rompí mi cadera el año pasado. Ahora estoy haciendo mucho mejor y he contemplado intentarlo por mi cuenta otra vez. Mi problema actual está tratando de lidiar con mis nietos indisciplinados. Entran en mi habitación sin llamar y cuando no estoy allí, saquean mi habitación. Se han roto varias de mis pertenencias, pero no parecen mostrar ningún remordimiento.

'Ayer por la noche en la cena, decidí decir algo al respecto. Me quejé de su destructividad y les prohibí entrar a mi habitación a menos que los *invitara. Mi nuera ha quedado muy chula a mí desde entonces. ¿Yo estaba mal proteger mis pertenencias y esperar que los niños a respetar las posesiones de otros?'*

No te culpo por proteger tus posesiones. Yo mismo he sentido lo mismo cuando los padres traen niños desordenados a mi casa. Si los niños derraman su leche o rompen algo accidentalmente, yo soy el primero en perdonarlos. Pero si es un comportamiento deliberado o descuidado, discuto el problema. Sus nietos necesitaban orientación y sus los padres no parecen estar proporcionándolo. Tenías todo el derecho de castigarlos. Sin embargo, usted podría haber explicado el problema a su nuera y le pidió que hablar con los niños, en lugar de hacerlo usted mismo. Entonces, si volviera a pasar, hablarías con ellos.

Empezar por hablar con su nuera. Decirle ella exactamente lo que sucedió. Atenerse a los hechos y decirle lo que rompieron, Cuándo y cómo. Luego pregúntale lo que ella piensa que sería una solución a la indiferencia de los niños a la importancia de respetar las posesiones de los demás.

También podría preguntarse si ella tensión podría no ser el resultado de una agitación acumulativa debido a otras dificultades en tu relación con ella. ¿Has tratado de ayudar lo suficiente? ¿O has ayudado demasiado (¿interfiriendo con "ela espacio?") Podría haber problemas subyacentes y la única forma de sacarlos a la superficie es a través de una discusión abierta.

Si la tensión no disminuye, hable con su hijo para que pueda participar en el intento de resolver el problema. También mencionas que estás contemplando intentarlo por tu cuenta. Es posible que tenga que mirar seriamente esta alternativa si la situación no mejora.

Romance de la oficina

'Mi primo tiene un romance de oficina con ella jefe. Le he advertido que esto terminará en un desastre para ella. Ella piensa que nadie lo notará y que no deberían romper su relación, que ella y su jefe podrán manejarlo.'

¿Qué causa o inicia la mayoría de los romances de oficina? Simplemente proximidad y disponibilidad. Los empleados casados pasan el mismo período de tiempo (y, a menudo, más) con otras parejas de género, ¡como lo hacen con sus esposos o esposas!

Es sorprendente lo rápido que los compañeros de trabajo identifican el *"romance de la oficina"*. Puede pensar que tu ha escondido tu romance de a todos en la oficina, pero su lenguaje corporal probablemente la delatará, y habrá diferencias sutiles en la forma en que interactuará con su jefe. La mayoría de la gente cree que este tipo de arreglo está bien y que no afectará sus posibilidades de hacerlo bien con su compañía, pero créanme, eso no sucede. También, otros pueden suponer que cualquier promoción que reciba se debe a su relación personal con su jefe.

Puede ser incómodo para los compañeros de trabajo a lo largo del romance también, porque pueden percibir que ella es un conducto para la alta dirección y les contará cualquier error que cometan. También se sienten incómodos cuando se rompe el romance y muchos no saben cómo manejar la situación. Para estar segura, ella debe mantenerse al margen de las citas con cualquier persona con quien trabaja o tiene como cliente. Esto sería especialmente mortal si ella misma trabaja en los niveles de mandos medios o altos.

En ocasiones los romances de oficina podrían funcionar- pero las probabilidades son que no lo harán. Ella necesita dejar de dejar que sus hormonas se apoderan y en lugar de otro concentran en las consecuencias que tendrá si el romance se rompe para arriba. Cuando los sours de romance y uno de ellos decide dejar la empresa - más a menudo - es la mujer, porque es probable que en la posición más júnior. Si ningún empleado va - probablemente causará una grave tensión en su relación de oficina.

Problema étnico

'Tengo veinticinco años. Tenemos muchas reuniones familiares donde veo a mi tío. Siempre está haciendo insultos étnicos y estoy cansado de escucharlos. ¿Qué puedo hacer sino salir de la habitación cuando comienza esto?'

Bromas a expensas de otra persona no son bromas en absoluto. Encuentre un tiempo privado con tu tío donde tu pueda decir: *'Tío Charlie, tengo algo serio que decirte. A menudo me ofendes usando insultos y bromas étnicas y sus comentarios no me parecen nada divertidos.'*

Tu tío puede insistir en que sus comentarios sean inofensivos. Su respuesta debería ser: *'Tío Charlie, si tus palabras son inofensivas, entonces no tienen sentido, así que te agradecería que dejaras de hacer comentarios étnicos.'*

Puede que descubras que el tío Charlie no es tan amigable contigo en el futuro, pero es probable que elimine los insultos (al menos en tu presencia). Si el continúa con sus insultos y chistes étnicos, tu es posible que tenga que repetir tus comentarios anteriores (en público). Como último recurso, puede informar a su familia que quiere limitar el tiempo que pasas con el tío Charlie, y decirles por qué.

Muerte del auto

'Mi primo James está inconsolable porque su hija de dos años murió porque la había dejado dormida en el asiento trasero de su auto en un día caluroso mientras recogía algunos comestibles. Cuando regresó, le tomó varios minutos antes de darse cuenta de que algo andaba mal con ella. Ella literalmente había cocinado hasta la muerte.

'Salió corriendo de su automóvil, gritando por ayuda y un transeúnte comenzó a administrar RCP. La ambulancia llegó en minutos, pero ya era demasiado tarde.

'Mi problema es que no puedo perdonarlo por lo que ha hecho. Una y otra vez, se nos advierte que no podemos dejar a los niños o las mascotas solos en un automóvil en un día caluroso. ¿Cómo puedo perdonarlo?'

Puede llevarle algo de tiempo hacerlo. Mientras tanto, James probablemente tendrá que pasar por un juicio para defender un caso de homicidio, porque él mató a su hija. La ley y la sociedad se asegurarán de que nunca se olvide de lo que ha hecho. Tomará tiempo, pero estoy seguro de que podrá manejar esta situación. Sabes que no lo hizo a propósito y, como todos los demás, comete errores. Es muy trágico, pero es un error.

Chisme

'Mi primo, Georgina es un chismoso terrible. Termino diciéndole cosas, luego me arrepiento de haberlo hecho tan poco tiempo después. Estoy especialmente molesto si aprendo que el problema se ha vuelto de conocimiento común. ¿Cómo puedo lidiar con sus chismes?'

Los chismes son otra forma de agresión indirecta. Daña a todos los involucrados. Explícale a tu primo que no discutirás nada de naturaleza personal con ella y explicarás por qué. Si debe decírselo a alguien, asegúrese de que esa persona mantenga la información confidencial.

La persona que habla chismes o habla detrás de otros, no le permite a la persona defenderse. Por ejemplo:

Margaret: *'¿Sabías que la policía recogió anoche al marido de Carmen por conducir borracho y el tuvo que pasar la noche en la cárcel?'*

¿Cómo debe tratar o detener el chisme? Ignorarlo o solicite información a Margaret. Estos hechos incluyen nombres, fechas, lugares, quien que iniciaron la chisme, etc. O tu puede sugerir que tu ambos vayan a Carmen y aprendan su lado de la historia. Margaret correrá a cubierto.

Cuando los chismes se transmiten de una persona a otra, es inevitable que el significado de las palabras cambie un poco. Aquí está la distorsión normal de los hechos que se transmite de una persona a otra:

Distorsión de los hechos

Primer orador: 100% correcto
Segundo orador: 60% correcto
Tercer orador: 40% correcto
Cuarto orador: 20% correcto
Quinto orador: 10% correcto

Sería aconsejable verificar rumores o chismes yendo a la fuente de la información. Así es como se distorsionaron los chismes y la percepción de Margaret sobre la situación a medida que el mensaje se transmitía de una persona a otra:

Margaret: *'¿Sabías que la policía recogió anoche al esposo de Carmen, Patrick, por conducir borracho y tuvo que pasar la noche en la cárcel?'*

Diane: *'¿No es esa la tercera vez que el lo atrapan en el último año? Apuesto el a que tiene que permanecer en la cárcel esta vez.'*

Margaret: *'No me sorprendería si el hiciera.'*

Margaret se encuentra con otro amigo y le dice: *'¿Sabías que la policía recogió a Patrick anoche por conducir ebrio y que probablemente tendrá que pasar un año en la cárcel?'*

Brian: *'No, no lo hice. Me pregunto por qué lo mantendrían en la cárcel durante un año.'*

Margaret: *'Bueno, lo recogieron tres veces Patrick año pasado y esa es la sentencia que recibirá.'*

Brian ve a otro amigo y le dice: *'Patrick está de vuelta en la cárcel porque la policía lo recogió anoche por un cargo de conducir ebrio. Le arrojaron el libro y tendrá la suerte si él recupera su licencia.'*

Puedes ver cómo los hechos fueron distorsionados en este caso. No hay evidencia de que:

a. Patrick *fue* recogido por conducir ebrio.
b. Que Patrick recibió una sentencia de cárcel.
c. Que suspendieron él licencia de conducir.

La verdad era que Patrick había sido ir a alcohólicos anónimos y su consumo de alcohol estaba bajo control. La noche anterior, él se había detenido en la carretera para ayudar a otros que había estado en un accidente de coche. Alguien le había visto hablar con el oficial de policía y había saltado a conclusiones que la policía le había acusado de conducir ebrio.

Si usted tú habías sido Diane y había oído el mensaje (o cualquier otro en la cadena de conversaciones) deben hablar con los involucrados en la historia.

Se podría decir, *'Carmen, hay un rumor dando vueltas que la policía acusado Patrick de conducir ebrio la noche anterior. Sentí que usted debe saber acerca de este rumor así que usted puede ocuparse de lo.'*

No estás preguntando a Carmen si es cierto. Depende de ella para confirmar o negar la situación, si ella decide hacerlo.

Destacó hermano

'Mi hermano inició un nuevo trabajo en un hospital el mes pasado después de estar desempleado durante seis meses. Él está realmente interesado en hacer un buen trabajo. Desafortunadamente, él llega inicio de trabajo tan destacado, que él está temblando. ¿Qué puede hacer para lidiar con el estrés es bajo?'

Estoy seguro de que estará de acuerdo conmigo que, en nuestra sociedad moderna, el estrés es uno de los más acuciantes problemas (aparte de la economía por supuesto, que en sí mismo, nos causa estrés). Un candidato ideal para la alta tensión es un individuo en un trabajo lleno de tensión o situación casera que se siente impotente para afrontar el estrés o cambiar las condiciones que causan el estrés.

Comience por hablar con él. Pregúntele qué cree que le está causando tanto estrés. Las personas que trabajan en el campo de la salud son los principales candidatos para el estrés. Él puede estar en el tipo de trabajo incorrecto para él. Pregúntale cuidadosamente sobre su elección de carrera para ver si eso es lo que le está causando tanto estrés. Si ese no es el problema, aquí hay algunos pasos que el puede tomar para ayudar a aliviar el estrés:

- Ejercicio físico (no debe ser un deporte de competición a menos que el estrés es causado por inactividad). Antes de empezar, debe consultar con su médico.
- Escuchar música o leer un buen libro.
- Alejarse de todo por tomando un paseo por la naturaleza, ir de pesca o jugar una ronda de golf.
- No hacer nada (sin sentirse culpable porque tu no es lograr algo).
- Unirse a un grupo de apoyo, reuniones con amigos y familiares.

- Organización de su vida. Gente desorganizada perder demasiado de su valioso tiempo buscando artículos perdidos. Cuando se presentan problemas de tiempo, su nivel de estrés aumentará así.
- Recibiendo la cantidad adecuada de sueño y descanso.
- TM (meditación trascendental) pone en marcha un mecanismo incorporado que es lo contrario de la respuesta lucha o huida.
- Biofeedback (solamente con un técnico calificado de la salud).
- Tener a alguien dar un masaje relajante puede hacer maravillas. Si nadie está disponible, incluso un auto masaje de hombros rígidos puede ayudar. Comprobar sus niveles de estrés varias veces durante su jornada de trabajo. Si tu encuentra que han endurecido sus hombros otra vez - tu sería hacer algunos ejercicios sencillos para aliviar la tensión o automasaje para aliviar la tensión.
- Permita la soledad y el tiempo privado en casa si parece necesitarlo.
- Respire profundamente y envíe el oxígeno necesario a los músculos hambrientos, el cerebro y los órganos vitales.
- Riendo. En lugar de ver un triste programa de televisión o película, mira una comedia en la que puedes reír para calmar tus tensiones.
- Si tiene factores de estrés en otras partes de su vida o está involucrado en actividades que también consumen su energía, que la suelte hasta que su estrés laboral disminuya. Si tu es un líder Scout, tiene que contenerse de ser un líder Scout por un tiempo. Si tiene demasiadas responsabilidades en el hogar: intente que alguien tome su parte hasta que pueda administrar mejor su trabajo y las presiones de la vida.

Comportamiento compulsivo

'La esposa de mi primo sufre de un comportamiento obsesivo-compulsivo. Ella realiza acciones una y otra vez. El solo hecho de lavar el piso de la cocina dura todo el día, lo aspira y lo lava cuatro veces.

'Luego ella se pone de manos y rodillas y lo revisa nuevamente. No entiendo por qué ella hace estas cosas, pero quiero apoyar a esta pareja y pasar tiempo social con ellos. ¿Qué debería saber sobre esta enfermedad?'

Hay muy poco que pueda hacer como amigo, salvo tu que la anime a buscar consejos y ayuda médica, y que la acepte como ella es mientras tanto. Sus rituales son compulsiones, ya que ella necesita orden y simetría en todo lo que ve y hace. Un libro que puede ayudarlo a entender este trastorno es ***El niño que no pudo dejar de lavarse*** por la Dra. Judith Rapoport.

De acuerdo en desacuerdo

'El otro día, mi primo y yo estábamos discutiendo el tema del aborto y terminamos en una pelea de gritos y no hemos hablado desde entonces. ¿Cómo debería haber manejado esta situación?'

Hay muchos temas que encajan en este grupo, donde tú se encuentra en un lado de un tema y un cónyuge, pariente, amigo o conocido es decididamente en lo contrario. Cuando te encuentres en este tipo de conversación (cuando ninguna de las partes cambiará sus opiniones) di: *'Tienes derecho a tu opinión, igual que a mí. Aceptemos estar en desacuerdo y no hablar sobre este tema en el futuro.'*

Si la persona continúa discutiendo el tema, diga: *'Estoy firme en mi decisión de que deberíamos dejar este tema porque ninguno de nosotros está dispuesto a comprometer nuestras opiniones. No hablemos de esto más.'*

Si la persona sigue tratando de discutir, usé la técnica de grabación pegada: 'Ya te dije, no volveré a discutir este tema'. De ser necesario, pídales que expliquen sus acciones. *'¿Puede decirme por qué volvió a plantear ese tema, cuando le dije dos veces que no quiero discutir este tema?'*

Asegúrese de que utilizar esta técnica sólo para situaciones excepcionales, no como una excusa para situaciones donde usted simplemente quiere ganar. Utilizar específicamente para problemas relacionados con valores y moralidad.

Quejumbrosos, quejosos y objetores

'Mi tía es una persona con pensamientos negativos que constantemente se queja de algo, me cansé de escuchar sus quejas, pero como ella es pariente, necesito verla regularmente. ¿Cómo puedo hacer que vea cómo afecta a las personas que la rodean?'

También tuve que lidiar con una persona de pensamiento negativo. Ella siempre se estaba quejando de algo. Sin embargo, ella tenía muchas cualidades que me hicieron desear mantenerla como amiga. Debido a esto, sentí que ella necesitaba ayuda para superar su pensamiento negativo.

Un día, cuando escuché tres o cuatro quejas (las mismas que había escuchado muchas veces), decidí tratar de ayudarla a resolver sus problemas. Ella estaba desperdiciando mucha energía solo al preocuparse por sus problemas que no tenía tiempo para resolverlos. Estos son los pasos que utilicé con ella y son los pasos que puede probar con su tía:

1. Obtenga ella permiso para ayudarla a encontrar soluciones a sus problemas. *'Te he escuchado hablar de estos problemas varias veces y*

parece que no has encontrado soluciones para ellos. ¿Quieres ver qué puedo hacer para ayudar a resolver estos problemas?' Si ella rechaza su ayuda, diga, *'Si no deja que lo ayude, no quiero volver a escuchar sobre este problema.'* Si ella acepta tu ayuda:
2. Haga que ella escriba el problema incluyendo toda la información necesaria. Ella haría una lista separada para cada problema (probablemente habrá varios). Abordar solo un problema a la vez.
3. Haga que ella escriba todas las soluciones posibles a los problemas. En este punto, ***puede*** sugerir otras soluciones.
4. Haga que ella escriba anote las ventajas (beneficios) y desventajas (desventajas) en cada solución. Aliéntela a usar la lógica en lugar de las emociones. Haga que pretenda que la situación le está sucediendo a otra persona y que ella los está ayudando a determinar los beneficios y las desventajas de cada solución.
5. Pídale ella que escoja la mejor solución. Esta es la etapa en la que ellaprobablemente le preguntará: *'¿Qué crees que debo hacer?'* Si sugieres una solución y no funciona, ella probablemente dirá: *'¡Te dije que no funcionaría!'* (Este tipo de persona ama culpar a alguien dinero a otra persona por sus problemas.) ¡Por lo tanto, ella debe elegir la mejor solución - no tú!
6. Ayúdala a definir algunas metas concretas para que ella pueda resolver sus problemas. Incluyen los plazos. Esto asegurará que ella mantenga un horario para resolver sus problemas. Después del paso 6, da un paso atrás y deja que ella complete el proceso. Si ella se queja nuevamente sobre el problema:
7. Decir, *'¿Por qué estamos discutiendo esto de nuevo? Usted sabe exactamente lo que tienes que hacer para solucionar este problema y hayas elegido para hacer nada. No quiero oír otra palabra sobre esta situación excepto a escuchar que has resuelto el problema.'*

Este proceso debería eliminar la queja de la persona. También la obliga a resolver sus problemas, no solo a quejarse de ellos. Si se queja demasiado, practique este proceso usted mismo. Te ayudará a tener una actitud más positiva.

Invade la privacidad

'Mi prima Maryanne es una persona muy chismosa. Ella me envía información privada que no quiero que tenga. Entonces me enojo tanto porque me hace revelar información que me fue dada confidencialmente por una tercera persona o información privada sobre mí que no quiero que ella sepa. ¿Cómo puedo evitar que me obligue a obtener información?'

Comprenda que ella no reveló la información. ¡Decidiste dárselo a ella! Antes de reunirse con ella la próxima vez, decida de lo que no quiere hablar. Cuando ella pregunta preguntas confidenciales que tu no desea discutir, sólo decir, *'Prefiero no hablar de esto con usted.'* Si ella persiste, usa la técnica de grabación atascada hasta que se dé cuenta de que seguirás resistiendo.

Puede preguntarse por qué siente la necesidad de revelar información privada. ¿Es porque tienes muy poco de qué hablar? Involúcrese más en las cosas usted mismo y no sentirá la necesidad de hablar sobre lo que otras personas hacen o dejan de hacer.

Intimo

'Mi primo Rory me telefoneó el otro día y me dijo que necesitaba que lo ayudara con un problema que enfrenta con su esposa. Está enojada con él porque no habla de lo que está "dentro de él", de que se no comparte sus sentimientos con ella. Ella le dice que quiere que él sea más íntimo con ella, pero el no entiende exactamente lo que ella quiere de él. ¿Cómo puedo ayudarlos con este problema?'

Cuando observamos las relaciones que sobreviven, vemos parejas que son buenas amigas y se tratan con respeto. Han compartido valores y confían el uno en el otro. La confianza es la base de la relación y sin ella, las parejas no se sienten seguras. Si no se sienten seguros, no pueden ser vulnerables. Si no son vulnerables, no pueden ser íntimos.

La intimidad implica tener completa confianza en otra persona. Él puede obtener intimidad *"soltando todo"* y permitiendo que su esposa sepa lo que está sucediendo dentro de él. Esto implica revelar cómo se siente realmente acerca de lo que está haciendo y analizar sus sentimientos cuando se comunica con su esposa. Esto requiere una cantidad considerable de empatía. Al revelar su verdadero yo, su esposa casi puede saber cómo reaccionará a las situaciones y tratar de mantenerse alejado de aquellos que lo molestarán y encontrar maneras de evitar situaciones difíciles, para que no se sienta herido. Él haría lo mismo por ella.

Si observas personas que se conocen entre sí (del mismo sexo o de diferentes sexos), hay varios pasos que pueden dar para alcanzar el nivel en el que alcanzan la intimidad.

Una persona revela información confiable. La segunda persona acepta esa confianza y revela información similar.

A medida que crece la confianza entre estas personas, aumentan su confianza y revelan más y más.

Esto parece estar cortocircuitado en la relación de tu primo. Su esposa puede estar revelando información, pero él no se corresponde, por lo tanto, no tiene intimidad con su esposa. En el matrimonio, las mujeres usan el habla para crear intimidad, donde expresan abiertamente sus sentimientos y pensamientos. Los hombres usan el tacto para crear intimidad (usan comunicación no verbal) y usan la conversación para mantener la independencia. Están en guardia para protegerse de la humillación de los demás. Si les dan armas a otras personas (incluidas sus esposas) o hablar sobre sus debilidades), podría usarse contra ellos en el futuro. Luego, se callan y se resisten a la intimidad verbal.

La mayoría de las mujeres se sienten cómodas admitiendo sentimientos negativos, pero la sociedad casi ha prohibido a los hombres admitir sus debilidades. Por lo tanto, esto limita las elecciones para expresar sus sentimientos. La sociedad dice que se les permite mostrar alegría e ira, pero no se les permite mostrar ningún sentimiento entre esas dos emociones. Por lo tanto, cuando los hombres se sienten ansiosos, decepcionados, celosos, tristes, heridos, rechazados, estúpidos, intimidados, inseguros, avergonzados o ignorados, su apariencia exterior puede mostrar signos verbales y no verbales de enojo engañoso. Este comportamiento ambiguo confunde a las mujeres y aumenta la brecha de comunicación entre hombres y mujeres.

Muchas mujeres se quejan de que los hombres en sus vidas no comparten sus pensamientos y sentimientos con ellos. Sienten que sus hombres no confían en ellos, así que no les permitan saber cuáles son realmente sus sentimientos. Esta vulnerabilidad masculina impide que muchos hombres y mujeres compartan verdadera intimidad. Explique todo esto a su primo y anímelo a ser más directo con su esposa.

Algunos hombres aprovechan la oportunidad y confían sus sentimientos más íntimos a sus esposas. Desafortunadamente, sus esposas no guardan esa información para ellos mismos, por lo que los hombres pierden la confianza en sus esposas. Las mujeres deben tener mucho cuidado de no divulgar las confesiones confidenciales de sus maridos sobre sus sentimientos a los demás. Si esto le sucedió a Rory, debería discutir sus sentimientos de traición con su esposa.

Mascotas

'Recientemente, mi primo y su familia condujeron todo el día para estar con mi familia. Llegaron con sus dos gatos sin preguntar de antemano si era aceptable. Mi familia tiene animales, pero no los guardes en la casa.

Ofrecimos a ponerlos en el garaje, pero se horrorizaron con la propuesta y se molestaron porque lo sugerimos. ¿Lo manejamos bien?'

Es extremadamente presuntuoso traer mascotas sin confirmando si serán bienvenidas. Usted tenía derecho a insistir en que permanezcan donde sea conveniente para usted, no para ellos.

Crianza disfuncional

'Mi primo Jason creció en un ambiente disfuncional. Que fue golpeado y le gritó a la mayor parte de su vida y sufrió de una andanada de insultos constantes. Muchas veces, oyó que le fue 'estúpido, tonto y no equivalen a nada. Cree firmemente que su futuro no será diferente de su pasado, así que resiste la toma de decisiones que alterarán su vida. ¿Cómo puedo hacerle ver que su futuro está bajo su control, y que su pasado no es un plan establecido para el resto de su vida?'

Muchas personas se pasan la vida reviviendo el pasado. Entran en una rutina mental que se concentra en lo que era, en lugar de lo que será. Muchos de sus comentarios comienzan con los prefacios, *'Debería haber...'* O, *'Si tan solo pudiera...'* Cuando la gente vagabundea por la vida, en lugar de controlarla, pienso en ellos como *"atrapados"*. Ellos seguiré estancados donde están a menos que hagan algo para cambiar sus vidas.

Desperdician sus vidas haciendo una rutina y permanecen allí o, en el mejor de los casos, hacen pequeños intentos para cambiar sus vidas. La menor clase de oposición los hace retroceder hacia su red de seguridad de la mismidad. Estas personas odian levantarse por la mañana, porque no hay mucho que sea emocionante o estimulante en sus vidas. Un día es como otro y es probable que el futuro sea el mismo. Estas personas necesitan una sacudida para que vuelvan a vivir. Al igual que las víctimas de un ataque al corazón necesitan una sacudida de la electricidad para que sus corazones se reinicien, estas personas necesitan una sacudida de la realidad para devolverlos a la tierra de los vivos.

Vamos a ponernos en los zapatos de Jason por un rato y sentir lo que él puede estar sintiendo:

Él acepta la crítica como siempre siendo verdadera. No sólo acepta las críticas de los demás voluntariamente, sino que también critica todo lo que hace a sí mismo. La pequeña voz en su cabeza siempre lo ridiculiza sobre sus fracasos percibidos. Se castiga con declaraciones como: *'Debería haber sabido que iba a suceder. ¿Dónde estaban mis cerebros?'* O el puede decir, *'Soy demasiado viejo... No lo suficientemente inteligente... No soy bueno en eso.'* Lo que él está diciendo es, *'Soy un producto terminado en esta área, y yo nunca seré diferente.'*

Su miedo al fracaso suele ser el temor a la desaprobación o el ridículo de otra persona. El fracaso es la opinión de otra persona sobre cómo ciertos actos deben completarse, por ellos lo que no intenta nada nuevo o desafiante. Ellos evitarán las experiencias que puedan traer fallas y evitará cualquier cosa que no garantice el éxito. Ellos pueden rechazar excelentes oportunidades, pero no puede explicar por qué lo hace.

No ha aprendido a ser asertivo, a defenderse por sí mismo. No experimentado en el arte de satisfacer las propias necesidades; él permite que otros lo manipulen. Él no puede tomar decisiones que respalden sus propios deseos, valores y sentimientos. El resultado es que se siente mal consigo mismo sin saber por qué.

Él se compara constantemente con los demás. Otros son siempre más felices, más famosos, más exitosos o valen más. Los éxitos de otros solo lo hacen sentir más deprimido por su propio estado en la vida. Él puede sentir que, si falla en algo, es un fracaso como persona. En lugar de intentar otra avenida u otra forma de hacer algo, el deja de intentarlo.

Usando 20/20 en retrospectiva, el podemos probablemente ver exactamente donde el salimos mal, en una entrevista de trabajo o en una relación de amor. Estos pensamientos pueden causar inmovilidad y hacer él que permanezca en la rutina negativa en la que se encuentra. Aliéntelo a dejar de pensar en la vida en términos de negro o blanco. Hay muchas áreas grises en el medio.

Identifica él comportamiento negativo y pídele él permiso para llamar atención sobre este comportamiento si lo oyes que él se está reviviendo su pasado.

Si la vida no cumple con mis expectativas, consuelo con la idea de que nunca es demasiado tarde para que las condiciones cambien. En lugar de detenerse en el pasado, el necesita concentrar su energía en construir una vida mejor y más feliz y aprovechar al máximo el momento presente.

El no puede adquirir el rasgo de extenderse al máximo de la noche a la mañana. La confianza es un sentimiento acumulativo. Es probable que haya retrocesos y decepciones, pero recuérdele:

Alguien que intenta hacer algo y falla, está mucho mejor que la persona que trata de no hacer nada y tiene éxito.

Aliente a Jason a obtener asesoramiento profesional para contrarrestar su infancia disfuncional y presentarle buenos modelos a seguir. Su apoyo moral hará que esta transición sea considerablemente más fácil para él.

Abuso adolescente

'Mi primo Victoria y yo (ambos únicos hijos) somos muy cercanos, como hermano y hermana. Confiamos el uno en el otro y compartimos nuestros días buenos y malos. Ella vino a mí en lágrimas explicando que su novio la había abusado físicamente. ¿Cómo pude haberla ayudado? La única solución que podía ver a su problema era confrontar a su novio y decirle que la dejara en paz.'

Aquí hay consejos de una clínica de abuso para adolescentes:

Si eres abusado:

Formas de estar más seguro si se abusa de usted:

- Llame a la policía si ha sido agredido.
- Dile a alguien. Habla con un padre, maestro, doctor, pariente o consejero. Haga que mantengan un registro para evidencia futura.
- Escriba los detalles del asalto tan pronto como sea posible.
- Considera terminar la relación. Sin intervención, su violencia aumentará en frecuencia y gravedad a medida que pase el tiempo.
- Desarrollar un plan de seguridad. Conozca todas las salidas de su residencia, memorice los números de emergencia y sepa dónde puede permanecer en caso de emergencia.
- Reconozca que nadie tiene el derecho de controlarlo tu y que todos tienen derecho a vivir sin temor.

Señales tempranas de violencia en el noviazgo adolescente:

¿Vas a salir con alguien que:

- ¿Está actuando celosamente y es muy posesivo con usted?
- ¿Él te insistes en que elijas entre él y tus amigos y parientes?
- ¿Él te controla y no acepta el final de tu relación?
- Él quiere controlarte tu, dar órdenes, tomar todas las decisiones y no tomar en serio tu opinión.
- ¿Critica la forma en que te vistes, hablas y bailas?
- ¿Te el asusta o te amenaza?
- ¿Te preocupa cómo reaccionará la persona a las cosas que dices o haces?
- ¿*'Caminas sobre huevos'* cuando estás con él?
- ¿Es él violento? ¿Tiene él una historia de peleas, perdiendo los estribos rápidamente, maltratar a los demás?
- ¿Te él presiona para tener relaciones sexuales? ¿Hace él piensa que las mujeres o las niñas son objetos sexuales e intentan manipularlo ellos?

- ¿Abusa de drogas o alcohol y lo presiona tu para que los tome?
- ¿Él te culpa cuando has sido maltratado?
- ¿Él piensa que los hombres deberían ser tener el control y ser poderosos y las mujeres deben ser pasivas y sumisas?
- ¿Tu familia y amigos te han advertido sobre esta persona?

Si eres abusivo:

- Debe asumir la responsabilidad de su comportamiento; tu novia no te hace lastimarla.
- Su violencia aumentará, si no la detiene.
- Culpar a tu violencia de las drogas, el alcohol o la enfermedad y disculparse después de que la violencia no resuelva el problema.
- La violencia física y las amenazas de violencia son crímenes. Tu enfrentará multas o prisión si es declarado culpable.
- Puede comenzar a cambiar su forma de actuar con el apoyo de las agencias locales de asesoramiento.
- Dígale ella que está buscando ayuda y la apoyarás si decide denunciar el incidente (s) a la policía y darle seguimiento con los pasos descritos.

'Mi esposa fue abusada cuando niña. Ella se encoge ante mi toque y sé que odia todo lo relacionado con las relaciones sexuales. El padrastro de Colleen había abusado de ella al darle recuerdos de cosas incómodas que él le hizo a ella.

'Su abuso comenzó a los seis años y continuó hasta los once. El abuso sexual se detuvo, pero el abuso psicológico se hizo cargo. Él Haría cosas como cerrar el agua caliente cuando se estaba duchando. Él actuó como un novio celoso. Ella madre era consciente de lo que estaba sucediendo, pero no intervino para detenerlo. ¿Cómo puedo ayudarla?'

La ayuda profesional es una necesidad absoluta para tu esposa. Esté allí y apóyelo ella durante los difíciles pasos que enfrentará. El abuso sexual es un acto de aislamiento que hace que la víctima se sienta aislada y sola en su dolor. Un aliado puede ayudar a eliminar esa sensación. Comience por comprarle un libro titulado, *¿Qué hay de mí? Evite que el egoísmo arruine su relación* por la Dra. Jane Greer. Es la historia de una mujer que sufrió una situación similar y describe la frustración de su esposo cuando él no sabía qué hacer para ayudarla.

Parte de su recuperación fue sacar a relucir recuerdos y sentimientos terribles, lo que le exigió una tremenda paciencia a su esposo. El sobreviviente de abuso necesita sentirse fortalecido con la capacidad

Tratando con parientes difíciles y en leyes

de decir *"No"* al sexo. Es algo que no tenían permitido o no podían hacer cuando eran niños. No solo tendrá que lidiar con el abuso sexual de su padrastro, sino que tendrá que perdonar a su madre por permitiendo que el abuso continúe.

Abuso de adultos

Janice y Tony tuvieron una gran discusión, tres meses después de su matrimonio y ella se negó a tener relaciones sexuales con él esa noche. A la mañana siguiente, el aire estaba gélido. Aquella noche tenían que cenar a el lugar de sus padres y, como le había prometido a su padre que lo ayudaría a cavar su jardín, habían dejado su hogar poco después de almorzar. Tan pronto como llegaron al lugar de sus padres, Tony fue al patio trasero para ayudar a su padre. Janice se quedó con la madre de Tony, Nellie. Nellie hablaba sin parar y, con el dolor de cabeza de Janice, no quería ser grosera con su suegra. Ella amaba a la mujer, pero no podía tolerar ella constante parloteo, no hoy de todos modos.

'Le prometí a un amigo que pasaría a verla esta tarde. Viendo que Tony estará ocupado esta tarde, será un buen momento para ir a verla.'

Janice subió a ellos automóvil y condujo hasta la casa de Adele que no estaba lejos del lugar de sus suegros. Adele no estaba en casa, entonces Janice fue a un lugar de comida rápida y tomó una taza de té. Ella regresó a de sus suegros menos de una hora después de que ella se fuera. Mientras ella conducía hacia el patio, vio que todos estaban reunidos alrededor de la puerta trasera de la casa. El papá de Tony, Frank se acercó cuando Janice estaba saliendo del auto.

'¿Qué estás haciendo conduciendo el auto de Tony sin su permiso?' él le gritó.

'Justo lo que necesito,' ella pensó. Ella se había calmado, pero al instante se enojó de nuevo. ¿Cómo se atreve este anciano a decirle ella qué hacer?

'Este es ahora mi auto, al igual que el de Tony, y tengo todo el derecho a conducirlo cuando quiera,' ella intentó decir con calma.

'Tony lo compró, ¡así que es el dueño!' Frank respondió.

'Entonces, ¿supongo Tony que debería pedir mi permiso cada vez que duerme en la cama que compré o come en la mesa de la cocina o se sienta en el sofá que compré?' ella le gritó.

Tony de repente se interpuso entre ellos. Todavía estaba furioso con Janice por la discusión que habían tenido la noche anterior. *'¡No te atrevas a hablarle a mi padre de esa manera!'* Le gritó a Janice mientras la levantaba del suelo. Tony medía 6'4" de estatura y era muy fuerte. Sus dedos la agarraron con tanta fuerza Janice que ella no podía moverse. La llevó de esta forma durante quince metros hasta que llegó a la acera pública frente a la casa de sus padres. Tony dejó caer los pies de Janice abruptamente en la acera, la giró para que ella estuviera de espaldas a él y le pateó ella nalgas con las botas del trabajo. *'¡Sal y quédate afuera!'* Él rugió.

Nadie en su familia había intentado intervenir entre ellos. Janice pensó que al menos el hermano de Tony, Jason, habría intervenido para ayudarla. Ella se tambaleó unos pasos, luego recuperó el equilibrio y siguió alejándose de Tony, las lágrimas corrían por su rostro. Su bolso todavía estaba en el auto, entonces ella no tenía dinero. ¿A dónde podría ella ir por ayuda? Ella solo sabía que no podía regresar a la casa de los padres de Tony. Cuando llegó a la esquina de la calle, miró hacia atrás para ver si alguien la había seguido. Nadie la siguió.

Ella propios padres vivían a unas diez cuadras de distancia. Entonces ellacomenzó a caminando hacia la casa de ella padres, ella se dio cuenta de que las uñas de Tony le habían perforado la parte posterior de ambos brazos y ahora tenían riachuelos de sangre corriendo por ellos. Al pasar frente a una gasolinera, ella decidió preguntar si podía usar las instalaciones de sus lavabos para limpiarse los brazos y usar el teléfono para llamar a sus padres.

El anciano asistente de la gasolinera echó un vistazo a la angustiada joven e inmediatamente pensó *'Violación. Esta chica ha sido violada.'* Y corrió a ayudarla. Estaba tan pálida como un fantasma. El la llevó a una silla detrás del mostrador y le trajo un vaso de agua. Todos en el lugar la estaban mirando. El hombre le pidió a una clienta que sacara toallas de papel del baño para poder limpiar los brazos de Janice. Luego fue al botiquín de primeros auxilios y aplicó un desinfectante y cuidadosamente vistió las heridas de Janice.

'Muchas gracias', murmuró Janice. *'¿Podrías dejarme usar tu teléfono? Quiero llamar a mis padres.'*

'Por supuesto que puede. ¿Quieres que llame a la policía?' el preguntó.

Janice miró asustada al hombre y de repente comprendió por qué había dicho lo que hizo. *'No, eso no es necesario. Mis padres se ocuparán de esto.'*

Janice no quería que nadie en la gasolinera supiera lo que le había sucedido, así que cuando su madre contestó el teléfono, dijo: *'Mamá, estoy en la gasolinera de Jackson en Davidson Road. ¿Puedes recogerme de inmediato?'*

Diane podía oír por la voz de Janice que algo estaba terriblemente mal, pero no la cuestionó. *'Estaré ahí.'*

Diane llegó en un tiempo récord y estaba molesta de ver a Janice en tal condición. *'¿Qué pasó?'* ella le preguntó al asistente.

'Realmente no lo sabemos. Ella acaba de entrar aquí pidiendo usar el baño y el teléfono. Pero ella tenía sangre corriendo por ambos brazos y parecía que iba a desmayarse. Limpié las heridas y las vestí.' respondió el asistente preocupado.

'Bien, gracias por cuidar tan bien de ella,' agregó Diane.

Tan pronto como estaba manejando, Janice dijo a su madre todo lo que había ocurrido desde la noche anterior y en cuanto llegó a casa Diane llamó al padre de Janice, Jim, en el trabajo. Él trabajó a solo minutos de distancia, y llegó a casa de inmediato. Janice otra vez explicó lo que había sucedido. *'¿Quieres que te lleve a tu casa a buscar algo de tu ropa?'* él preguntó.

'Está bien. Debido a que su madre y yo somos sus propietarios, tenemos un conjunto adicional.' Los padres de Janice habían alquilado sus propiedades de inversión a la pareja.

Condujeron rápidamente a la casa de Janice, recuperaron una maleta del garaje que Janice llenó con el trabajo, ropa casual y artículos de tocador. Ella vio a su padre mirando los pantalones de arrancado pijama que todavía estaban en lo de el dormitorio y negó con la cabeza. *'¡Le haré pagar si alguna vez te golpea o te hace daño otra vez!'* él rabió.

Se fueron, y Janice regresó a la casa de sus padres. Pusieron ella cosas en su viejo dormitorio y ella durmió bien esa noche. A la mañana siguiente, Janice regresó al trabajo, pero se aseguró de que usara una camisa de manga larga, por lo que sus vendajes no serían visibles.

Durante seis días, ella no escuchó de Tony. Finalmente, ese sábado por la mañana llamó por teléfono. Ella padre contestó el teléfono.

'¿Puedo hablar con Janice, por favor?' Tony quería saber. *'Dudo si quiere hablar contigo después de lo que le hiciste ella,'* fue la respuesta de Jim.

'Quiero pedirle disculpas por mi comportamiento y pedirle que ella venga a casa,' dijo con seriedad.

Jim se apartó del teléfono, *'Janice, ¿quieres hablar con Tony?'*

Primero, ella negó con la cabeza, pero cuando su padre le dijo lo que Tony había dicho, aceptó hablar con él.

Tony repitió sus disculpas y le dijo ella que tal cosa nunca volvería a suceder. *'¿Me dejarás verte hoy?'*

Janice miró a Jim, *'Él quiere venir a verme'.*

'Solo recuérdale que tu madre y yo estaremos aquí y será mejor que no comience ningún problema,' agregó preocupado.

Tony prometió que no lo haría, y llegó poco tiempo después. Aunque Jim era seis pulgadas más bajo y muchos kilos más ligeros que él, Tony se sintió intimidado por el hombre y casi se da vuelta en vez de tocar la campana. Sin embargo, se armó de valor y tocó el timbre. Jim lo recibió en la puerta y lo condujo a la sala de estar. Janice y su madre se quedaron en la cocina. Jim se paró frente a Tony y le dijo claramente: *'Si vuelves a lastimar a mi hija, ayúdame, ¡haré que desees tu no estar vivo!'*

Tony asintió con la cabeza, *'Prometo nunca volver a hacerle daño. ¿Ahora puedo hablar en privado con ella?'*

'Sí, pero recuerda que estaremos en la habitación contigua,' fue la respuesta de Jim mientras miraba a Tony.

'Está bien,' dijo Tony mientras miraba la alfombra.

Jim fue a buscar a Janice y ella cuadró sus hombros antes de salir de la cocina. Ella tenía miedo de estar en la misma habitación que Tony, sabiendo el tipo de temperamento que el le había revelado el pasado domingo por la tarde. Pero cuando ella entró en la habitación, vio que Tony estaba sentado en el sofá con la cabeza entre las manos sollozando. Levantó la vista cuando ella entró en la habitación con tanta angustia en él cara, que no podía permanecer furiosa con él.

Se puso de pie y se acercó cautelosamente a ella. *'Siento mucho haberte lastimado. No debería haber hecho lo que hice ni el sábado por la noche ni el domingo. ¿Estabas herido?'* Preguntó mientras empezaba a examinarla.

Ella había esperado hasta esa mañana para quitarse los vendajes de los brazos, pero las marcas y hematomas todavía se veían muy doloridos y sensibles. *'Oh, Dios mío,'* dijo mientras los miraba. *'¡No puedo creer que te haya hecho eso!'*

'Bueno, lo hiciste y necesito que prometas que nunca volverás a hacer algo así,' Janice amonestó.

'¡Lo prometo! ¿Puedes perdonarme alguna vez?' él respondió tímidamente.

'Te perdonaré esta vez, pero me iré para siempre si me haces daño otra vez,' fue la respuesta enfática de Janice.

Janice recogió sus cosas, les dio un gran abrazo a sus padres y se fue a casa con Tony. Antes de irse, les dijo a sus padres que Tony estaba realmente arrepentido y le había prometido que nunca más la dañaría. Jim solo negó con la cabeza cuando dijo, *'El tiempo dirá. El tiempo dirá.'*

Al principio, Janice se negó a ir a la casa de los padres de Tony para sus comidas dominicales habituales, pero después de varias semanas Tony le suplicó que fuera, así que se rindió. Janice y Frank nunca fueron amigas. Frank se había negado a disculparse por su arrebato y Janice ciertamente no iba a ceder ante el tirano. Tenía que prepararse antes de cada visita, diciéndose a sí misma que no discutiría con él. Frank y Janice raras veces, si alguna vez se hablaban directamente entre ellos, podías cortar el aire con hostilidad entre ellos. Nellie miraba de uno a otro, negando con la cabeza y molesta por la hostilidad entre los dos.

Seis meses después de su matrimonio, Janice se dio cuenta de que, aunque Tony no la lastimó físicamente, el hizo muchas cosas que eran emocionalmente abusivas. Ella lo dejó y siguió con su vida, agradecida de que no hubieran tenido hijos a los que el inevitablemente abusaría.

Niño destructivo

'Mi hija tiene dos hijos. Un niño tiene cinco años. Él puede ser un niño muy dulce, pero él es terriblemente destructivo. Ayer, su madre lo sorprendió prendiendo fuego a un papel en el lavabo del baño. En otra ocasión, agarró un cuchillo y cortó la sala de estar. Él arroja sus juguetes y una vez golpeó su puerta con tanta fuerza que el pomo de la puerta entró en la pared. Mi hija está tan frustrada con él que no sabe qué hacer.'

Comience asegurándose de él que él es visto por un pediatra que también puede sugerir que tenga una evaluación psiquiátrica o psicológica. Podría haber una razón médica para la destrucción o el comportamiento podría estar relacionado con la dieta. El necesita ser evaluada ahora, antes de comenzar la escuela porque la escuela no tolerará ese tipo de comportamiento. Te deseo suerte, porque él lo necesitará.

De control de adolescentes

'Mi sobrino de 16 años fue expulsado de su casa la semana pasada y he acordado que lo llevara. Su padre ha explicado que él ha estado actuando últimamente muy agresivamente. Él grita a su hermana, sus amigos y es irrespetuoso con los adultos. Él también ha empezado a tirar cosas

cuando está enojado. Él está fuera de control. ¿Cómo puedo lidiar con su comportamiento disruptivo y establecer algunas reglas mientras que él permanece con nosotros? Mi principal objetivo es conseguirlo casa con su familia otra vez.'

En muchas otras especies animales, los jóvenes ya están solos cuando alcanzan la edad reproductiva. En los humanos, la edad de reproducción se alcanza en la pubertad (11 a 14). Sin embargo, los "cachorros machos" viven en casa de cinco a diez años después de la pubertad. Esto resulta en un dilema; los adultos siendo criados por adultos completamente desarrollados. Irónicamente, el adolescente suele ser más alto y más pesado que su madre y, a veces, incluso su padre. El escenario está listo para una situación potencialmente explosiva.

Comience llevándolo él a un médico para eliminar las razones médicas del comportamiento inaceptable. Si él comportamiento no tiene un motivo médico, tanto usted como él padres deben unirse a un grupo 'Toughlove'. En Australia, se pueden encontrar en www.toughlove.org.au.

Se trata de un grupo de autoayuda para padres preocupados por el comportamiento destructivo y perjudicial de sus hijos. En los grupos Toughlove, encontrará aceptación y apoyo y aprender nuevas formas exitosas de tratar con problemas de adolescentes. Aunque Toughlove no está dirigido por profesionales, no es un grupo de terapia y no profesan hacer milagros, puede cambiar sus propios comportamientos y actitudes y encontrar nuevas estrategias para resolver problemas. Se trata de encontrar la dureza dentro de vosotros. Se trata de niños tomando responsabilidad por su comportamiento y sufren las consecuencias cuando hacen algo mal.

Hoy en día a menudo parece que los niños tengan todos los derechos. Toughlove grupos abogan por que los padres tienen derechos también. Esta organización ha ayudado a muchos padres que tienen adolescentes incorregibles. Es un grupo de apoyo para los padres. Estos grupos no hay que culpar a nadie, porque en este momento, no importa lo que causó el problema. La cuestión es - cómo resolver la situación. Lo sabrás usted que es el momento para unirse a un grupo si su sobrino ha hecho lo siguiente:

Su hijo adolescente se ha fugado:
    - Durante la noche;
    - Durante dos días;
    - Durante una semana;
    - Durante más de una semana.

Tu adolescente tiene:
    - No vino a casa a cenar;

- Voy tarde;
- Estaba drogado o borracho;
- Él no ha venido a casa en absoluto;
  - Durante la noche;
  - Por dos días;
  - Durante una semana;
  - Por más de una semana.

En casa:
- Usted y su cónyuge discuten sobre el comportamiento de su adolescente;
- Tu han retirado de su cónyuge;
- Su cónyuge se ha retirado de usted;
- Usted no ha tenido un sueño reparador;
- Odias a escuchar el timbre del teléfono cuando su hijo adolescente no es hogar;
- Usted o su cónyuge han perdido tiempo de trabajo debido a su hijo adolescente.

En la escuela, tu adolescente ha sido:
- Tarde;
- Ausente;
- Jugando hooky;
- Sido expulsado;
- La escuela te ha llamado por mal comportamiento.

Su hijo adolescente ha sido violenta:
- Verbalmente;
- Físicamente a la casa o muebles;
- Físicamente a usted, su cónyuge o sus niños;
- Físicamente a otras personas;
- En la escuela;
- Con la policía.

Legalmente, su adolescente tiene:
- Cita recibida;
- Recibió multas;
- Boletos recibidos;
- Participó en accidentes;
- Ha sido acusado de incidentes con drogas;
- Fue acusado de beber;
- Él ha sido arrestado.

Si hay dos áreas en la categoría de escuela, dos áreas en la categoría de hogar y un área en la categoría legal, la crisis se está construyendo. Si has marcado más áreas, la familia está en crisis y debe comunicarse con su grupo Toughlove local para obtener ayuda. Pueden ayudar cuando los padres han intentado todo lo demás de la policía a los servicios sociales y los métodos tradicionales no funcionan.

Los padres necesitan hacer una lista de reglas 'no negociables'. Algunos de los estándares podrían ser no beber y conducir, no mentir y no jurar en el hogar. Los padres necesitan establecer una *"línea inferior"* - algo que quieren lograr con su adolescente. Puede ser algo tan simple como insistir en sacar la basura, limpiar su habitación o usar teléfonos con auriculares cuando tocan su música. Encuentre su grupo Toughlove más cercano y asista a una reunión.

Hazlo ahora - el futuro de la familia de su sobrino depende de tu.

Obesidad

'Mi primo Richard tiene un problema de peso. Ha probado unas quince dietas, una para cada año de su vida, y utiliza su peso como excusa para no participar en deportes o ir a los bailes escolares. Otros se burlan de él constantemente en la escuela debido a su peso. Se siente incómodo en grupos y está demasiado avergonzado para participar en clases de gimnasia. ¿Cómo puedo ayudarlo a superar su problema sin regañar?'

Muchos niños intentan seguir su dieta ordenada por el médico, pero son débiles debido al hambre, por lo que vuelven a comer incontrolablemente y sufren la culpa que inevitablemente les sigue. Richard probablemente esté desesperado por encajar con sus compañeros y probablemente esté ansioso por que alguien lo ayude. Desafortunadamente, no hay soluciones rápidas; él tiene que hacerlo por sí mismo.

Más programas de trastorno alimentario se centran en hembras bulímicas o anoréxicas, que lo pueden disuadir él de unirse a una clínica de trastorno alimentario. En términos de números absolutos, hay niños más obesos que los bulímicos o anoréxicos, sino programas de trastorno parecen concentrar la mayor parte de sus esfuerzos en esos dos problemas. Esto es probablemente debido al temor de muerte inminente para quienes se mueren de hambre o purgar continuamente alimentos.

Hay pocos programas de tratamiento regulado para los niños obesos, a menos que vayan a clínicas regulares de pérdida de peso. Ocasionalmente, los programas de campamento de verano para niños con trastornos alimentarios ayudan, pero pocos tienen programas de seguimiento para mantenerlos en el camino hacia una alimentación saludable. Sugiera que los padres investiguen para ver si hay programas especiales disponibles para ayudarlo a lidiar con su problema de peso. Anímelos a ser persistentes hasta que encuentren la correcta para él.

Mostrar su constante estímulo por el esfuerzo y le ayudan a aceptar a sí mismo como es. Hacerle entender que su autoestima no depende de su peso. El necesita aprender a relaciones no están basadas en tamaño.

Si el sobrepeso es genético, el tendrá que establecer a temprana edad, un hábito de por vida de comer alimentos nutritivos, bajos en grasa. Los niños con sobrepeso a menudo viven con padres con sobrepeso. Sus padres deben ser un ejemplo siguiendo una dieta adecuada ellos mismos. Hará más fácil para él seguir esa dieta a lo largo de su vida, si empieza ahora. Su actividad diaria requiere ejercicio y él debería ser animado a limitar su tiempo de ver la televisión.

Cómo obtener el salario que ella vale

'Mi primo siempre se queja de que no le pagan lo que valen la pena. Ella va a una entrevista de trabajo la próxima semana y está ansiosa por recibir un salario adecuado. ¿Qué tipo de consejo puedo darle para que reciba el salario que merece?'

Las mujeres que quieren el mismo salario por trabajo de igual valor deben aprender a defenderse y negociar salarios dignos, al igual que los hombres exitosos. Deberían mirar todo el paquete, no solo el salario. Esto incluye vacaciones extendidas, una oficina más grande y personal de apoyo. Deben asegurarse de que los beneficios del plan de pensiones de su compañía sean los mismos para las mujeres que para los hombres.

Las empresas generalmente le ofrecen a una mujer un salario más bajo que los hombres, por lo que antes de ir a una entrevista, ella debe hacer su tarea y determinar el rango de salario del puesto que solicita. Ella obtendrá esta información llamando al representante de la compañía que es responsable de llenar la vacante. Algunos pueden ser reacios a darle el rango de salario. Si se niegan a hacerlo, ella debería decir: *'Necesito saber el rango de salario, porque me temo que podría estar sobrecualificado para el puesto.'* Por lo general, se lo darán si ella dice esto.

Supongamos que su primo no ha aprendido el rango de salario antes de su entrevista. El entrevistador pregunta: '¿Cuáles son sus expectativas salariales?' Ella gana €16,000 en su puesto actual, pero sabe que hay más responsabilidades en el nuevo puesto. Por lo tanto, ella dice que sus expectativas salariales son de €17,500. Ella siente que estará contenta con un aumento salarial de €1.500 al año.

Si ella había hecho su tarea, podría haber encontrado que el rango de salario para este puesto (normalmente ocupado por un hombre) era de

€19,000 a €25,000. ¡Ella jugó el tonto! ¡Por supuesto que van a contratarla por €17,500! Pero será extremadamente mal pagada por lo que hará, desde el comienzo de su empleo y posteriormente.

Ahora supongamos que ella hizo su tarea por adelantado y se enteró de que el rango de salario era de €19,000 a €25,000. ¿Qué salario debería ella haberles dicho que esperaba? ¿Crees que ella diría €19,000 (como la mayoría de las mujeres)? ¿O €23,000 (como la mayoría de los hombres)? Por lo tanto, ella pide €23,000. Es probable que negocien con ella y probablemente paguen alrededor de €22.500 como salario inicial. ¡Esto es €3,500 por año o €292 por mes más que los €19,000 que ella estaba originalmente dispuesta a recibir! ¡Una gran diferencia!

Y no termina aquí tampoco. La mujer que aceptó el salario inicial de €19,000 probablemente calificaría para un aumento en el costo de vida después de un año con la compañía. Digamos que es un cinco por ciento. Esto aumentaría su salario a €19,950. El aumento en el segundo año es el mismo, por lo que su salario ascenderá a €20,947. Sin embargo, si hubiera obtenido €22.500, después de un año estaría ganando €23.625 y después de dos años, €24.806. ¡La diferencia sería €3,859! La brecha entre lo que debería haber recibido y lo que ella decidió aceptar se está ampliando. Y la brecha crecerá, a menos que negocie adecuadamente al comienzo de su empleo.

Si el entrevistador pregunta qué ganó en su último puesto, debe explicarle que recibió un pago deficiente por los deberes de su puesto, por lo que no es relevante para el puesto solicitado (a menos que sea cercano al rango de salarios que ofrecen).

Inicialmente, ella puede que le resulte difícil negociar de esta manera, pero tiene que sentir que lo vale. Los empleadores no asignarían rangos salariales a estas posiciones si no valían esa cantidad de dinero.

'Mi primo tiene un puesto en la oficina y se pregunta cómo ella puede obtener un puesto de dirección.'

Si ella no está segura de cómo obtener un mejor puesto de pago, sugiérale que:

1. Ella complete el proceso de orientación profesional (consulte la fuente en el Apéndice A) para decidir qué tipo de ocupación desea realizar y determinar cómo lo obtendría. ¿Se lograría a través de la capacitación en el trabajo (no es probable) o requeriría educación formal y / o capacitación?
2. Mientras obtuvo la educación y / o capacitación necesaria, ella podría trabajar en un nivel junior en el campo de trabajo que eligió.

3. Documentará todas las tareas ella que hizo en su situación actual y determinará si estaba haciendo una parte importante del trabajo de su supervisor. Ella buscaría aquellas tareas que requieren acción independiente o tomar decisiones de su parte. Ella encuentra que, si podía señalar al menos algunas decisiones, podría convencer a su empleador de que también era capaz de hacer otras más grandes. Ella solo usaría diferentes tipos de datos. Luego ella buscaría funciones en las que su juicio fuera crucial en el resultado de la tarea y buscara áreas claras de responsabilidad, autoridad y responsabilidad. En otras palabras, ella vería las cosas que hacía regularmente donde ella decidió el resultado. Estas son las habilidades requeridas de la administración y les pagan bien.
4. Ella le preguntaría a su jefe si su talento podría ser utilizado en otras áreas de su departamento y le explicaría que estaría dispuesta a tomar una disminución salarial por esta oportunidad. (Incluso una posición junior, una con un escalón en el peldaño inferior de la escalera, es mejor que una posición clerical). Si ella jefe no cree que sea una buena idea, ella debe hablar con un representante de recursos humanos. Ella le explicaría a él o ella qué cualidades de la toma de decisiones ella ha desarrollado y qué especialidad le gustaría ingresar. Le pedirá al representante que la mantenga informada sobre cualquier puesto que surgió que se ajuste a sus calificaciones. Como copia de seguridad, ella mantendría un registro de las vacantes de la empresa y se aplicaría a los que ella quería.
5. Si ella decide irse fuera de la compañía, se mantendrá alejada de cualquier anuncio que use las palabras: brazo derecho, clase alta, brillante, trabajador, trabajo duro, servicios de apoyo, asistente, condiciones de trabajo agradables. Estos indican posiciones de bajo nivel. Ella debe buscar puestos que digan: persona emprendedora, objetivo orientado, posición desafiante, etc.
6. Ella tendría que obtener ayuda de su familia en casa para poder concentrarse más en su carrera.

Hermano un sabelotodo

'Mi hermano es un sabelotodo y tengo problemas para tratar con él, me pide información y luego insiste en darme su versión de lo que cree que es la respuesta.'

Primero, escucha sus ideas. Luego, solicite hechos relacionados con la información (estadísticas, cifras, etc.). Luego, usando la información disponible para ti, da los hechos. Verifique los datos escritos si es necesario. La mayoría de los *"hombres sabios"* no pueden respaldar sus comentarios con hechos y datos.

Comparte un vehículo

'Mi hermana y yo compartimos un automóvil extra en nuestra familia, una de nuestras reglas es que nadie fuma en el automóvil, pero a menudo, cuando es mi turno de usar el automóvil, creo que huele a humo de cigarrillo.

'No quiero informarlo a nuestros padres, pero soy alérgico al humo del cigarrillo y tengo que abrir todas las ventanas cada vez que uso el automóvil. ¿Cómo puedo tomar esta decisión? Creo que son sus amigos los que fuman.'

Este es otro caso clásico en el que podrías decir:

a) **El problema** - Ella le permite a alguien que fuma en el auto.

b) **Sus sentimientos o reacciones** – *'Usted sabe que soy alérgico al humo del cigarrillo y está infringiendo las reglas.'*

c) **Solución** - *'Si vuelves a hacer eso, no tendré más remedio que decírselo a mamá y papá.'*

Ella se congela bajo presión

'Mi madre soltera se congela cada vez que ocurre una situación de emergencia en casa. Ella se inmoviliza, congelada en el lugar. Si tiene que tomar una decisión importante, ella la aplaza hasta que otros se vean obligados a tomar esas decisiones por ella. En situaciones de grupo, se vuelve muda y parece incapaz de hablar. ¿Que esta pasando aqui?'

Cuando ella respuesta de lucha o huida, en lugar de luchar o huir del peligro, simplemente se congela. Ella no toma decisiones porque tiene miedo de hacer algo incorrecto. Esto nuevamente la inmoviliza. Ella está sin palabras porque parece ser muy propensa al miedo escénico.

Ella comportamiento es muy pasivo, así que sugiérale que tome un curso de entrenamiento de asertividad. Ayúdala a aprender a tomar decisiones. Cuando ella es forzada a tomar una decisión, habla con ella en privado y pregúntale: *'¿Qué crees que deberías hacer? ¿Por qué tomaste esa decisión? ¿Qué otras alternativas tienes disponibles?'*

Si usted es el que necesita ella tomar una decisión, proporcione los plazos y consulte con ella en el camino para ver si necesita más información antes de tomar una decisión.

Estos parecen comportamientos bien enraizados que pueden requerir ayuda profesional para superar. Ella es probable que haya tenido algunas situaciones bastante horribles en el pasado que hayan causado la inmovilización.

CAPÍTULO 6
ANCIANOS DIFÍCILES

Cómo personas mayores tratan con retiro

Jubilación puede ser una transición difícil para los adultos mayores en su vida. Si usted entiende lo que ocurre durante la transición, puede ayudarles a lidiar con los muchos cambios que enfrentará.

Las estadísticas ahora muestran que los hombres pueden jubilarse antes y con menos cuidado que las mujeres, porque el 70% de los hombres y solo el cincuenta y uno por ciento de las mujeres tienen planes de pensión. Las mujeres no planean jubilarse o jubilarse tan pronto como los hombres, a menos que estén casadas y sus maridos tengan buenos ingresos. Esto se debe a que las mujeres ingresan tradicionalmente a la fuerza laboral más tarde que los hombres y han acumulado menos en sus fondos de jubilación.

Una tendencia emergente muestra que cuando los esposos se jubilan, muchas de sus esposas deciden permanecer en la fuerza de trabajo. Las razones de las mujeres se relacionan con el dinero (o la falta de éste) seguidas de los beneficios de la médica y pensiónes, su propia satisfacción laboral y sentido de identidad. Puede que el esposo haya estado en la fuerza de trabajo durante cuarenta y cinco años, pero muchas esposas son entre cinco y quince años más jóvenes que sus cónyuges y solo han trabajado durante veinte o veinticinco años. Muchos no están dispuestos a retirarse.

Las mujeres que se casan con hombres mayores o se casan por segunda vez todavía pueden estar en el medio de sus carreras cuando sus maridos se jubilan. Muchos maridos se oponen a la inversión de los roles tradicionales donde sus esposas son el sostén de la familia. Esto puede afectar el ego del hombre y las luchas de poder pueden ocurrir. Las parejas que se están acercando a este hito en sus vidas deben mirar cuidadosamente la agitación que esto podría causar en su relación. ¡Deben tomar medidas para reducir los problemas percibidos, antes de la jubilación!

Las mujeres divorciadas pasan tres años más en la fuerza de trabajo que las mujeres casadas o viudas. Esto muestra que las mujeres generalmente dejan un divorcio peor que los hombres. Las viudas pueden retirar del fondo de pensiones de su marido, así como de los suyos. Lamentablemente, los fondos de pensiones no son tan amables con las mujeres divorciadas. Terminan con solo su propio fondo de pensiones, aunque en su matrimonio, pueden haberse quedado en casa y cuidar a sus hijos durante muchos años. Muchos están exentos de recibir beneficios del fondo de pensiones de su ex cónyuge, pero las leyes han cambiado en muchos países para detener esta injusticia.

Muchos jubilados (especialmente aquellos que igualan su valor con la cantidad que ganan o la cantidad de trabajo que hacen) pueden enfrentar un bajo nivel de autoestima. Pueden perder algo para levantarse, algo que los haga sentir productivos. Alentarlos a mantenerse activos y productivos puede ser el mejor consejo que les podemos dar.

Envejecer

Cuando envejece, ¿va a ser una matriarca vieja, vestido en encaje y dejar la comodidad del sillón sólo para decir y hacer lo que se espera de una anciana? ¿Vas a ser un viejo patriarca, arrastrando los pies en tus zapatillas desde la tienda y todos los días para conseguir un periódico? ¿O vas a hacen alarde de su pelo gris, como él es y vivir la alegría del momento? Una mujer celebra su sexagésimo cumpleaños haciendo sus orejas perforadas y su marido tomaron clases de vuelo. Adultos mayores celebran sus logros de vida y vivir sus días con entusiasmo y alegría o hundirse en la desesperación acerca de las oportunidades perdidas y limitaciones físicas y sociales del envejecimiento en una sociedad orientada a la juventud.

La mayoría de nosotros tenemos una imagen del anciano cada vez más irritable a medida que pasan los años porque constantemente critica a los miembros de su familia por ser y vivir de una manera diferente. A menudo su felicidad está vinculada a otras acciones. Finalmente, hay suficiente tiempo en un día para hacer todas las cosas que querían hacer, pero no parecen tener el impulso de hacerlo. Desafortunadamente, muchos han vivido su vida adulta siendo productivos y es extremadamente difícil no ser productivo.

Sin embargo, esto no significa que pueden funcionar sin tener que levantarse algo. Si las personas mayores no tienen algo por lo que levantarse, pronto se marchitan y se marchitan. Muchos mueren demasiado jóvenes y no tiene nada que ver con su edad; se relaciona con la edad que sienten tener.

Aprender a redirigir la energía para actividades y nuevas funciones mantiene los jugos mentales y físicos que fluye. Permite a mayores para centrarse en el camino de la vida – no en el destino. Incluso pequeños cambios pueden añadir una emocionante calidad de vida y les impide vivir en el pasado por probar un nuevo alimento - viajar en un autobús a un destino diferente - aprender un nuevo arte. Voluntario de ahora que tienen tiempo - compartir experiencias con amigos - contar a sus nietos experiencias tenían como un niño. Sin importar las circunstancias, es posible disfrutar del viaje hasta el final.

Libres y felices, las personas mayores no encajan en el estereotipo social del antiguo solo y debilitado. Muchos han sobrevivido a guerras mundiales y las depresiones, son personas muy capaces y subestimar sus capacidades. Algunos todavía están tomando cursos en la Universidad, senderismo y natación. Asistir a los juegos, conciertos, salir a cenar e incluso amor rock & roll. Otros comienzan cosas nuevas – como aprender a tocar el piano.

Karla es una de estas personas mayores. Ella admite que ser enfermera es una profesión de dar, pero recibió muy poco a cambio. Ahora que está jubilada, se describe a sí misma como una persona solitaria y necesita mucho tiempo para sí misma. Karla es típica de un número creciente de personas mayores que protegen su privacidad, independencia y libertad como Rottweilers. Viven solos y les encanta. Los niños y nietos bien intencionados están preocupados, pero tienen poca necesidad de serlo.

Ella valora demasiado su independencia y privacidad. Ella también cree que sus hijos tienen derecho a vivir solos, sin que una madre se cierna sobre ellos.

Aquí están los ingredientes esenciales para un solo senior feliz:

Salud: no es necesario tener un cuerpo sueco de setenta años, suficiente fuerza física para pasar el día solo o con la ayuda de amas de casa, personal de limpieza o familiares serviciales.

Dinero: El gran nivelador. Si tienen dinero, pueden vivir en cualquier lugar y de cualquier forma que quieran.

Vivienda asequible: la vivienda asequible ahora es difícil de encontrar. Este es el principal gasto y la mayor preocupación para los ancianos, especialmente las mujeres solteras y ancianas, que constituyen el segundo segmento más grande de la población que vive en la pobreza. La vivienda debe estar cerca de los servicios y recursos para que no tengan que tomar un taxi hasta la tienda de comestibles. La economía puede obligarlos a vivir con hijos e hijas.

Apoyo social: la mayoría de los países tiene una impresionante variedad de servicios sociales para personas mayores. Recursos tales como comidas sobre ruedas y otros servicios de cuidado en el hogar hacen la vida más fácil.

Apoyo emocional: en realidad no importa quién es usted: un miembro de la familia, un viejo amigo o un vecino empático. Alguien tiene que preocuparse si se levanta de la cama todos los días.

Participación de la comunidad: los que prosperan son aquellos que pertenecen a una comunidad de pares activa: una iglesia, un club sénior o una comunidad de viviendas.

Pasatiempos y actividades intelectuales: ¿el Tenis? ¿Bingo? ¿Bolera de césped? ¿Cerámica? No del todo. Participación de la comunidad y voluntario-ism, Universidad o fitness cursos, viajes, escritura y entretenido son los pasatiempos más comunes de la tercera edad activa.

Memoria

Un anciano hace una llamada telefónica y cuando la persona contesta la llamada, dicen: *'Lo siento, he olvidado a quién estoy llamando. ¿Puede decirme el nombre de la compañía por favor?'* Escenas como esta se están convirtiendo en común a medida que las personas entran en sus últimos años. Sin embargo, otro par de anteojos se extravía. Se envían más y más saludos de cumpleaños tardíos. Piezas importantes de papel - algunas, de hecho, listas de cosas que no hay que olvidar - sentarse recogiendo polvo en lugares especiales que de alguna manera han escapado de su memoria. Con ellos van los nombres de los que conocimos ayer y de gente que conocemos desde que nuestro pelo era su color original.

La mayoría de las personas experimentarán pérdida de memoria y, si podemos hacer algo al respecto, deberíamos hacerlo. En una época en que la enfermedad de Alzheimer recibe tanta publicidad, la ansiedad acerca de la pérdida de memoria es muy común. Ya sea que estén o no de acuerdo con la inevitabilidad de la pérdida de memoria con la edad, los expertos dicen que hay formas de desarrollar el recuerdo de una persona.

Aquí hay algunas cosas para probar:

- Cuando conoces a una persona, asegúrese de repetir tan a menudo como tres veces su nombre.
- Noventa por ciento de la función de memoria es visual. Personas que son visuales están por delante. Aquí es una manera de ejercitar tu memoria visual. Elegir una foto detallada de una revista y examinar de cerca de 30 segundos. Luego cubrir la foto y lista de todo lo que pueda recordar. Después de unos pocos ensayos con diferentes imágenes, es probable que mejore tu memoria visual.
- Estimular su imaginación. La televisión es uno de los mayores enemigos de la memoria. Lectura de un libro da palabras y tienes que imaginar cuadros para ir con ella. Dando fotos y palabras, la televisión quita que el factor imaginativo.
- Si no puede recordar algo que quieras - trate de no sentirse culpable. Cuanto antes su nivel de ansiedad baja, volverán a los recuerdos de antes.

Jubilación anticipada

'Nunca soñé que mi trabajo estaba en peligro. Durante mis cinco años como gerente de oficina, no escuché nada más que elogios por mi trabajo. La semana pasada, sin embargo, él me dejó ir. Mi jefe dice que las ventas han bajado tanto que no pueden pagar mi salario. Todavía me pregunto por qué no lo vi venir. Tengo cincuenta y dos años. ¿Quién me contratará a mi edad? Perdí más que mi fondo de jubilación: perdí la fe en que el trabajo duro compensa y he perdido parte de mi identidad.'

Wendy se sintió entumecida y pasó por el escenario de, 'Esto no me puede estar pasando a mí'. Luego ella sintió pánica: se imaginó que su casa estaba a la venta y que se encontraba en la indigencia. Entonces ella se sintió enojada. *'Después de todo mi arduo trabajo, el desempleo es una recompensa cruel.'* Al pasar el proceso de duelo, luego se sintió deprimida. *'¿Por qué molestarse en enviar más curriculums? Nadie va a responder.'* Finalmente llegó la aceptación donde ella gradualmente llegó a un acuerdo con lo que había sucedido. Se sentó y revisó sus finanzas en serio y se dio cuenta de que tenía la pensión de su esposo y que su casa había sido pagada. Si trabajara solo a tiempo parcial, podría gestionar hasta que pudiera jubilarse anticipadamente y vivir de sus propios fondos de pensiones. Las cosas no eran tan malas ella como pensaba y si se apretaba un poco el cinturón, podría arreglárselas.

Algunas compañías ofrecen jubilación anticipada a personas de alrededor de cincuenta años. Si la gente ha planificado la jubilación y los paquetes son buenos, no hay problema. Sin embargo, si los paquetes son pequeños y no se han preparado, es posible que no consigan un trabajo en otro lado o que no tengan suficiente dinero para hacer las cosas que les gustan, puede ser muy difícil para el individuo.

Algunos programas de jubilación anticipada producen emociones negativas que pueden llevar a un aumento en el suicidio. El desempleo puede llevar a la pérdida del empleo, la seguridad de los ingresos y el prestigio en la comunidad o el mundo de los negocios. Cuando vemos una serie de pérdidas acumuladas en una persona, vemos un aumento en el suicidio. La sociedad lo menciona mucho más temprano si saca a la gente del campo del empleo y dice: *'Ya no eres bueno, así que no te necesitamos.'*

Parte de la atención se centra en los suicidios de adolescentes porque son un grupo de alto riesgo, pero un enfoque similar no ha sido tan evidente en un grupo similar de alto riesgo: el suicidio entre los ancianos. Las personas de más de sesenta y cinco años representan el diez por ciento de la población, pero representan entre el quince y el veinte por ciento de los suicidios.

A veces las personas mayores pueden ser difíciles de manejar, especialmente cuando se están produciendo muchos cambios. Muy a menudo no oyen ni ven tan bien y muchos sufren serios problemas de salud.

Considere lo molesto que es para un niño de ocho años que alguien le hable como si fuera un niño pequeño o una persona con una discapacidad mental. Cuando otros les hacen esto, toman represalias. Y lo que es peor, otros les gritan y suponen que son sordos. Se ven obligados a bajar el volumen de sus audífonos (les duelen los oídos). Muchos olvidan que quienes tienen problemas de audición generalmente usan audífonos. No suponga automáticamente que solo porque una persona tiene el pelo blanco, debe subir el volumen.

La mayoría de nosotros somos sensibles al clima, pero con la edad, el cuerpo se vuelve menos capaz de responder a la exposición prolongada al calor o al frío. Muchos sienten el frío más durante la noche cuando sus cuerpos están en un modo de descanso; así que use calcetines a la cama por la noche y requieren mantas más cálidas. En climas fríos, algunas personas mayores pueden desarrollar hipotermia accidental, una caída en la temperatura interna del cuerpo (por debajo de 35 grados centígrados) que puede ser fatal si no se detecta y trata con prontitud. En climas calurosos y húmedos, una acumulación de calor corporal puede causar un golpe de calor o un agotamiento por calor (temperatura corporal de 40 grados centígrados o más) especialmente aquellos ancianos que tienen problemas cardíacos y circulatorios o diabetes.

¡Estoy tan solo!

'Mi hermana de sesenta y siete años está tan sola que solo llora y espera morir. ¿Cómo puedo ayudarla?'

Recuerde la calcomanía de parachoques de hace unos años: *'¿Has abrazado a tu hijo hoy?'* Bueno, podría ser ahora, *'¿Telefoneaste a tus padres hoy?'* Ellos están deseando que llegue. Una pequeña llamada de vez en cuando para decir: *'Mamá / papá, ¿cómo estás hoy?'* y tener una pequeña charla, es todo lo que tomaría. Todos deben tener relaciones significativas y seguras con otros seres humanos. Si no, pueden sentir una tremenda tristeza, un sentimiento que a nadie le importa y sentimientos de impotencia. Creen que nadie se preocupa por ellos o entiende y expresa temor y preocupaciones de que sus familias ya no los aman. Aunque no parece haber mucha evidencia de ello, todavía se sienten de esa manera.

Por otro lado, si son los ancianos solitarios cuyos hijos nunca llaman, realmente no hay necesidad de permanecer solo. Si no pueden salir para conocer gente, hay personas que vendrán a su casa para reunirse con tu, sentarse y conversar un rato. No son esos chicos a los que tu extrañan tanto, pero siguen siendo personas maravillosas.

Después de la jubilación, una mujer sintió la necesidad de hacer algo fuera del hogar, por lo que se puso en contacto con el grupo de alcance de un adulto mayor y decidió hacer algo por sí misma haciendo algo por los demás. La pusieron en contacto con dos personas mayores que necesitaban visitas. Uno no podía escuchar muy bien y estaba ciego y el otro estaba lisiado con osteoartritis. ¿Por qué ella fue voluntaria? *'Hay mucho más en la vida que jugar al bingo,'* ella dijo. *'Cuando das de ti mismo, obtienes mucho de vuelta. Todos nosotros tenemos una cruz para soportar o una montaña para escalar y si tienes a alguien con quien escalar, es mucho más fácil. Los llamo todos los días y significa mucho, porque sus teléfonos probablemente no habrían sonado por días.'*

Animar a su hermana para ser voluntario o unirse a grupos para la tercera edad para que tenga la empresa que ella necesita para seguir con vida.

Abuelos

Amar a los abuelos puede tener un profundo impacto en sus nietos. Muchos nietos han llegado a decir que, si no hubiera sido por sus abuelos cariñosos y comprensivos, no saben cómo habrían llegado tan lejos en la vida. Algunos han sentido un vínculo más profundo con un abuelo que con sus padres.

Los abuelos tienen tres recursos únicos que pueden ser regalos especiales para los hijos de sus hijos: tiempo, sabiduría y amor incondicional. Para que esto funcione, sin embargo, el factor crítico es la libertad de elección de los abuelos. Desafortunadamente, algunos padres se aprovechan de sus propios padres para criar a sus hijos y abusan del privilegio de tener abuelos cerca. Hay una posibilidad mucho mayor de que los abuelos ofrezcan voluntariamente sus habilidades de cuidado de niños, en lugar de esperar que se les pregunte. Los niños sabios preguntarán a los abuelos cuándo les gustaría pasar tiempo con sus nietos, y no esperarán que estén disponibles cada vez que los necesiten.

Algunos abuelos no eran particularmente buenos padres, pero se convirtieron en notables buenos abuelos. Aprendieron de sus errores y los suavizaron a través de los años. El hombre que ignora principalmente a sus hijos resulta ser un abuelo cariñoso, que pasea a los bebés por hora, se burla y juega con ellos para asombro de todos.

Algunos abuelos convencerán a sus nietos de su genuino amor y preocupación y suavemente detendrán lo que es realmente dañino y favorecerán lo bueno a largo plazo. El niño sabe que su amor es profundo y genuino.

Algunos padres, a menudo sin darse cuenta, tienen algunas inseguridades sin resolver. En consecuencia, pueden establecer expectativas y demandas sobre sus hijos jóvenes que transmiten esos patrones de inseguridad. Los abuelos pueden proporcionar la guía que puede compensar estas inseguridades. Desafortunadamente, muchos abuelos viven lejos de sus nietos, por lo que es posible que no puedan vincularse con ellos tan bien como les gustaría, pero aún pueden hacerlo por correo postal, correo electrónico y visitas reales.

Abuelos, han tenido que adaptarse a lo cambio en los roles tradicionales. Ahora tienen unidades familiares como hijos, hijastros, padres y padrastros y todos los problemas que acompañan a esas relaciones. Con cuarenta por ciento de los matrimonios terminan en divorcio, está cambiando el papel de los abuelos. Es lamentable que algunos abuelos pierden el contacto con sus nietos cuando un padre se muda o un suegro estranged no deja abuelos tienen acceso a los niños.

Otros abuelos encuentran lo opuesto y se encuentran de nuevo en el papel de crianza que sentían que había terminado cuando sus hijos crecieron. Estos abuelos se encuentran en el medio de la rutina de dejar y recoger cuando el padre con custodia necesita cuidado económico o cuidado después de la escuela de sus hijos. En muchas culturas, las familias extendidas son la norma y los abuelos brindan esta atención, ya sea que los padres se divorcien o permanezcan juntos. Sin embargo, en la mayoría de las sociedades modernas, esto simplemente no es una opción debido a la distancia entre los abuelos, sus hijos y nietos.

Las vacaciones son especialmente difíciles para los abuelos de las familias reconstituidas divorciadas o extendidas. Los abuelos pueden encontrarse en el medio, cuando el padre que tiene la custodia se vuelve a casar. Puede que realmente no les guste el nuevo padre y se encuentren contendiendo con los hijos del nuevo cónyuge, así como con sus propios nietos. Estos son algunos consejos sobre cómo suavizar las aguas durante las vacaciones cuando las reuniones familiares reúnen a grupos familiares mixtos:

1. Mantenga sus sentimientos negativos de incomodidad, celos (o lo que sea) bajo control.
2. No exagere y trate demasiado. Como un grupo familiar tarda cinco años en hacer clic, no esperes milagros. Acepta a las personas por lo que son, no por lo que quieres que sean.
3. Estar dispuesto a comprometerse con las necesidades de todo el grupo.
4. Trate de determinar la hora de las visitas mucho antes de las vacaciones.

Manejo de un ataque al corazón

'El hermano de mi esposo, de 67 años, sufrió un ataque al corazón el mes pasado. Se está recuperando muy bien, pero su ataque al corazón ha obstaculizado seriamente mi propia vida sexual. Verás, su hermano había estado haciendo el amor con su esposa cuando el tuvo su ataque al corazón. Mi esposo es solo un par de años más joven que su hermano y tiene presión arterial alta, por lo que es muy reacio a tener sexo conmigo.'

Un estudio médico reciente confirma que es muy poco probable que la actividad sexual conduzca a un ataque cardíaco. El sexo es casi tan arriesgado como enojarse o despertarse por la mañana. El ejercicio intenso puede ser tres veces más riesgos que cualquiera de esas actividades. Y el sexo no aumentó el riesgo de ataque al corazón entre pacientes que regularmente tenían relaciones sexuales. Otro estudio dice que los hombres que murieron de ataques al corazón durante las relaciones sexuales tenían más probabilidades de estar con alguien que no sean sus esposas. El elemento de peligro aparentemente era más de lo que el corazón podía manejar.

'El mes pasado, mi esposa tuvo un ataque al corazón. Ahora está en casa, pero me doy cuenta de que no duermo bien por la noche. No hablé con ella al respecto, pero me temo que una mañana la encontraré muerta en la cama junto a mí.'

Esto es comprensible dadas las circunstancias. Hable con su médico para ver cómo es realmente y si su temor está garantizado. Haga un curso de RCP (reanimación pulmonar coronaria) para que pueda tomar medidas si tiene otro ataque cardíaco. Luego, si es necesario, puede hacer lo mejor para salvarla ellamientras espera a los asistentes de la ambulancia.

Si debe dejar solo a su cónyuge, incluso durante períodos cortos de tiempo, puede obtener un sistema de alerta que use alrededor de su cuello que puede convocar ayuda en segundos. Esto no solo te hará sentir mejor, sino que también ayudará a tu esposa a tener más control si ella tienes otra emergencia.

Mensajes no verbales de los ancianos

Si tuviera que visitar el hogar de ancianos promedio, probablemente encontrará:

- Aquellos que están postrados en cama a menudo pasan sus manos sobre sus mantas o,
- Aquellos que son más móviles pasan sus manos sobre una silla de terciopelo u otro material blando.

Muchas personas mayores pierden el lujo de ser tocados por otros. En los hogares de ancianos, los pacientes reciben atención del personal, pero ¿con qué frecuencia alguien los toca amorosamente? Cuando familiares y amigos vienen de visita, muchos no se dan cuenta de lo importante que es para ellos tomarse de la mano de la persona, tocar sus brazos o darles un abrazo para demostrar que ellos son importantes.

Todos tenemos una necesidad permanente de amar tocar y cuidar a los demás. Si una persona mayor se pone irritable o triste, una de las razones podría ser que esta necesidad de vida está ausente en sus vidas.

'A menudo visito a mi madre en la casa de retiro. Por alguna razón, me siento muy nervioso cuando estoy cerca de uno de los residentes masculinos, pero no entiendo por qué. Él parece estar bien, pero algo en mí me dice que tenga cuidado con él. ¿Qué está sucediendo para causar esta reacción?'

A veces, cuando leemos el lenguaje corporal de otra persona, entra en juego otra habilidad de comunicación no verbal. Las mujeres llaman a esto intuición. La mayoría de los hombres tiene la sensación de que algo anda mal. De repente, tienen la sensación de que realmente deberían o no deberían hacer algo, aunque no pueden identificar por qué se sienten así. Intentan encontrar hechos para explicar sus sentimientos, pero a menudo no pueden.

Muchos de nosotros nos burlamos de este destello de información y descartamos nuestros sentimientos intuitivos porque no podemos encontrar ningún hecho que respalde nuestras reacciones. Por ejemplo, te encuentras de repente sintiéndote incómodo con otra persona. Tu incluso puede sentirse amenazado y, sin embargo, cuando examina conscientemente a la persona, no puede determinar por qué siente su malestar.

Tuve este fenómeno explicado de esta manera. Nuestro cerebro consciente (que yo llamo el software de computadora de mi cerebro) mantiene datos actualizados disponibles para una referencia fácil. Nuestro cerebro subconsciente (nuestro disco duro) es muy superior al cerebro consciente porque contiene todos nuestros recuerdos, aquellos que recordamos conscientemente y aquellos que están enterrados en los recovecos de nuestras mentes.

¿Deberías estar escuchando tus sentimientos intuitivos? ¡Por supuesto, deberías! Cuando la intuición te dice algo, escucha, porque rara vez está mal. Probablemente puedas recordar cuando algo sobre una persona te molestó y tus instintos te dijeron que tengas cuidado. Puede o no haber escuchado estos instintos y probablemente haya sufrido las consecuencias.

La única vez que no obedecí mis sentimientos intuitivos fue cuando sentí una aversión inmediata hacia una persona. Después de regresar y analizar por qué me sentía así, me di cuenta de que esta persona se parecía físicamente a otra persona que no me gustaba y desconfiaba. Al desactivar mis sentimientos intuitivos, aprendí que la persona estaba bien.

Recuerdo un incidente cuando mi intuición estaba en alerta máxima. Mientras conducía, estaba pasando por algunos autos estacionados y creí ver un movimiento frente a uno de ellos, pero cuando me acerqué no vi nada. Sin embargo, sentí la necesidad de detenerme y verificar. Lo que descubrí me ha perseguido durante años: ¡Lo que vi arrastrándose detrás del automóvil estacionado (y hubiera estado justo delante de mis ruedas si hubiera continuado) era un bebé que se arrastra por la carretera! Puse mis luces de emergencia e intenté determinar de dónde venía el bebé. Vi una acera que conducía a las escaleras y una puerta abierta a una casa. Recogí al bebé y fui a la puerta, toqué el timbre y fui saludada por una joven que me miraba sosteniendo a su bebé y me preguntó: *'¿Qué estás haciendo con mi bebé?'*

Señalé mi auto y le expliqué lo que había sucedido. Me dio las gracias profusamente y me prometió cerrar la puerta para que el bebé no pudiera escabullirse de nuevo.

Con respecto a sus sentimientos intuitivos, puede hablar con el personal de enfermería en la casa de retiro para explicarle sus sentimientos acerca del hombre y ver si sus sentimientos sobre este hombre están justificados.

Aprendiendo una nueva habilidad

Las personas mayores pueden tener problemas para aprender a realizar nuevas tareas. Al enseñarle a alguien una nueva habilidad (por ejemplo, cómo administrar un elevador de silla de ruedas para un amigo discapacitado), es posible que se encuentre con serias objeciones. Poder enseñar a otros requiere talento y perseverancia. Usar paráfrasis te ayudará a implantar información. Saber que las personas pasan por cuatro etapas definidas cuando aprendan algo nuevo podría ayudar.

Estas cuatro etapas son:

a) Aquí es donde la persona ni siquiera es consciente de que carecen de la habilidad. (Puede que no hayan sido conscientes de que hay un elemento como un ascensor para sillas de ruedas).

b) La persona es consciente de que carecen de la habilidad. (Ellos saben que no han aprendido a manejar un elevador de silla de ruedas).

c) La persona ahora conoce las técnicas de la habilidad, pero tiene que detenerse y pensar antes de reaccionar. (*'Déjame pensar, ¿tienes que asegurarte de que la rampa esté baja antes de presionar este botón?'*)
d) La habilidad ahora está bien establecida y es automática. La persona probablemente no piensa en lo que está haciendo - s está en "*piloto automático*".

Es bueno recordar que necesita una persona joven, seis semanas para "*encerrar*" cómo hacer una nueva manera y hasta tres meses para encerrarse y hacer algo diferente. En los ancianos, esto posiblemente puede tomar el doble de tiempo. Se paciente.

Las personas de todas las edades son resistentes al cambio, pero las personas mayores son las más resistentes. Es cómodo hacer las cosas a la "*vieja*" manera y muchos temen que no tendrán éxito en hacer las cosas de una manera nueva. Por ejemplo, a medida que crecen sus hijos, las parejas descubren que su hogar es demasiado grande, pero que son reacios a moverse. Otros están deshabilitados y otros tienen que adaptarse a la vida sin su pareja. Estas situaciones pueden ser atemorizantes, porque implican cambios. Estos cambios van desde encontrar un hogar más pequeño hasta encontrar un supermercado cercano para hacer sus compras.

La gente pasa por cuatro etapas básicas cuando se ven obligados a cambiar algo que hacen. Hay una considerable tentación de deslizarse en hacer las cosas a la antigua usanza. Conocer estas etapas puede ayudarlos a mantenerse en el buen camino.

Estas cuatro etapas son:

1. **La vieja manera**: esto sucede cuando las personas dejan de hacer algo regularmente, lo que permite a la persona aceptar nuevas ideas. Esto implica la ruptura de las viejas formas de hacer las cosas y puede implicar costumbres y tradiciones.

2. **Cambiand**o: Esto proporciona un nuevo patrón de comportamiento e identifica una nueva forma de hacer algo. Por ejemplo, a un hombre le gustaría hacer las compras de su vecino, en lugar de que su vecino camine varias cuadras llevando comida. Él puede toparse con la resistencia. Para superar la resistencia del vecino a su oferta, tendría que identificar las fuerzas motrices y restrictivas para el cambio. Él Debe estar preparado para cualquier objeción que espere que haga su vecino sobre sus intentos de ayudarlo.

3. **Cambiando**: la nueva idea reemplaza a la anterior y la nueva se "*congela*" para que la persona no tenga la tentación de regresar al modo

anterior. Un tipo duro intentará hacerlo de nuevo a la "*vieja usanza*", así que ten cuidado de no volver a la rutina anterior.

4. **Compromiso**: las personas están listas para hacer planes que utilicen la nueva forma.

¡La persona ya no es importante!

Levantarse por la mañana es una tarea para muchos adultos mayores. Las causas principales son que sienten que no tienen ningún significado para sus vidas, no tienen nada que hacer y no tienen nada para alentar la acción. La depresión es a menudo el resultado.

Depresión - desencadena otras respuestas. Las personas repentinamente sienten cada achaques y dolor que puede aparecer en discapacidades severas. La vida adquiere un significado especial cuando las personas mayores les gusta lo que están haciendo y tienen una buena relación con sus amigos y familiares. Raramente se quejan de sus achaques.

Las personas mayores felices son personas mayores ocupadas. Esta actividad mental y física se traduce en una mejor salud física y mental que inevitablemente elimina la mayoría de los dolores diarios que afectan a los ancianos. La sociedad está haciendo un esfuerzo considerable para mantener a las personas mayores activas, felices y productivas. Las personas más jóvenes son empleadas en áreas recreativas y de viaje, y sus ocupaciones serán cada vez más valiosas. Esto se debe al creciente porcentaje de personas mayores que viven y disfrutan su jubilación.

Vive en el pasado

Muchas personas mayores viven en el pasado. Ellos hablar durante horas sobre su infancia, pero no pueden prestar la atención necesaria para vivir en el presente. Algunos creen que su pasado siempre influirá en lo que ocurra en su futuro. Ellos Puede usar esto como una excusa para evitar cambiar su comportamiento.

Muchas personas en este grupo dicen: *'Soy demasiado viejo ... No lo suficientemente inteligente... No soy bueno en eso.'* Estas personas dicen: 'Soy un producto terminado en este sector y nunca seré diferente'.

Háblales e identifica lo que los ves haciéndose a sí mismos. Pídales su permiso para llamar su atención cuando los escuche despreciar a sí mismos o vivir en el pasado.

Si no logran lo que esperan de la vida, deben consolarse a sí mismos de que nunca es demasiado tarde para que cambien las condiciones. Aunque pueden haber perdido algunas oportunidades durante su juventud, cada etapa de la vida proporciona una compensación a quienes las buscan. Solo necesitan fe de que todo estará bien. En lugar de vivir en el pasado, aliéntelos a concentrar su energía en construir una vida mejor y más feliz para ellos y aprovechar al máximo sus buenos tiempos actuales.

Si persisten, sugiérales que pongan un elástico holgado alrededor de la muñeca y tire cada vez (¡eso duele!) cada vez que sean atrapados usando este tipo de pensamiento destructivo. Este refuerzo negativo les impedirá vivir en el pasado. Ellos son lo que piensan, ¡así que los alienta a pensar positivamente!

Osteoporosis

'Mi esposa sólo ha sido diagnosticada como teniendo osteoporosis. ¿Qué tan peligroso es esto y hay algo que puede hacer para tratarla?'

Osteoporosis significa literalmente *"huesos porosos"*. A través de la gradual reducción y debilitamiento, huesos que una vez fueron fuertes se convierten en más ligero y más frágil. En edades avanzadas, los huesos se asemejan a un panal de miel con cordones.

La osteoporosis puede afectar a cualquier adulto, pero es más común y mucho más grave en las mujeres. Por esta razón, todas las mujeres deben prestar especial atención a los cambios que sufren sus cuerpos a medida que envejecen. Una de cada cuatro mujeres mayores de 60 años se ve afectada por este trastorno. Debido a que se desarrolla en silencio y generalmente sin dolor durante varios años, puede pasar desapercibido hasta que se rompan algunos huesos. Las mujeres esbeltas que tienen complexiones justas y tienen marcos pequeños son más susceptibles que las personas más grandes y pesadas o si tienen antecedentes familiares de osteoporosis. La pérdida de altura o los huesos rotos son generalmente los primeros signos reales de este trastorno. La *"joroba de la viuda"* o el jorobado a menudo acompañan a la osteoporosis.

Aquellos que lamentan el hecho de que su cabello se haya vuelto gris demasiado pronto, pueden tener algo más que estético de qué preocuparse. El encanecimiento prematuro podría ser un signo de osteoporosis. Un estudio de hombres y mujeres realizado por investigadores estadounidenses descubrió que aquellos con envejecimiento prematuro (su cabello se había vuelto gris más del cincuenta por ciento a los cuarenta) que no tenían otros factores de riesgo para la identificación, tenían 4.4 veces más probabilidades de tener osteoporosis que aquellos que no fueron prematuramente grises. Los investigadores sugieren que es posible que un gen de envejecimiento prematuro pueda estar adyacente o relacionado con el gen que determina la masa máxima del hueso.

Es una observación interesante: un factor de riesgo adicional a tener en cuenta al determinar el riesgo de osteoporosis.

Ningún tratamiento excepto la prevención puede reducir la aparición de la osteoporosis. Sin embargo, su esposa debe ser alentada a aumentar su ingesta de calcio consumiendo productos lácteos, vegetales frondosos verdes oscuros y salmón, sardinas y ostras. Para disminuir la tasa de pérdida ósea, su médico puede recomendar un suplemento de estrógeno y el ejercicio regular como caminar, trotar y montar en bicicleta. Fluoruro puede aumentar la densidad ósea. Una combinación de calcio, vitamina D, estrógeno y flúor se están ensayando con la esperanza de encontrar una manera de detener la pérdida ósea.

Sticky-iffies (cumplidos ambiguos)

A veces las personas con autoridad o personas mayores pueden ser muy perjudiciales con sus comentarios. Lo hacen dando a los destinatarios comentarios con doble significado. Las iffies pegajosas ocurren cuando comienzan sus comentarios dando un cumplido, luego inmediatamente descartan su afirmación positiva al agregar algo negativo. Esto cancela por completo el cumplido y hace que la persona se sienta herida.

Otros usan insultos disfrazados o son obvios que pretenden herir. Por ejemplo:

- *'Eres casi tan bonita como tu hermana.'*
- *'Cada vez que tomo un taxi, siempre hay personas de Asia que conducen. ¿No pueden las personas encontrar otra cosa que hacer excepto conducir un taxi?'*
- *'Estás ganando un buen salario para una mujer.'*
- *'Eres muy fuerte para un hombre de tu talla.'*

Tratándose de estas personas utilizar la siguiente fórmula:

Haga una pregunta abierta (una que no pueda responderse con *"sí"* o *"no"*). Un ejemplo relacionado con declaraciones discriminatorias con respecto a la edad:

Dicen: *'Eres demasiado joven para ser un supervisor.'*

Usted dice: *'Siento que llené los requisitos para el puesto que tengo. Tengo seis años de experiencia en este departamento; Tengo una B.A. y he completado la capacitación supervisora proporcionada por nuestra empresa. ¿Qué otros prerrequisitos crees que necesito para ocupar mi posición?'*

Tono de voz es muy importante en estos intercambios. Su voz no debe mostrar actitud defensiva, sino mostrar que eres como hechos. Esto inicia un diálogo donde usted puede discutir los hechos en lugar de mostrar emociones.

Un ejemplo referente a insultos raciales: ellos dicen, *'Cada vez que tomo un taxi, siempre es gente de Asia que está conduciendo. ¿No gente encuentra cualquier otra cosa excepto taxis en coche?'*

Diga: *'Sientes que las personas en Asia deberían tener trabajos que no sean conducir un taxi. Me doy cuenta de por qué deberías creer esto. Mucha gente en mi país tiene que obtener educación adicional para trabajar en sus ocupaciones habituales. Estoy tomando cursos de la Universidad y pronto estaré trabajando en mi tipo normal de trabajo. ¿Qué tipo de cursos especiales tomaste para trabajar en tu tipo de trabajo?'*

Un ejemplo de género: dicen: *'Estás ganando un buen salario para una mujer.'*

Usted dice, *'¿Crees que las mujeres deberían ganar menos que los hombres?'*

Ellos dicen, *'Sí, lo hago.'*

Usted dice: *'Aprecio lo que estás diciendo. Creo que las mujeres merecen la misma oportunidad de ganar el mismo tipo de salario que los hombres. Las mujeres pagan la renta como hombres, pagan lo mismo por alimentos que los hombres, y definitivamente pagan impuestos como los hombres. ¿Cuáles son las razones de su creencia de que las mujeres deberían ganar menos que los hombres?'*

Use esta técnica para comentarios dudosos o humillaciones obvias.

Actitud condescendiente

'¿Cómo debo tratar con las personas mayores que son condescendientes conmigo, me tratan como la suciedad? Mi vecino de al lado es muy grosero conmigo. Cuando mi esposo y yo estamos en nuestro patio trasero, él actúa como si yo no estuviera allí y dirige todos sus comentarios a mi esposo. Cuando él me habla, me da la impresión de que, como soy ama de casa, no sé nada.'

Este tipo de persona no está muy seguro de sí mismo. Intentan desanimarte, para sentirse más importantes. Pueden o no usar sarcasmo para hacer esto. Apague su mecanismo de defensa y trate de sorprenderlo con su conocimiento del tema.

Si todo falla otra, enfrentarse a él diciendo, *'Cuando usted y Jim estaban discutiendo la crisis de Medio Oriente y mencioné que sólo había oído un anuncio en la radio sobre los últimos acontecimientos, inmediatamente cambió el tema. Has hecho esto en varias de nuestras conversaciones anteriores. Esto me hizo sentir que pensaste lo que tenía que decir no era importante. Me puedes decir ¿por qué hiciste eso?'*

Esto es bastante conflictivo, pero este tipo de persona a veces necesita una demostración de poder para hacer que presten atención. Si él toma represalias con, *'¿Por qué eres tan sensible?'*

Responda, *'¿Cómo reaccionarías si alguien te hiciera eso?'*

Cualquier cosa que responda, diga: *'Tendré que recordar la próxima vez que sea grosero conmigo,'* y termine la conversación. Date cuenta de que tienes el control de la situación (no importa lo que muestre tu actitud). No dejes que el te haga perder los estribos.

Pregúntese si esta persona vale la pena la agravación de la exposición continua.

Afligido

'La esposa de mi vecino murió hace poco y su esposo está teniendo un momento terrible para adaptarse a ella muerte. Aunque el se encuentra en buena forma física, está sufriendo emocionalmente, ¿cómo puede nuestra familia ayudarlo a superar esto?'

La muerte a menudo es el peor trauma psicológico que las personas enfrentarán. Aquellos que tienen que lidiar con una muerte pueden sentir dolor y depresión. Hay una diferencia entre la tristeza y la depresión; La depresión es un diagnóstico médico y el dolor es un proceso natural de crecimiento y si trata de evitar el dolor, está deprimido. El dolor no es un evento específico. Un funeral es un evento específico; algo que sucede en un día específico en un momento específico con un comienzo y un final. Algunas personas tienen dolor que dura semanas. Algunos tienen dolor que nunca se resuelve. Algunas personas tienen una profunda tristeza, mientras que otras parecen no tener dolor en comparación. Hay una diferencia de puntos y un largo proceso de dolor que es en gran medida una reacción individual.

La mayoría de nosotros no sabemos cómo consolar a un amigo afligido. Primero presta atención a lo que dicen tus instintos. Si su primer impulso es llamar o visitar, no se resista por temor a invadir la privacidad. Él probablemente apreciará tu preocupación. Hágale saber cuánto lo siente, pero no use frases como *'Sé exactamente cómo se siente,'* a menos que haya perdido a un ser querido recientemente.

Tratando con parientes difíciles y en leyes

Escucha atentamente lo que dice. Si él revela que no sabe cómo pasará los días sin su ser querido, resista el deseo de alentarlo o aconsejarlo. Él necesita la oportunidad de hablar sobre sus preocupaciones y tener a alguien allí para compartir esas preocupaciones.

Resista diciendo *'No te sientas así.'* O *'Este sentimiento es solo temporal, la situación mejorará con el tiempo'*. Muchas personas afligidas sienten que deberían haber hecho algo para evitar la muerte del ser querido, por lo que hay un elemento de culpa. Decirle que sus sentimientos están equivocados solo puede hacerlo enterrar sus sentimientos en lugar de resolverlos.

La gente sufre, no solo porque un amigo o miembro de la familia ha muerto, sino por pérdidas graves. Sufren porque un buen amigo se va; son despedidos o despedidos de un trabajo que aman; cuando pierden una extremidad, su vista o su oído; tener un desastre financiero; romper una relación romántica; divorciarse o perder la custodia de sus hijos.

El dolor puede ser intenso, pero no importa cuál sea la pérdida, el proceso de duelo sigue siendo el mismo. Lo único que cambia es el grado de dolor que sufre la persona. Las seis etapas del proceso de duelo pueden durar diferentes períodos de tiempo.

Estas etapas son:

- Una abrumadora sensación de pérdida;
- Shock y negación; (*'¡Esto no me puede estar pasando a mí!'*) Incluso si se esperaba la muerte, no pueden creerlo.
- Trastornos emocionales; (cambios de humor y depresión) *'Hay todo tipo de cosas que quería decirte, nunca te lo dije.'*
- Retiro; (lamer sus heridas en soledad).
- Comprensión de la pérdida; (aceptación).
- Esperanza (la vida mejorará).

La muerte es siempre repentina. Sucede en un abrir y cerrar de ojos. No importa la cantidad de advertencia que pueda tener. No importa cuánto sabes o cuán aliviado estás de que la enfermedad haya terminado. Cuando la muerte finalmente sucede, siempre sucede en un latido del corazón. Siempre es repentino - siempre un shock. El primer ciclo de dolor es un ciclo anual. No es nada biológico. Puede que sólo tenga que ver con las cosas sociales - las diversas cosas que marcan el progreso del tiempo a través de un año. Tenemos Navidad y Semana Santa, aniversarios: tenemos todos esos eventos. Y lo que hicimos, tenemos que ajustarnos a ello.

Una de las cosas más difíciles que tiene la gente con el dolor es expresar su enojo. No quieren hablar mal de los muertos. Algunos están muy enojados porque la persona murió antes de que estuvieran listos para que suceda. Sin embargo, si no reconocen su enojo, simplemente se comerán agujeros en el intestino y les tomará más tiempo superar el ciclo de duelo.

Aquellos que sufren de dolor pueden poner barricadas para ocultar sus sentimientos de otros y pueden necesitar tranquilizadoras palabras antes de que te dejan otros consolarlos físicamente. Por ejemplo: en un funeral, un amigo cercano de la familia trata de consolar a la persona afligida. Tratar de darle un abrazo a la persona, sino encontrar a la persona rígida e insensible y parece empujarlos lejos. ¿Lo que está pasando aquí? Si estaban ofreciendo condolencias, puede sentir lastima por este aparente signo de rechazo. Se pregunta si debe seguir y mantener su apoyo o debes volver apagado y dejar que la persona a llorar en privado.

Es probable que lo que está sucediendo es que la persona en duelo puede sentirse demasiado vulnerable para confiar en otras personas sus sentimientos. Temen que se *"desmoronarán"* si sienten otra emoción fuerte. Por lo tanto, parece que repelen a otros y eliminan físicamente a otros o permanecen rígidos cuando otros tratan de consolarlos. Si es amigo o pariente, no se dé por vencido: esté atento a los signos no verbales que ellos están listos para usted y que necesitan su comodidad.

En visitas posteriores con la persona, intente de nuevo para ver si están más allá de sus perturbaciones emocionales. Mire el lenguaje corporal y las reacciones. Si percibes que todavía está sufriendo y parece necesitar consuelo, pon tu mano en su brazo. Si él no se aleja, pon tu mano en su hombro. Nuevamente, si él no se aleja, trate de abrazarlo nuevamente y exprese su deseo de consolarlo. Cuando el esté listo para la comodidad, lo mostrará por su reacción. Muchos finalmente pueden comenzar a sollozar y llorar, sabiendo que hay otra persona disponible para ayudarlos a superar su dolor.

Es posible que algunos nunca permitan que otros los consuelen físicamente; No se sienten cómodos con abrazos y demostraciones físicas de afecto. Continúe expresando su apoyo y haga todas esas pequeñas cosas que muestran cuánto se preocupa por ellos. Solo tener tu fuerza cerca podría ser lo que él necesita para progresar durante el proceso de duelo. Nadie debería tener que manejar esta transición solo. Esté allí cuando él lo necesite su.

Desafortunadamente, el 40% de los viudos varones ancianos es probable que mueran dentro de un año de la muerte de su cónyuge. Un estudio de investigación encontró que, si un hombre no se casa dentro de los primeros dos años de perder a su esposa, la muerte es inevitable. Esto se puede atribuir al hecho de que muchos de ellos eran adictos al trabajo y la mujer era su ancla en el mundo exterior. Para muchos hombres, sus esposas eran sus únicos amigos cercanos.

Jóvenes sufren de la temprana muerte de sus parejas a menudo saltan rápidamente en otra relación o matrimonio que a menudo resulta en desastre. Los hombres sufren interiormente y en silencio. Hombres mayores que han perdido a un cónyuge generalmente han perdido a la persona más importante en sus vidas. Tradicionalmente no hablan a nadie sus problemas emocionales que no sea su esposa - si eso. Si pierden a su esposa - que han perdido todo.

Muchos nunca han mirado después de una casa antes y sus esposas generalmente cuidadas el lado social de las cosas, cultivar las relaciones de familia y amigo. El viudo se queda sin saber qué hacer. Algunos hombres encuentran que no hay ningún significado en su vida – entonces renunciar y morir literalmente de un corazón roto.

La mayoría de las mujeres toman hasta cuatro años para llorar a un cónyuge y reajustarse a su nueva vida. Los hombres vuelven más rápido, generalmente porque han dejado de lado su dolor y no se ocupan de su pérdida. Se sumergen en su trabajo y se guardan sus emociones para sí mismos. Están en un estado altamente emocional. Muchas personas tienen problemas o toman nuevos socios que son totalmente diferentes de los que han perdido. Nunca deben hacer nada como mudarse a un nuevo hogar, buscar un nuevo compañero o buscar un nuevo trabajo por lo menos un año después de la muerte de un cónyuge.

Aquí hay algunos pasos que las personas pueden tomar para enfrentar la vida después de la muerte de un cónyuge. Anime a su vecino a hacer lo siguiente:

- Busque apoyo para el duelo a través de un consejero o un grupo de autoayuda.
- Obtener asesoramiento financiero de varias fuentes.
- Busque grupos y actividades que le interesen.
- Desarrollar habilidades de gestión familiar, algunos hombres toman clases de cocina que pueden tener beneficios sociales adicionales.
- Póngase en contacto con su centro comunitario o unidad de salud local más cercano y pregunte acerca de cómo participar en los programas de bienestar.
- Permítase *"perder el tiempo"* - saborear el placer del presente y vivir el momento.
- Sé bueno contigo mismo y disfruta de un día de golf, una noche en un juego o una cena con un amigo.

Enfermedad de Alzheimer

'Estoy seguro de que mi vecino (que vive solo) tiene la enfermedad de Alzheimer. Ella está mostrando comportamiento inusual y estoy preocupado por su bienestar. Ella parece tener una mirada "en blanco" sobre ella, y ha comenzado a arrastrar los pies cuando camina. El año pasado, participó en clases de aquasize, cocinó para los niños del vecindario y fue muy activa en la comunidad. Pero últimamente, me he dado cuenta de que ella principalmente se queda en casa.

'La última vez que visité, me di cuenta de lo desaliñada que se veía y lo desordenada que se veía su casa. Ella tiene un perro y la escuché gritar en el frío cuando tuvimos nuestra última tormenta. Tuve que ir y tocar su timbre para traer al perro a su casa. ¿Podría ella tener la enfermedad de Alzheimer o solo está envejeciendo? ¿Cómo puedo saber si ella tiene Alzheimer o no, y cómo puedo ayudarla si tiene la enfermedad?'

En este momento, los médicos todavía no pueden determinar completamente si una persona tiene la enfermedad de Alzheimer hasta que la persona muere. Puede adivinar, pero no lo sabe con certeza hasta que se complete la autopsia. Sin embargo, se está preparando un nuevo análisis de sangre que debe mostrar si la persona tiene el gen que conduce a la enfermedad.

Hay muchos signos que apuntan en esa dirección. Por ejemplo, las personas con la enfermedad de Alzheimer tienen dificultades para comunicarse con los demás. No pueden hacerse entender o entender lo que dicen los demás. Pueden enojarse o ponerse a la defensiva si no pueden encontrar las palabras para responder a las preguntas de los demás. Se olvidan de la información incluso segundos después o pueden no entender en el momento que se ha dicho. Otros pueden leer palabras, pero no entienden el significado de las palabras. Podrían entender lo que tu dicen si estás justo frente a ellos, pero no te entienden cuando hablas por teléfono. Aquellos que fueron muy elocuentes o que tuvieron la capacidad de poner palabras en el papel de repente no saben cómo encontrar las palabras e incluso si encuentran las palabras, olvidan cómo escribirlas.

Desafortunadamente, muchos olvidan que quienes padecen la enfermedad pueden entender más de lo que pueden indicar. Por favor, no hables de ellos como si no estuvieran allí.

Otro problema serio surge cuando pierden su sentido de orientación. Muchos se pierden incluso en sus propios vecindarios o casas. La ruta que llevaron a la tienda de la esquina de repente es desconocida para ellos. Olvidan dónde encaja su habitación en el diseño de sus casas. Intentan poner pasteles en el lavavajillas, la leche en el armario y el azúcar en la nevera. (Hemos hecho los dos últimos, pero con los pacientes de Alzheimer, esto puede ser parte de la estructura general, no solo un incidente aislado).

Los pacientes de Alzheimer a menudo viven en el pasado y piensan que sus hijos (que pueden parecerse a sus padres) son sus maridos fallecidos y les hablan como si lo fueran. Otros pierden cosas y pueden ponerse muy nerviosos porque creen que alguien ha robado objetos. Después de que le diagnosticaron a una mujer, su familia empacó sus pertenencias y encontró dinero escondido en el departamento. Su madre insistió en que otros le habían estado robando. En el armario de la mujer había quince cajas de té. El comerciante local indicó que cada vez que ingresaba a la tienda, compraba té (porque ella olvidó que ella ya había comprado té el día anterior).

Miembros de la familia a menudo falta identificar los primeros signos de esta condición crónica y destructiva. Algunos signos pueden ser dificultad de la persona recordar información reciente, perder noción del tiempo, frecuentes olvidos y desorientación. Mientras que todo el mundo olvida de las cosas ahora y después, la persona con la enfermedad de Alzheimer comienza a perder la capacidad para retener nueva información. Recuerdos de la secundaria pueden ser muy claros, pero se olvidan acontecimientos presentes.

Algunos se vuelven peligrosos para ellos y para otros. Una mujer que vivía en un departamento se vio obligada a pedir ayuda a su vecino porque se había perdido en su departamento cuando se levantaba por la noche para ir al baño. De alguna manera, ella había cruzado la puerta de su departamento y no podía abrir la puerta de su departamento. Dos veces, otro senior casi quemó su departamento. Primero, dejó algo en la estufa y luego dejó caer un cigarrillo encendido en el sofá. Afortunadamente, alguien lo había estado visitando en ese momento.

La enfermedad de Alzheimer es una enfermedad degenerativa de las células nerviosas en el cerebro que resulta en una pérdida progresiva de la memoria y las habilidades de pensamiento. Su comienzo se ve generalmente en esos sesenta años o más, pero también hay casos que comienzan en los años cuarenta de una persona.

Miembros de la familia deben considerar la enfermedad de Alzheimer si notan que la persona afectada tiene dificultades para mantener el horario, tomando su medicación, comer regularmente o saber la hora o el día de la semana. Si estos indicadores suceden - una evaluación médica se vuelve crucial. Esto puede incluir cosas tales como una historia médica completa, incluyendo todas las condiciones y medicamentos y un examen neurológico para evaluar la capacidad de pensamiento.

Si los síntomas anteriores describen al prójimo, intentar póngase en contacto ella familia, su médico o cualquier otra persona que tenga interés en su bienestar. Ella puede estar en serios problemas y no ser capaces de ayudar a sí misma. Ver que ella consigue la ayuda que necesita. Si no hay nadie cerca de ella, póngase en contacto con su Alzheimer local sociedad o clínica de Salud Mental por lo que puede hacer una evaluación de ella necesidades.

Hay alguna esperanza en el horizonte para las mujeres relacionadas con la enfermedad de Alzheimer. Las mujeres que toman suplementos de estrógeno después de los 70 años tienen menos probabilidades de sufrir de demencia causada por la forma no familiar de la enfermedad de Alzheimer. En las mujeres, el estrógeno facilita la formación de sinapsis - conexiones bioquímicas entre las células nerviosas en el cerebro. En los hombres, la testosterona es el facilitador. Los niveles de estrógeno de las mujeres disminuyen después de la menopausia, pero los niveles de testosterona de los hombres siguen siendo los mismos hasta los 70 o los 80, lo que explica por qué las mujeres de más de 70 tienen tres veces más probabilidades de sufrir demencia que los hombres de la misma edad.

Peligrosa inaccesibilidad

'Una pareja que conozco vive en un edificio de condominios de gran altura y descubre que cuando ingresan al edificio, otros intentan entrar sin llave. Esto viola las prácticas de seguridad de su edificio. Como la esposa es pequeña y vieja, no sabe si debería aprovechar la oportunidad para ponerse en peligro al enfrentarlos o si debería decir algo.'

Si se considera a la persona como el tipo de persona con la que podría tratar, debe explicarle que no puede permitir que otros entren al edificio, lo que constituye una violación de las normas de seguridad del edificio. Ella les preguntaría que contactaran a sus amigos por el intercomunicador si querían visitar a alguien en el edificio.

Si la persona o las personas parecen amenazantes, ella debe comunicarse de inmediato con su administrador residente. Si estas personas toman un ascensor, ella debería mirar para ver a qué piso van a ir. Si el administrador residente no está allí y ella siente que la gente podría estar en el edificio por razones criminales, debe llamar a la policía de inmediato.

Un jubilado relató: *'Me sucedió una situación aterradora el mes pasado. Vivo en un complejo de apartamentos que tiene un intercomunicador para ingresar al edificio. Debido a que los jóvenes jugaban con el intercomunicador durante la noche y éramos nos molestaban con tanta frecuencia, la gerencia decidió cerrar la puerta principal del edificio a las 11:00 p.m. Esto significaba que, si alguien quería visitar a alguien en el edificio después de ese momento, no podían contactarlo ellos a través del intercomunicador. En cambio, tendrían que llamar a sus amigos y sus amigos tendrían que bajar y físicamente dejarlos entrar al edificio.*

'Esto pareció funcionar bien, hasta que me enfermé después de medianoche una noche, cuando el resto de mi familia estaba de vacaciones. Llamé y pedí una ambulancia. Me mantuvieron en la línea y se preocuparon cuando descubrieron que los conductores de la ambulancia no podían entrar al edificio. Los llevó más de media hora entrar al edificio y esto fue solo porque un inquilino llegó a casa y abrió la puerta.

'Al día siguiente, nuestros administradores de edificios instalaron una caja de seguridad con una llave para el edificio, justo afuera de las puertas principales. La policía y los bomberos fueron los únicos con las llaves de esta caja de seguridad. Esto permitiría que el personal de servicios de emergencia ingrese a nuestro edificio después de horas.'

Para aquellos de ustedes que viven en instalaciones que bloquean las puertas principales durante la noche, deben considerar esta alternativa en caso de una emergencia.

Estacionamiento para discapacitados

'Realmente me enojo cuando veo a una persona físicamente sana que se estaciona en lugares identificados como estacionamiento para discapacitados. Mi amigo está discapacitado, y a menudo descubre que personas sanas se estacionan en lugares para discapacitados. He recurrido a imprimir tarjetas que puse en su parabrisas. Me les digo en términos inequívocos lo que pienso acerca de su estacionamiento en esos lugares. ¿Qué más podría hacer al respecto?'

Es posible que la persona pueda estar deshabilitada. Las personas con problemas de audición también pueden estacionar en lugares para discapacitados. La mayoría de los municipios insisten en que las personas con discapacidad muestren una placa o etiqueta que demuestre que están discapacitadas.

Si ellosno tienen este letrero, llame a la policía local y pídales que remolquen el auto. La persona probablemente recibirá una advertencia o una multa de tráfico.

Otra queja que tienen las personas discapacitadas contra los demás es que son tratadas como personas que no son entidades. Otros hablan con el compañero de la persona, en lugar de la persona en la silla. Muchas personas en sillas de ruedas no reciben el contacto visual de los demás; de hecho, la mayoría de la gente hace cualquier cosa que no sea mirarlas a los ojos. Este desprecio los hace sentir como si fueran invisibles. Incluso a las personas con discapacidad o discapacidades más severas se les debe otorgar contacto visual.

¿Abusador de drogas oculto?

¿Podrían los adultos mayores en tu vida ser consumidores de drogas escondidos? Aquí hay un ejemplo de cómo una persona mayor terminó abusando de antibióticos.

Se dio cuenta de que tenía un caso terrible de faringitis estreptocócica, por lo que finalmente fue a ver a su médico, que le recetó ampicilina, para tomarla tres veces al día durante diez días. Sin embargo, después de solo cuatro días, se sintió mucho mejor, así que dejó de tomarlo. Una semana más tarde, cuando reapareció el dolor de garganta, tomó el resto de la ampicilina y sus síntomas cesaron nuevamente. Diez días después, se enfermó de nuevo y recibió una nueva receta de ampicilina.

Este es un abuso de antibióticos clásico. Al acortar su tratamiento y luego auto prescribir una segunda dosis inadecuada de la droga, puede haber reducido la efectividad de la droga. Si solo se toma suficiente medicamento para matar los gérmenes más susceptibles, el puñado resistente puede sobrevivir para desarrollar nuevas colonias. Este nuevo lote de bacterias será más resistente a la medicación y una exposición adicional a una dosis demasiado corta de antibiótico podría volver a matar a todos, excepto a los más resistentes de este grupo más resistente, produciendo una cepa aún más resistente.

La gente todavía cree que los antibióticos son drogas milagrosas inofensivas. Se estima que hasta la mitad del uso de antibióticos es innecesario o inapropiado. Cuando se enfrentan a infecciones resistentes a la penicilina, los médicos a menudo optan por recetar un antibiótico de amplio espectro más potente que elimina las bacterias buenas y malas. Por lo tanto, es fundamental que las recetas se usen con la dosis correcta durante todo el período prescrito y no se almacenen para uso futuro.

Español como segundo idioma

'Mi vecino mayor es chino y proviene de un pasado cultural decididamente diferente que yo. Me esfuerzo por entender lo que dice, pero a menudo no

puedo entenderlo el. Él tiene el mismo problema para entenderme. ¿Qué puedo hacer con este problema?'

Si hay personas más jóvenes en la casa, pídales que interpreten para él. Si él vive solo, verifique su ciudad / pueblo para ver si hay un servicio de traducción disponible que pueda ofrecer una conversación tripartita en la que puedan brindarles traducción a ambos.

Las personas, cuyo segundo idioma es el español, normalmente pasan por un proceso complicado hasta que dominan el español por completo:

Etapa 1: Escuche lo que dice una persona en español.
Etapa 2: Traducir mentalmente lo que esta persona dice en su lengua materna.
Etapa 3: Construye mentalmente tu respuesta en tu propio idioma.
Etapa 4: Traducirlo mentalmente al español.
Etapa 5: Da tu respuesta verbal en español.

Puede ver que este proceso lleva tiempo, por lo que si está hablando con alguien cuyo segundo idioma es el español, intente:

1. Usa lenguaje común. No puede esperar que aprendan jerga o lenguaje técnico inmediatamente.
2. Déles tiempo para pasar por las etapas de interpretación para determinar lo que ha dicho. La *"pausa embarazada"* entre el final de su conversación y el comienzo de la respuesta puede ser necesaria para una comprensión completa.
3. Mira el lenguaje corporal de la persona. Si el te da una mirada impotente o se encoge de hombros, lo has perdido el. Repite lo que has dicho, probando palabras diferentes y más simplistas.

Tu vecino también tiene la responsabilidad de tratar de reducir el problema. Él puede hacer su parte asistiendo a clases de *"español como segundo idioma"*.

Problemas emocionales

'Mi vecino vive solo y no lo veo muy a menudo, así que me sorprendí al ver cuánto peso había perdido y me gritó cuando hablé con él. Se ve muy deprimido y no sé cómo puedo ayudarlo.'

De vez en cuando, todos volamos, nos sentimos inferiores, sufrimos culpa y normalmente estos sentimientos no causan problemas. Sin embargo, hay señales que nos muestran que las personas mayores tienen problemas cuando muestran:

- Sentirse desamparado y dependiente: dejar que los demás tomen todas las decisiones, sentir que no pueden hacer las cosas por sí mismos o dejar que los demás hagan demasiadas cosas por ellos.
- Hipocondría: se preocupan terriblemente e imaginan que están enfermos, que padecen enfermedades mortales o se preocupan incluso por dolencias físicas menores, que son claramente inexistentes.
- Mal humor excesivo: sentirse deprimido casi todo el tiempo; que nada en la vida vale la pena hacer e incluso ha considerado el suicidio.
- Control emocional deficiente: a menudo se vuelve excitable o emocional sobre cuestiones sin importancia, arrebatos de ira o rabietas. Son pendencieros sin razón.
- Vive en un mundo de fantasía: pasa mucho tiempo soñando despierto, bloqueando cualquier problema real.
- Son egocéntricos: no pueden compartir sus pertenencias, son egoístas, se ponen primero y creen que el mundo gira en torno a ellos.
- Sospechoso y desconfiado: piensa que los demás son deshonestos, se aprovechará de ellos y que la vida está llena de decepciones, obstáculos y frustraciones.
- Repetidamente no puede dormir, está constantemente cansado y se siente agotado o le resulta difícil levantarse por la mañana.
- Ansioso: Preocúpese excesivamente de las cosas pequeñas, sienta aprensión por el futuro y tenga miedo de tomar decisiones.

Para los síntomas más leves, con una persona amigable escuchando: un médico, un pariente, un vecino, un amigo o un trabajador social ayudan. Para otros que son más serios, hablar con su médico de familia o clínica de salud mental es la respuesta.

Obtenga ayuda médica

'He estado ayudando a un vecino anciano a ir de compras y a citas médicas". Varias veces después de que ha visto a su médico, se ha sentido muy agitado, explicando que no creía que su médico lo escuchara y que parecía ignorarlo cuando él hizo preguntas. ¿Crees que debería ir con él cuando vea a su médico?'

Pregúntale si esto es lo que él quiere que hagas o si él quiere tu ayuda para resolver sus problemas. Si acepta, pídale que escriba una lista de las preguntas que quiere hacerle a su médico. Ensaye con él qué debe decir si el médico no responde las preguntas o si trata de apresurarlo para que salga por la puerta.

Si él trata de ignorar las preguntas o parece estar apurando al vecino por la puerta, aliéntelo a que permanezca sentado y diga: *'Me estás apresurando. Esto me hace sentir muy frustrado porque parece que no me estás dando tiempo para hacer mis preguntas. Me gustaría que me dieras tiempo para obtener las respuestas que necesito antes de irme.'*

En este intercambio, él está usando realimentación:

a) **El problema:** *'Su médico se apresura durante el examen y no le da tiempo para hacer preguntas.'*
b) **Los sentimientos o reacciones:** *'Las acciones del médico te frustran.'*
c) **Solución:** *'Usted le pide a su médico que se tome el tiempo de responder todas sus preguntas.'*

La mayoría de las personas cambiará los comportamientos no deseados si se les informa de una manera amable y no amenazante. Pero hay excepciones a la regla. A algunos simplemente no les importa lo que piense, por lo tanto, si el médico no responde las preguntas, usted intervendrá por su vecino. Como último recurso, es posible que necesite encontrar un médico que escuche las preguntas del hombre.

Amigo diagnosticado con cáncer

'Mi mejor amiga tiene 56 años y acaba de ser diagnosticada con cáncer de páncreas. Quiero estar allí para él mientras pasa por su terrible experiencia. ¿Cómo puedo ayudarlo el mejor?'

A menudo las personas se retiran, no porque no puedan hacer frente o no les importa, sino porque no saben qué hacer y tienen miedo de hacer lo incorrecto. Aquí hay algunas cosas que puede hacer para ayudar a su amigo a superar su crisis:

- No lo trates de manera diferente, él es la misma persona. Algunas células cancerosas pueden estar funcionando de manera salvaje en él cuerpo, pero todavía le gusta vivir la vida al máximo: reír, ir a partidos de fútbol y hablar con amigos.
- Pregunte cómo él está: él puede que no siempre quiera hablar sobre su enfermedad o el tratamiento que recibe, pero sigue preguntando: *'¿Cómo están?'*
- Esté allí cuando lo él necesite: una llamada telefónica, una visita o incluso una breve carta o correo electrónico es todo lo que necesita. Él necesita tu amistad y el apoyo de todos sus familiares y amigos. Se cansa de ser fuerte todo el tiempo, especialmente cuando tiene un día en que las cosas no van bien.
- No solo ofrezca ayuda, esté allí. Estar allí sin que se lo pidan. Si ves algo que puedas hacer por él, sugiérelo. Su vida se ha puesto patas arriba y, a menudo, no tiene tiempo para manejar la vida cotidiana. Ofrezca llevarlo a él sesiones de quimioterapia o radioterapia y sostener el cabeza cuando

él esté enfermo después de sus tratamientos. Nada es peor que atravesar ese trauma solo.
- Apoye a la familia, no solo a él. Están pasando por esto también y necesitan tanto (si no más) cuidado tierno. Pregúnteles qué tu puede hacer y sea un confidente cuando necesiten hablar con alguien sobre lo que están pasando. Lleve a él hijos a sus prácticas de baloncesto. Traiga comida, a menudo el esposo puede estar demasiado apurada para preparar todas las comidas.

Todo se reduce a: ¿qué querrías que hicieran tus amigos si te diagnosticaran cáncer? Úselo como su guía para sus acciones.

¡Quiero quedarme en mi casa!

'Vivo solo en la casa que mi esposo y yo compartimos durante más de treinta años. Últimamente, he necesitado más ayuda con las tareas diarias, pero lo que me preocupa es que varios de mis amigos se han caído y me temo que podría caerse y perder mi independencia. Siento que podría ser inevitable que me obliguen a mudarme a un hogar de ancianos.'

Eso no es necesariamente cierto. Aunque muchas de las personas mayores requieren ayuda con bañarse, vestirse, caminar, comer y usar el inodoro, este no parece ser el caso con usted. Importantes estudios han demostrado repetidamente que programas de ejercicios significativamente pueden hacer a personas mayores de todas las edades cabido más y mejorar su equilibrio. A los años sesenta, la fuerza muscular comienza a disminuir. Ejercicio que implica pesos puede reducir esta pérdida. Puede aumentar tamaño de los músculos y ayuda con el equilibrio, subir escaleras, levantarse de la cama y levantar de una silla.

El hogar es donde está el corazón, por lo que, si puede quedarse en casa, hágalo. Si necesita más ayuda y no desea involucrar a su familia, considere contratar a un asistente a tiempo parcial que pueda hacer su tarea y realizar compras más pesadas. Puede considerar comprar un sistema de alerta especial (usado alrededor del cuello o la muñeca) que puede empujar si se encuentra en un problema grave. El personal de los servicios de emergencia vendría si fuera necesario. Otra solución es compartir su hogar con otra persona mayor. De esta manera tendrá a alguien disponible si se cae o se enferma. Esto disminuirá la necesidad de que su familia participe en tu la vida diaria.

Siempre tenga en cuenta que cuanto más pueda hacer por usted mismo, más independencia tendrá. Un buen programa de ejercicios debe ser el primero en su lista de *"tareas pendientes"* para asegurarse de mantenerse activo para mantener su independencia. Otra clave para la salud y la independencia es mantener un estilo de vida activo. ¡Salir socialmente y vivirlo!

¡Mi esposa es asfixiante me!

'Este es el segundo matrimonio para ambos de nosotros (estamos en los años 60). Ella no ha trabajado fuera de la casa desde que nos casamos hace cinco años. Ella es tan dependiente de mí que me está haciendo quiere quedarse fuera de nuestra casa. Ella espera todo el día para mí venir a casa del trabajo y monopoliza mi tiempo tanto que no tengo privacidad alguna. He le dije varias veces que ella me es asfixiante y he le pregunté por algunos "espacio" - pero ella no me escucha. ¿Qué tengo que hacer, amenazar con dejarla antes de que me escuche?'

Esta es una forma de conducta pasiva. Personas dependientes creen que debe ser dependientes de otros y debe tener a alguien más fuerte en quien confiar. Dependencia causa una mayor dependencia, fracaso para aprender y la inseguridad, ya que uno está a merced de aquellos de quienes uno depende.

Más dependientes adultos crecieron en hogares donde los padres enseñaron a sus hijos a ser dependiente y apoyarse en ellos. Las mujeres de estos hogares generalmente cambiar su dependencia a sus maridos cuando se casan. Esto es una respuesta casi automática. Si ella hubiera vivido en su propia antes de su matrimonio, ella probablemente habría perdido su carácter dependiente.

Aliéntela a rechazar ayuda a menos que sea necesario. Ayúdela a saber que los riesgos, aunque posiblemente resulten en fallas, valen la pena y que fracasar no es una catástrofe. Cuando ella te pida ayuda para decidir, detente de hacerlo. En su lugar, pregúntele ella: *'¿Qué crees que deberías hacer?'* Nueve de cada diez veces sabrá ella lo que debe hacer; solo quiere confirmación. Cuando ella se dé cuenta de que sabía todo el tiempo, verá que puede tomar más decisiones por sí misma.

Tu esposa necesita tu aliento para ver que ella tiene una vida independiente propia. Desafortunadamente, ella fue directamente desde la casa de sus padres a su primer matrimonio. Ella comportamiento pasivo ella le impide intentar una acción independiente. Intente enviarla a un entrenamiento de asertividad o cómprele algunos libros sobre el tema. Puede sugerirle que consiga un trabajo fuera del hogar o que se convierta en voluntaria para ayudarla a tomar decisiones independientes.

CAPÍTULO 7
PADRES DIFÍCILES

¿Qué es un papá?

Un papá se ve obligado a soportar trabajo de parto sin el beneficio de un anestésico.

Un papá gruñe cuando se siente bien y se ríe cuando está muerto de miedo.

Un papá nunca se siente digno de adoración a los ojos de un niño. Él no es exactamente el héroe piensa que su hija; nunca el hombre que su hijo le cree y esto lo preocupa.

Luego trabaja muy duro para tratar de suavizar los lugares difíciles en el camino para quienes lo siguen.

Los papás son los que dan hijas a otros hombres que no son lo suficientemente buenos, por lo que pueden tener nietos que son más inteligentes que cualquier otra persona.

Los papás hacen apuestas con compañías de seguros sobre quién vivirá más tiempo. Un día pierden y las apuestas se pagan a la parte de ellos que dejan atrás.

No sé a dónde van papás cuando mueren, pero tengo la idea de que después de un buen descanso donde sea que estén, simplemente no se sentarán en una nube y esperarán a las mujeres que aman y a los hijos que tuvieron. También estarán ocupados allí, reparando las escaleras, aceitando la puerta, mejorando las calles y alisando la carretera.

¿Qué es una madre?

Una madre es forzada a pasar por nueve meses mientras se incuba a un niño.

Una madre pasa por la agonía del parto a menudo sin anestesia.

Una madre estremece cuando su hijo gatea primero, caminatas y conocer las lesiones, que estas habilidades pueden traer.

Una madre alimenta a su niño varias veces un día sabiendo que tanto ella como el niño probablemente tendrá un baño o lavado cuidadoso después de cada episodio.

Una madre permite que sus hijos a abandonar la seguridad de su nido para ir a la escuela - sabiendo que hay posibles depredadores hacia fuera allí.

Una madre suspira y vierte muchas lágrimas, cuando sus hijos van a la Universidad, casaron o moverse fuera de su casa.

Las madres siempre siguen siendo madres e incluso cuando somos mediana edad nosotros mismos, nos todavía apoyarse en ellos para asesoramiento y simpatía.

Cuando las madres saludan sus amigas en el cielo, su conversación normalmente comienza con '¿Y cómo son los niños?'

Los padres son para toda la vida

Compartir y cuidarse unos a otros cae en picado cuando las familias dejan de usar la cortesía común y los modales cotidianos entre sí. ¿Por qué no tratan a los miembros de la familia con la misma cortesía que les dan a sus amigos e incluso a los extraños? Se dejan llevar por los malos hábitos, la familiaridad y una actitud indiferente. Esto prepara el escenario para futuros encuentros con posibles miembros de la familia.

Ha habido algunos casos emblemáticos que han permitido que un niño se divorcie de sus padres, pero la mayoría de ellos están "atrapados" con los parientes con los que nacieron. Luego, cuando se casan, ¡heredan a todos los parientes de su nuevo cónyuge! Si su matrimonio se rompe, es probable que estos parientes sigan siendo parte de sus vidas debido a sus hijos. Es por eso que es tan importante hacer ese esfuerzo extra para llevarnos bien con parientes y suegros difíciles.

Las parejas que permanecen juntas *"debido a los niños"* a menudo se sorprenden por la reacción de sus hijos cuando finalmente deciden separarse. Los niños se preguntan por qué sus padres permanecieron juntos tanto tiempo como lo hicieron.

Debido a la alta tasa de divorcio, uno o más de tus padres pueden terminar como padrastros con todos sus problemas inherentes. Ellos pueden encontrar que ellos necesitan todas las habilidades identificadas en este libro para tener éxito en esta relación difícil.

Padres enojados

Tal vez se debió a que dejó el asiento del inodoro, lo que provocó que se tomara un chapuzón inesperado. O tal vez fue porque dejó ella pantimedias colgando de la barra de la ducha como un equipo de andadores de alambres. O tal vez fue porque ambos nunca parecen tener suficiente dinero para mantenerse al día con los Jones. Diferentes factores desencadenantes: el mismo resultado.

En algún momento durante la mayoría de las relaciones, las parejas discuten y, a menudo, la disputa es solo un síntoma de un problema subyacente. Los argumentos son cómo algunas personas hacen contacto. Estas disputas se pueden jugar en otras cosas, como dinero, sexo y poder, pero lo básico es la cercanía y la distancia. Todas las peleas son sobre qué tipo de relación tienen y quién tiene el control. Necesitan aprender a luchar limpio. Estos signos a menudo caracterizan tales peleas:

- Crítica. En lugar de atacar el problema, la persona apunta a las debilidades del otro.
- Defensividad. La persona se siente amenazada, entonces cierra sus oídos a lo que el otro está diciendo.
- Desprecio. La persona ve a su pareja en una luz extremadamente negativa, sin tener una consideración positiva por él o ella.
- Da el *"Tratamiento silencioso"*. Un compañero protege su terreno evitando al otro, abandonando las discusiones o cambiando de tema.

En cualquier disputa, las emociones guían las cosas, lo que hace que las decisiones racionales sean difíciles. Muchas peleas comienzan con tirar la culpa. Nada mantiene a una persona más enojada que si alguien más denigra a su personaje. Se necesita un montón de coraje para detenerse y hablar sobre lo que está sucediendo bajo la superficie de la discusión, sobre los motivos detrás de la discusión. Alguien tiene que preguntar, *'¿Por qué estamos peleando? No puedo tomar esto.'* que hace a la persona vulnerable. Es como si hubieran tirado su arma, pero si la relación es significativa, vale la pena. Si siguen viendo a la otra persona como un enemigo, es difícil seguir adelante y resolver las cosas.

Niños, adolescentes, jóvenes y adultos niños más están trastornados por expresiones no verbales de ira como el sarcasmo y el tratamiento de silencio que se pensaba. Odian aún más si se trata de sus padres utilizando armamento de este tipo para Mostrar ira y ver cómo sus padres actúan después que la pelea. Ira sin resolver molesta a todos los niños y son muy rápidos recoger la tensión entre sus padres. Argumentos que no son resueltos durante el enfrentamiento a menudo allí como bombas de tiempo y los niños esperan ansiosamente para que puedan entrar en erupción otra vez.

Los argumentos que expresan enojo de una manera física, que usan golpear y empujar, son mucho más dañinos y difíciles de olvidar. Los niños aprenden que golpear y empujar durante los argumentos es un comportamiento aceptable. Esto se transmite a sus compañeros y amigos y se preguntan por qué tienen problemas para relacionarse con los demás.

Los argumentos tienen su lugar. Esos argumentos que concluyen cuando los padres se disculpan mutuamente, negocian o ponen en peligro y muestran signos obvios de que la discusión se resuelve, ayudan a los niños a entender que todos los argumentos no son incorrectos. Este tipo de argumento no tiene un efecto en los niños y aprenden que los argumentos están bien: cómo se resuelven las cosas de manera pacífica, al final no hay ganadores ni perdedores.

Disciplinas en público

'A pesar de lo duro que trato de llevarme bien y hacer mi mejor esfuerzo para complacer a mis padres, mi padre me avergüenza disciplinándome en público. Esto es especialmente embarazoso cuando lo hace con mis amigos. ¿Cómo puedo hacer que se dé cuenta de lo desmoralizante que es esto para mi?'

Depende de los antecedentes de su padre y sus valores y creencias. Si está dispuesto a escuchar otros asuntos, busque un momento en el que ambos puedan estar solos. Asegúrate de que esté de humor receptivo. Explica por qué eres reacio a salir con él socialmente o para tener a tus amigos y cómo te sientes cuando te avergüenzas. Indique que podría aceptar el crítico mucho mejor si él se la dio en privado. Luego, pregúntale si puedes contar con que haga esto en el futuro.

Si él no es receptivo, habla con tu madre y deja que hable en tu nombre. Posiblemente los tres de ustedes deben tener una discusión y resolver el problema usando un consejero familiar capacitado si es necesario.

Ellos no me respaldarán

'El otro día, los vecinos se quejaron con mis padres sobre algo que supuestamente hice para dañar su valla. Mis padres ni siquiera me dieron la oportunidad de defenderme y me gritaron frente al vecino.

'Me duele más la reacción de mis padres que la acusación. Me decepcionan al no darme la oportunidad de defenderme. No he hablado con ellos durante tres días; Estoy tan dolido por esto Soy reacio a volver a mencionarlo, aunque puedo demostrar que no fui yo quien causó el daño.'

Discute la situación. Intenta explicar cómo te sentiste cuando te acusaron de hacer algo que no hiciste. Exprese sus sentimientos, pero no los transmita en un tono acusatorio. Tu podría decir, por ejemplo: *'Mamá y papá, quiero hablar con ustedes acerca de algo que me ha estado molestando durante tres días. ¿Prometen escucharme y tratar de entender lo que estoy diciendo?'*

Cuando den su palabra de que van a escuchar, diga: *'El otro día, cuando el Sr. Jones me acusó de dañar su cerca, me gritaste por hacerlo. Me ha dolido mucho tu reacción, porque ya lo ves; Estaba en la escuela en ese momento enseñando seguridad a los niños en bicicleta. Tu automáticamente asumió que era culpable y eso me dolió mucho. Me gustaría que me acompañe mientras hablo con el Sr. Jones. Si es necesario, conseguiré que Mike Martin de la escuela me acompañe también. Pero no dañé la valla.'*

Tus padres en este momento deben estar convencidos de que eras inocente y saber que estabas muy dolido por su negativa a escuchar tu versión. Termine la conversación diciendo: *'En el futuro, ¿prometen escuchar mi versión de la historia antes de tomar una decisión?'*

Aborto espontáneo y embarazo

'He sido hijo único toda mi vida. Ahora tengo quince años y me molestó cuando descubrí que mi madre estaba embarazada. Lo último que quería era un bebé que gritara, y cuando mis padres anunciaron esto, se sintieron avergonzados, pero felices. Han comenzado a prepararse, recuperando todas las cosas de sus bebés de nuestros parientes.

'Para cuando mi madre estaba embarazada de cuatro meses, nosotros tres estábamos muy emocionados de tener otro bebé en la familia. Desafortunadamente, mi madre tuvo un aborto espontáneo. Ella y mi papá están tan tristes por eso y me siento tan culpable porque al principio no quería tener el bebé.'

Entre el diez y el treinta por ciento de todos los embarazos terminan en aborto espontáneo y cuanto más vieja es la madre, mayor es la probabilidad de que esto suceda. Aproximadamente la mitad de los abortos espontáneos tempranos incluyen un cromosoma faltante o adicional en el feto. El consumo excesivo de alcohol o fumar puede causar algunos abortos espontáneos. El aborto espontáneo no es causado por una caída o tener relaciones sexuales.

Los amigos y familiares pueden sentirse incómodos al hablar de interrupción del embarazo a corto plazo, pero el efecto en las mujeres es fuerte y puede requerir un período de luto de tres a doce meses. Exprese su simpatía por la pérdida del bebé. Escúchala, deja que hable. Evite aconsejar, juzgar o interpretar. Evite comentarios como: *'Mantén la cabeza en alto.' 'Es una forma natural de deshacerse de bebés defectuosos.'* O *'Eso es la vida.'*

'¡Mi madre acaba de anunciar que está embarazada! ¡Tiene 45 años y es demasiado vieja para tener otro bebé!'

Cada vez más, las mujeres están teniendo hijos en lo que se considera una vejez. De hecho, los nacimientos de mujeres de aproximadamente 40 años han aumentado en un 50 por ciento desde 1970. Para algunos, es la historia del *"accidente"*: las mujeres que tuvieron hijos pensaron que el embarazo estaba detrás de ellos y luego descubrieron que estaban embarazadas Muchos piensan que están pasando por la menopausia temprana, pero aquellos que habían tenido embarazos recientes conocían sus cuerpos lo suficientemente bien como para salir y comprar una prueba de embarazo.

Para otros, es un embarazo largamente buscado después de años de intentar o en un punto elegido en la carrera de una mujer. Eso no quiere decir que los embarazos de más edad sean inmunes a los problemas. Algunos tienen una enorme cantidad de náuseas matutinas y otros parten temprano, un fenómeno que no es raro en mujeres mayores y madres que tienen gemelos. Es de conocimiento común que el riesgo para el bebé del síndrome de Down aumenta con la edad de la madre. Las mujeres mayores también corren un mayor riesgo de desarrollar diabetes gestacional y también hipertensión inducida por el embarazo (toxemia) que en su forma más grave puede causar convulsiones potencialmente mortales. Pero a pesar de esos riesgos, dicen los expertos, el embarazo en una mujer sana y en forma, de más de 40 años, no debería ser diferente a la de una mujer más joven, excepto que necesitará descansar más.

Su madre necesitará su apoyo y ayuda durante su embarazo, especialmente haciendo las cosas en casa. Asegúrese de estar allí cuando ella lo necesite con su apoyo y ayuda.

Alergias

'Soy alérgico a los gatos, pero mis padres los tienen, puedo tolerar estar en casa para visitas cortas, pero cuando tu gato se acerca a mí, es difícil respirar. ¿Es apropiado pedirles que mantengan a su mascota en otra habitación mientras yo visito?'

Esto es algo que debe discutir con ellos en detalle antes de decidir visitarlos. Explique su problema y solicite ellos cooperación. Probablemente seas alérgico a la caspa de gato que estaría en la casa de tus padres. Las únicas alternativas pueden ser hacer que te visiten en tu entorno, reunirte con ellos en un lugar neutral como un restaurante o deshacerte del gato. Deles las alternativas y déjelos decidir cuál quieren tomar.

Padres no comunicativos

'Mis padres siempre son tan poco comunicativos conmigo y tampoco conversan muy bien entre ellos. Nunca puedo acercarme a ellos, lo suficientemente cerca como para que me relacionen sus pensamientos y sentimientos. No sé cómo se sienten sobre lo que hago, sobre el adulto en el que me he convertido; Me doy cuenta de que, incluso cuando les hago preguntas directas sobre elementos importantes para mí, cubren sus respuestas. Me doy cuenta de que actúan de esta manera con todos y no parecen necesitar a nadie excepto a sí mismos. Pero esto duele ¿Qué puedo hacer para descubrir cómo se sienten y piensan de mí? Me estoy desesperando en mis intentos de obtener incluso un simple cumplido sobre las cosas que hago.'

Todos los niños quieren y necesitan la aprobación de sus padres. En el caso de tus padres, es probable que no hayan aprendido a mirar dentro de sí mismos para identificar lo que realmente les está sucediendo y cómo se sienten realmente acerca de los demás. Muchas personas, que tienen pocas relaciones cercanas con otros, descubren que a menudo están solos y otros se sienten abandonados por otros, pero no saben cómo cambiar la situación. Temen que los demás vean cómo están dentro, y a menudo tienen miedo; temen lo que otros piensan de ellos.

Abre una conversación con tus padres. Describa cómo se siente cerrado de ellos, no puede obtener su aprobación y tiene terribles sentimientos de inadecuación. Pídales que sean abiertos y honestos acerca de cómo tu se sienten acerca de lo que hace y qué tipo de adulto eres ahora.

Si no cooperan, dense cuenta de que este no es su problema; es de ellos. Tenga en cuenta que ellos también pueden necesitar su cuidado (consulte la sección Grupos de ayuda, a continuación).

Para satisfacer su necesidad de aceptación, encuentre el apoyo y la aceptación que necesita de otra persona amorosa que respete. A menudo, el o ella puede ser un amigo cercano o pariente de su familia que usted conoce desde que era un niño. Cultiva esta amistad y deja que te ayuden a obtener la aceptación que necesitas.

Aunque realmente no necesitaba estos adultos cuando crecí, descubrí que los amigos de toda la vida de mis padres se convirtieron en padres sustitutos para mí cuando mis padres no estaban disponibles. Cuando era pequeña, era una broma común en mi casa cuando le conté a mi madre (cuando ella me había negado algo): *'Voy a la casa de mi "otra madre".'* Ella me dejó hacer esto.

Mi madre advirtió a estas *"otras madres"* (había tres) que yo estaba en camino, así que sabían qué esperar. Nunca tomaron partido, pero tener a alguien neutral para escucharme a menudo fue lo que me hizo pasar por situaciones difíciles. Cuando mi padre murió y mi madre tuvo la enfermedad de Alzheimer, estas *"otras madres"* fueron una gran comodidad para mí y me dieron la maternidad que aún necesitaba de vez en cuando.

Grupos de apoyo

Si tus padres tuvieron un mal día y necesitaban a alguien que los ayudara a superarlo, ¿a quién llamarían? Todos necesitan a otros para que lo ayuden durante los días malos y para celebrar los buenos. Cuanto más apoyo, mejor. Tener dos personas en guardia es mucho mejor que tener una, porque una persona podría estar teniendo un mal día.

Aún más efectivos son los grupos de apoyo que pueden ayudarlos a lidiar con problemas especiales como alcoholismo, drogas, abuso de esposas o niños, depresión o problemas emocionales severos. Los grupos de autoayuda han crecido rápidamente porque brindan un servicio único. El sentido de pertenencia y aceptación que ocurre cuando las personas han sufrido algo en común les da la ayuda que no pudieron encontrar en ningún otro lado.

Tus padres necesitan desesperadamente establecer un grupo de apoyo que estará allí cuando sea necesario. Podrías ser parte de ese grupo de apoyo. En este momento, probablemente estén varados en una isla propia, con poca fe de que otros puedan ayudarlos. En el pasado, otros pueden haberlos defraudado, por lo que, en lugar de confiar en alguien para ayudar en los malos momentos, han aprendido a resolverlo solos.

Las personas de todas las edades necesitan grupos de apoyo. Para muchos, la muerte repentina de un padre puede hacer que una persona piense por primera vez en su propia inmortalidad. Es necesaria una fuerte amistad con otros adultos para cambiar la orientación de los padres desaparecidos con los que han contado.

Los padres no olvidarán mi pasado

'Mis padres siempre están arrojando cosas que he hecho en el pasado hacia mí. Estoy cansado de que me recuerden mis indiscreciones y mis acciones pasadas.'

Reconozca cuando otros intentan manipularlo con este comportamiento pasivo-agresivo tratando de hacer que se sienta culpable. El pasado no se puede cambiar a pesar de cómo te sientes acerca de las cosas. Por otro lado, si identificas las cosas que has hecho de las que no te sientes orgulloso, en lugar de sentirte culpable, aprende de la experiencia. Si se requiere una disculpa para eliminar la culpa, discúlpate.

Cuando sientes que te presionan psicológicamente, indica cómo te sientes. El hecho de que otros desaprueben cosas que hacer no tiene nada que ver con quién o qué eres. No serás responsable de la felicidad de los demás, debes ser feliz. Usted es responsable de tus emociones y ellos son responsables de los suyos.

Padrastro

'Mi madre se ha vuelto a casar y me harán compartir una habitación con mi nuevo hermanastro. Me molesta que nosotros somos los que tenemos que sufrir debido a este cambio. El resto de mis hermanos (nuevos y viejos) también están molestos. ¿Cómo les hacemos saber a nuestros padres que resistimos este cambio en nuestro estilo de vida?'

Así es como una familia manejó una prueba similar:

'Estábamos esperando algunas escaramuzas, pero no una guerra civil cuando nos volvimos a casar hace cuatro años y combinamos ocho adolescentes, los niños se llevaban bien, por lo que estar juntos todo el tiempo solo mejoraría la vida, al menos pensamos que sería así. fue mucho peor.

'Al principio, nuestros problemas se centraron en la casa. Tenía sentido económico vivir en mi antigua casa de labranza, que necesitaba reparaciones en lugar de comprar una casa nueva, pero eso pronto se convirtió en una pesadilla. Mis hijos tuvieron que acomodar a otros tres niños que tenían sus propias habitaciones. Mis hijastras perdieron su acogedora casa suburbana rodeada de vecinos y transporte público. No les gustaban los campos y espacios abiertos que adoraban mis hijos.'

'Cuando le dijimos a los niños que planeábamos casarnos, nos concentramos en lo que consideramos los aspectos positivos de la seguridad financiera y tener una madre de tiempo completo en casa. Pero la única madre que mis hijos querían era la suya.'

Los niños necesitan tiempo para adaptarse al nuevo matrimonio y deben ser alentados para discutir sus preocupaciones sobre los cambios que se producirán, en lugar de hablar sólo de los *"beneficios"*. No hay nada como una familia instantánea. Familias ensambladas que se lanzan en las cosas - en lugar de crecer en ellos - pueden necesitar tiempo juntos antes de que comiencen a preocuparse por uno con el otro.

'Nuestros hijos se opusieron incluso a ser llamado una familia – insistiendo en que todavía eran dos entidades diferentes. Mis hijastros tenían un padre en otro Estado y estaba tratando de tomar su lugar. Gustándome parecía ser una traición a él.

'Poco a poco, los niños abandonaron lo viejo y se pusieron a trabajar. Durante este tiempo de prueba, necesitaba y recibí mucho apoyo positivo de mi esposa. Cometimos muchos errores, pero incluso mientras los hacíamos, nos deslizábamos en un nuevo estilo familiar un día a la vez, ya que vivíamos bajo el mismo techo. Luchamos mucho, nos reímos un poco y gradualmente nos preocupamos por el sufrimiento del otro. Hoy nos reímos juntos de las cosas que solían hacernos llorar.'

Hay esperanza si todos trabajan juntos y comunican sus buenos y malos sentimientos y hacen concesiones. Usted y sus hermanos (tanto viejos como nuevos) deberían cooperar. Sin embargo, no esperes que tus familias se fusionen de la noche a la mañana.

Madre dependiente

'Mi padre murió hace tres años, poco después de mi matrimonio, y desde entonces, mi madre no ha podido continuar con su vida y constantemente espera que sus tres hijos casados la entretendrán y cuidarán de ella. Ella solo tiene 46 años y creemos que es demasiado dependiente. ¿Cómo podemos ayudarla a superar esto?'

Es difícil para las mujeres que pierden a un marido alrededor del cual han construido sus vidas. Los hombres que pierden a sus esposas tienden a volver a asociarse mucho más rápido porque no pueden soportarlo por sí mismos. Muy pocas viudas buscan una nueva relación a menos que sean muy jóvenes cuando se convierten en viudas. Las viudas tienen un problema social. Muchos están excluidos de las funciones sociales porque otras mujeres temen que se lleven a sus maridos. Las viudas pueden verse como una amenaza de la misma manera que las mujeres divorciadas. Lo último que estas mujeres probablemente quieran es el marido de otra persona. La mayoría quiere recuperar a sus propios maridos.

Muchas viudas se sienten extremadamente vulnerables. Muchos se sienten perdidos cuando sus maridos mueren porque él había tomado todas las decisiones importantes o había elegido todas las compras principales. Algunos permanecen encerrados en sus casas, asustados incluso ante la perspectiva de enfrentarse a los demás. Muchas de estas mujeres, debido a que es menos probable que sean el principal sostén de la familia, tienen más probabilidades de quedar en una situación financiera vulnerable. Para muchos, sus maridos están muertos, pero no se han ido. Todavía sueñan con ellos, mantienen conversaciones en sus mentes con ellos y si necesitan tomar una decisión, tratarían de imaginar lo que harían sus maridos.

Probablemente tu madre dependía completamente de tu padre para tomar decisiones por ella y se sentía cómoda en ese rol. De repente, ahora tiene que tomar decisiones por sí misma, posiblemente por primera vez en su vida. Esto puede ser abrumador para ella.

Ella cree que debe depender de los demás y debe contar con alguien más fuerte en quien confiar. Si bien todos dependemos un tanto de los demás, no hay ninguna razón para alentar la dependencia, ya que conduce a la pérdida de la independencia, el individualismo y la autoexpresión. La persona dependiente está a merced de quienes los protegen. La dependencia causa una mayor dependencia. Ella no puede hacer las cosas por sí misma o aprender nuevas habilidades y sufre de inseguridad cuando sus defensores no están disponibles. Ella Debería luchar por la independencia y la responsabilidad y aprender a negarse a aceptar ayuda solo porque otros la ofrezcan. Tomar riesgos, que posiblemente podrían resultar en fallas, vale la pena intentarlo. Fallar no es una catástrofe.

Explíquele cómo puede ella tomar decisiones independientes mediante el uso de la técnica en el Capítulo 5 bajo *"Whiners and quejándose"*. Anímela a usar los pasos para tomar sus propias decisiones sin ayuda y para socializar con su propio grupo de compañeros.

¿Será esto fácil? No, no lo hará, pero con el aliento y el apoyo de usted y sus hermanos (que deben hacer lo mismo), su madre puede pasar de ser dependiente a ser una persona que sigue con su vida.

Enfermedades falsas

'Cada vez que mi madre tiene un conflicto, se queja de que tiene una migraña, especialmente ahora que está pasando por la menopausia. Debido a esto, la gente camina de puntillas y trata de mantener ella vida libre de estrés. Estoy empezando a Creo que esto es solo una excusa para no hablar sobre temas delicados. ¿Cómo puedo saber si ella dolores de cabeza son realmente reales o solo una excusa para manipularnos?'

El 70% de los pacientes con migraña son mujeres, probablemente porque los flujos en los niveles de estrógenos contribuyen a la alteración de las células nerviosas. Alrededor de una cuarta parte de las migrañas están relacionadas con el estrés. Entonces, tu madre probablemente no está fingiendo. ¿Ha ella visto a un médico para recibir tratamiento?

Para el dolor de cabeza leve, los medicamentos de venta libre generalmente mantendrán el malestar bajo control. Las migrañas son más difíciles; Es importante que ella aprenda a detectar cuándo se aproxima una migraña y que tiene medicamentos recetados por el médico. Ella será advertida de un ataque de migraña pendiente por auras alucinatorias, oleadas de náuseas palpitantes (a menudo unilaterales) y sensibilidad insoportable a la luz, el sonido y el olfato. Si los episodios ocurren una vez al año o una vez a la semana, generalmente duran la mayor parte del día, si no más.

Como sabe cualquier víctima de migraña, un ataque puede provocar un dolor tan intenso que destruye el trabajo, la familia y el pensamiento. Sin embargo, a pesar de todo el sufrimiento que causa, la migraña es una dolencia mundana y común, que afecta a aproximadamente el doce por ciento de la población. Es un rasgo transmitido de padres a hijos. Se cree que el 75% de los pacientes tienen una predisposición hereditaria al trastorno, por lo que usted o uno de sus hermanos también puede sufrir de migrañas, si no ahora, probablemente en el futuro.

Las nuevas formas de medicación, incluida la biorretroacción y la autohipnosis, así como los ejercicios de relajación, son formas de tratar los dolores de cabeza para superar las migrañas. Los científicos están probando una forma quelada de suplementos de magnesio como un posible preventivo de la migraña. A diferencia de las tabletas de magnesio actualmente disponibles (que pueden causar diarrea severa cuando se toman en dosis terapéuticas) los nuevos suplementos se absorben sin descomposición y no parecen tener efectos secundarios. Si tu madre tiene migrañas, merece simpatía, no antagonismo.

Madre obstinada

'Mi madre frágil insiste en caminar siete cuadras hacia y desde su tienda local y luego lucha con sus compras. Su médico la ha reprendido por esto e insiste en que deje de llevar artículos pesados. Le sugerí que me llamara al trabajo o que yo la llamara, tres veces a la semana, para que yo pueda obtener una lista de comestibles que necesita. Los recogeré en el camino a casa del trabajo y se los entregaré a ella o la recogeré y la llevaré de compras. ¿Cómo logro que ella acepte mi ayuda?'

Las nuevas ideas no funcionarán a menos que pueda lograr que las personas las acepten. Es posible que tengas que vender la nueva forma. Aquí es donde la planificación es útil.

La siguiente lista de verificación lo ayudará a lidiar con las objeciones de manera más efectiva usando esta situación de ejemplo.

Anticipe ella objeciones percibidas. Si ella dijo:

'No quiero que hagas esto por mí, tienes suficiente que hacer, sin ayudarme.' Su respuesta podría ser: *'Quiero que me dejes hacer esto por ti, porque tengo tiempo para ayudarte, me temo que haces demasiado y quiero tenerte aquí por mucho, mucho tiempo.'*

Cuchara-alimenta su idea o propuesta gradualmente. No intente obtener aceptación o cumplimiento inmediato. La objeción podría ser nada más que una táctica dilatoria: la resistencia natural de la persona a cambiar.

'Me gustaría que pienses en una idea que tuve que te ayudará a hacer lo que tu médico dice que debes hacer. Después de explicar mi idea, me gustaría que te tomes unos días para ver lo que piensas .... Vea si puede encontrar otras soluciones a esta situación. Hablaré con usted sobre esto el lunes.'

Considere plantear objeciones significativas usted mismo en lugar de esperar a que la otra persona lo haga. *'Sé que atesoras tu independencia y no me gusta depender de los demás, pero me gustaría que me des la oportunidad de ayudarte con un cambio.'*

No tome por sentado la objeción verbal. Las personas a veces expresan una queja para enmascarar a otra que preferirían esconder. Ella objeta, diciendo que le gusta caminar. En realidad, a ella realmente no le gusta tener que depender de alguien más para ayudarla. Reúna evidencia irrefutable para que pueda convencerla de que sus objeciones no están bien fundamentadas (si ese es el caso). *'Sé que crees que estoy demasiado ocupado, pero no lo estoy. Siempre estabas a mi lado cuando te necesitaba y me gustaría que me dieras la oportunidad de darte algo para variar.'*

Anticípese y prepárese para todas las posibles objeciones que pueda. Desarrolle un plan para manejar cada objeción. *'Como alternativa, un día a la semana, te recogeré y te llevaré de compras. Esto te permitirá salir más.'*

Trabaja de una manera práctica para eliminar la objeción si es posible. *'Todavía espero que quieras caminar, pero tendrás la ventaja de que puedes ir en la dirección que desees, en lugar de ir a la tienda para llevar a casa pesadas bolsas de comestibles. Me dijiste que estás agotado después de las compras; solo piensa en lo agradable que será caminar y volver a casa renovado.'*

Si no puede eliminar los problemas, trate de encontrar una forma de compensarlos. Como último recurso, cómprele un carrito de supermercado ligero para que pueda tirar, en lugar de llevar sus paquetes. Dígale que espera que lo llame cuando necesite suministros más grandes o haga planes para llevarla a una 'gran' tienda una vez a la semana de todos modos.

Reúna suficientes beneficios para ganarse su apoyo y cooperación a pesar de la objeción. *'Estarás más saludable. Probablemente vivirás más tiempo. No te cansarás cuando compras. Me verás más seguido Me harás sentir mejor porque puedo ayudarte a cambio.'*

Alcoholismo

'Estoy preocupado por mi madre. Ahora que ella y mi padre se han separado, noto que ella bebe mucho más alcohol de lo que solía hacerlo. ¿Qué es lo que probablemente le hará a ella?'

Haga una conversación de corazón a corazón con ella explicando tu preocupación. Explique la siguiente información sobre mujeres y alcohol:

Cuando se trata de beber alcohol, la brecha de género puede ser más amplia. Según los investigadores, los hombres y las mujeres no deben ser comparados cuando se consideran los riesgos para la salud de las bebidas alcohólicas. Mientras que los hombres en general consumen más alcohol que las mujeres, investigaciones recientes muestran que las mujeres están sufriendo consecuencias mucho mayores por beber. Esto es especialmente cierto en los ancianos.

El alcohol se metaboliza de manera diferente en las mujeres y tiene un impacto más fuerte en el cuerpo de una mujer que el de un hombre. Entre los grandes bebedores, generalmente definidos como catorce o más tragos por semana, el alcohol causa dolencias físicas, como la enfermedad hepática, mucho más rápido en las mujeres. Las mujeres tienen más grasa corporal y menos agua corporal, lo que permite que el alcohol se mueva al torrente sanguíneo más rápido. También parecen tener menos de una enzima llamada alcohol deshidrogenasa, que metaboliza el alcohol en el estómago. Por lo tanto, más alcohol ingresa al sistema y más es llegar al hígado.

Algunos estudios muestran que tan solo tres tragos a la semana pueden aumentar en un cincuenta por ciento el riesgo de cáncer de mama en la mujer. El cáncer de mama es la segunda causa principal de muerte por cáncer entre las mujeres. El alcohol también puede hacer que las mujeres sean más susceptibles al accidente cerebrovascular hemorrágico en el que se rompen los vasos sanguíneos. El alcohol puede interferir con la calcificación ósea, lo que aumenta el riesgo de osteoporosis en las mujeres.

Sin embargo, otros estudios muestran que beber cantidades moderadas de alcohol, en particular vino, puede proteger a ambos sexos contra la enfermedad cardíaca. Esto es especialmente importante para las mujeres porque la enfermedad cardíaca es la principal causa de muerte en las mujeres. Las mujeres posmenopáusicas que beben moderadamente probablemente estén haciendo poco daño y pueden estar disminuyendo su riesgo de enfermedad cardíaca.

Desafortunadamente, la mayoría de las mujeres que reconocen que tienen un problema con el alcohol encuentran que el tratamiento orientado a hombres no es efectivo. La investigación del alcohol sobre las mujeres que beben ha recibido poca atención y pocos centros han realizado estudios independientes para aprender el tratamiento específico requerido para ayudar a las mujeres a lidiar con su alcoholismo.

Adaptarse a nuevos equipos

'Mi padre vive solo, pero tiene un problema de audición. Quiero que se coloque un audífono en su teléfono, pero se ha opuesto a esto. ¿Cómo puedo convencerlo de los beneficios?'

Cuando las personas mayores tienen miedo de probar algo nuevo y temen fallar (es decir, usan un nuevo dispositivo telefónico para ayudarlos a aumentar su audición), haga lo siguiente:

Intente encontrar una manera de evitar la objeción o minimizar su efecto adverso. *'Una vez que aprendes cómo usar esto, puedes escuchar todo lo que dice la gente, en lugar de tener que adivinar la mitad del tiempo.'* La única instrucción que debe recordar es retirar su audífono cuando conteste el teléfono; de lo contrario, rechinará.'

Encuentre una manera de aliviar la mente de la persona, de modo que sea menos riesgoso seguir su idea, a pesar de la objeción. *'Cuando llegue a casa, te llamaré un par de veces para que puedas practicar antes de llamar a tus amigos.'*

Necesidades adicionales

'Mis padres están envejeciendo en años, pero son muy independientes en la naturaleza. Mi madre tiene artritis y tiene dificultades para mudarse. ¿Qué puedo hacer para ayudarlos a ambos a mantenerse independientes?'

Para millones de personas, ayudar a los padres y parientes que envejecen a mantener una vida independiente es una preocupación diaria. ¿Cómo hacemos que el hogar dulce hogar sea un lugar seguro? Esto puede ser tan simple como reordenar los muebles o deshacerse de las alfombras que son resbaladizas bajo los pies. Hacer una casa a prueba de edad no es lo mismo que tratar de hacer un hogar a prueba de niños. Hacemos un hogar a prueba de niños porque un bebé no sabe qué es seguro y no seguro. En un hogar a prueba de edad, cambias el entorno físico para que puedan seguir funcionando.

El objetivo principal de tener un hogar a prueba de edad es prevenir las caídas, que son especialmente peligrosas para los ancianos. Las caídas ocurren porque el ambiente no es el adecuado para la persona. El envejecimiento a veces significa visión pobre, equilibrio pobre y debilidad en las piernas. Puede haber efectos secundarios de los medicamentos, problemas cardíacos o pérdida de sensibilidad en las piernas y los pies debido a la diabetes o al alcohol. Muchas personas mayores usan alcohol para automedicarse de sus problemas físicos y emocionales.

Si ellos casan actual es de dos pisos o si ellos tienen muchos pasos, es posible que ellos deban mudarse a otro hogar más adecuado. Si no se mueven, asegúrese de que las escaleras estén bien iluminadas y tengan pasamanos. Desaliéntelos para que coloquen elementos que deben ir al nivel superior en las escaleras. Puede instalar un telesilla si hay espacio en las escaleras para acomodar un electrodoméstico de este tipo. Hay muchos dispositivos que se pueden usar, o ajustes hechos alrededor de una casa o apartamento promedio para facilitar las cosas a los discapacitados:

- Un dispositivo que puede abrir puertas con un dispositivo de control remoto.
- Incline sillas para facilitar la entrada y la salida.
- Rampas, en lugar de escaleras.
- Etiquetas más grandes en los medicamentos para una fácil identificación de los medicamentos.
- Ventanas más pequeñas que pueden eliminarse según sea necesario para la limpieza.
- Mostradores de cocina y cajones que suben y bajan con un mecanismo motorizado. Las caídas suelen ser el resultado de buscar cosas en los estantes altos. Reorganice los artículos en los gabinetes para que estén al alcance de la mano. Aliéntelos a sentarse mientras realizan tareas de cocina.
- Lámparas de techo que se pueden bajar para permitir el cambio fácil de las bombillas sin que una persona tenga que pararse en una silla o subir una escalera.
- Los baños son lugares peligrosos con todos esos accesorios metálicos y superficies de baldosas resbaladizas. Considere instalar rieles de seguridad en la bañera y la ducha, y cerca del área del retrete. Si tienen una cabina de ducha, se les debe alentar a usarla en lugar de la bañera, porque es menos probable que cause caídas. Si ellos realmente te gustan la bañera, instala un banco de baño donde ellos te puedas sentar mientras ellos estás en la bañera.
- Use tapetes de baño antideslizantes y reemplace las alfombras con alfombras antideslizantes o instale alfombras para exteriores que no se deslicen en absoluto. Instale asientos de inodoro elevados / acolchados si es necesario.
- Pisos antideslizantes que eliminarán el peligro de fractura de cadera (una amenaza real para muchas personas mayores). En el dormitorio (y en todas las otras habitaciones), quite las mantas de dispersión. Asegúrese de que los muebles estén colocados para facilitar la navegación. No coloque cables eléctricos en el piso. Si se levantan en la mitad de la noche, deberían poder moverse por la habitación sin tropezarse con una silla o un cable de alimentación.
- Luces que se encienden y apagan cuando una persona aplaude o toca la lámpara.

Aliente a los ancianos a caminar durante el día y busque depresiones en las aceras para evitar tropezarse con los bordillos. Si ellos tienen lentes bifocales o trifocales, pueden tener dificultades para subir y bajar bordillos. Desaliéntarlos de usar zapatos floppy o zapatillas porque estos pueden causar caídas.

A veces puede ser difícil convencer a un padre de que estas modificaciones son necesarias. A nadie le gusta pensar que está perdiendo la capacidad de hacer todas las cosas que alguna vez dio por sentado. Hacer cambios requiere que los familiares sean respetuosos de sus miedos y emociones. Otros escucharán si su médico les dice en lugar de un pariente.

Viejo conductor

'Mi padre tiene setenta y cinco años y todavía maneja su automóvil. Su vista está fallando, pero él insiste en que puede conducir con seguridad. Creo que es peligroso, no solo para él y mi madre, sino también para otros en el camino. ¿Qué puedo hacer para convencerlo de que no debe conducir?'

El problema aquí es probablemente el temor de su padre de que otros le quiten su independencia. La eliminación de los privilegios de conducir, para aquellos que han tenido esta valiosa independencia, es comparable a meterlos en la cárcel. Reconozca que el probablemente vea esto como que otros intentan forzarlo a un estado de dependencia y no siente que esté listo para esto. Para reducir él frustración al reducir él independencia, haga una lluvia de ideas con otros miembros de la familia para encontrar soluciones al problema.

Aquí hay algunos que podría considerar:

1. Convencerlo de que deje que su madre conduzca hasta que ella ya no pueda hacerlo.
2. Obtenga una cuenta de cargo de sus padres con una compañía de taxis y aquellos que pueden ayudar financieramente, pague una suma fija en esa cuenta cada mes.
3. Haga arreglos con otras personas que puedan conducir para estar de guardia cuando lo necesiten. Logre esto dándoles a sus padres pagarés diciendo, 'Esto es bueno para un viaje en auto gratis.' A cambio, sus padres podrían pagar el favor entregando pagarés de su propia cuenta, *'Una sesión de cuidado de niños gratis.'* O, *'Un punto suéter para tres viajes. O, 'Una casa para pájaros.'*
4. Investigue la situación de handibus en su área. Si tus padres están discapacitados, pueden calificar para recibir ayuda.
5. Reúnase con los hijos de otras personas mayores, para que pueda compartir con personas mayores que necesitan ser conducidas a eventos especiales o ir de compras. De esta manera puede compartir esa necesidad con otros hijos de padres ancianos. Con dos o tres personas mayores involucradas, solo tiene que conducirlas cada dos o tres veces cuando lo necesiten.
6. Póngase en contacto con el centro local de personas mayores para ver si pueden sugerir alternativas.

Si su padre todavía insiste en conducir, haga que participe su médico de familia y, como último recurso, pida a la policía que intervenga. (Tu padre no necesita saber que lo has denunciado). Probablemente insistirán en una prueba de ojo.

Hay algunas historias de terror sobre conductores mayores que se niegan a dejar de conducir, a pesar de que han ido más allá del tiempo que deberían. Por ejemplo, un conductor de 80 años que pasó una señal de alto en una carretera nacional a 100 km / h golpeó el automóvil de un hombre. Aunque la víctima llevaba puesto el cinturón de seguridad, tenía la espalda rota, la mandíbula astillada, la clavícula en los pulmones y más de 100 cortes en la cara y las manos.

El conductor anciano que lo golpeó había causado seis accidentes el año anterior. Después de pasar cuatro meses en el hospital, el conductor de 82 años conducía nuevamente y un año más tarde mató a toda la familia, incluidos tres niños. Él también murió en ese accidente.

Las leyes de licencias incompetentes y el viejo obstinado causaron esas lesiones y muertes. Y la historia no se detiene allí. Todos los ingresos del patrimonio de 82 años se destinaron a la liquidación de las reclamaciones de seguro de sus víctimas. Entonces, como ve, no solo hay conductores viejos que son peligrosos para ellos mismos y para otros, sino que también pueden perder todo lo que han ahorrado a lo largo de su vida en reclamos de seguros. Tu padre podría dejar a tu madre en la indigencia. Ese hecho también el puede hacerle darse cuenta de la posibilidad que está tomando al continuar conduciendo.

¡Después de todo lo que he hecho por ti!

'Mis padres siempre intentan hacerme sentir culpable por las cosas que hago o deja de hacer por ellos, y quejo del tiempo que paso con ellos. Actúan como si les "debo" una gran parte de mi vida debido a, "¡Todo lo que han hecho por mí!" ¿Realmente les debo tanto?'

Los niños no *"deben"* nada a sus padres. Si los padres hicieron un buen trabajo criando a sus hijos para ser adultos responsables, los niños les darían gustosamente su tiempo, esfuerzo y energía. También tienen que ser conscientes de que los padres jóvenes a menudo se ven limitados por las exigencias de su tiempo. Los abuelos pueden tener un tiempo considerable en sus manos, pero les falta comprensión sobre el poco tiempo que sus propios hijos tienen para compartir con ellos. Sus hijos adultos reparten su tiempo en pequeñas dosis mientras están ocupados construyendo su propia unidad familiar y cuidando a sus propios hijos.

Describe cómo te sientes tratando de hacerte sentir culpable. Diga, 'Mamá, ¿estás tratando de hacerme sentir culpable porque no paso más tiempo contigo? Si es así, no aprecio que lo hagas. Estoy estirado hasta el límite como está, y no necesito el estrés adicional de sentirme culpable por no pasar más tiempo contigo. ¿Podrían abstenerse de hacerlo en el futuro?'

Responsable de la salud de mis padres

'La salud de mis padres está fallando y es mi responsabilidad supervisar su cuidado. ¿Cómo puedo manejar esta responsabilidad adicional junto con mis obligaciones familiares y laborales?'

Intenta que tus hermanos te ayuden. Si todos comparten la carga, la carga es más ligera.

A menudo, aquellos que aún tienen más de 40 años (principalmente mujeres) y son responsables del crecimiento de los niños, tienen la responsabilidad adicional de sus padres también. Este grupo puede sentirse estirado en ambos extremos por las necesidades de sus hijos y sus padres. Se preguntan cuándo tendrán tiempo para gastar en sus propias actividades. En otras familias, cuando los nietos han crecido, los padres pueden dedicar más tiempo, energía y esfuerzo no solo a sus propias necesidades, sino también a las de sus padres.

Las mujeres se preocupan por la mayoría de los padres ancianos, independientemente de si son sus propios padres o sus cónyuges. La mayoría tienen trabajos a tiempo completo y tienen hijos. A medida que aumentan las demandas, la parte de ellos que sufre es su diversión con amigos, sus hijos y sus cónyuges. También puede haber grandes pérdidas financieras si la mujer tiene que renunciar a su trabajo de tiempo completo o de medio tiempo para convertirse en la cuidadora del padre. Incluso cuando la carga de cuidar de él llega a ser demasiado y el padre está en un hogar de ancianos, todavía son los cuidadores de los padres. Ellos continúan siendo la defensora de sus derechos y protectora de su bienestar.

Para muchos cuidadores, el único respiro que pueden tener es tener a sus padres en guarderías para adultos o tener comidas en ruedas para algunas de sus comidas.

Afortunadamente, muchas empresas han comenzado a explorar los tipos de ayuda que pueden ofrecer a los empleados que deben cuidar a los padres ancianos. Algunos consideran horarios de trabajo flexibles o permisos sabáticos para los empleados que necesitan tiempo para cuidar a parientes mayores.

Algunos cuidadores de padres mayores encuentran la presión tan intensa que lo llevan a prácticas abusivas tales como:

- Engañarlos financieramente.
- Maltratarlos emocional o físicamente.
- Eliminarlos de ver a sus amigos.

Cuidadores deben monitorear sus propias acciones y pedir ayuda profesional si las presiones sobre ellos causan cualquiera de las complicaciones graves arriba. Si los cuidadores encuentran que están cerca de hacer estas cosas, es hora de volver a evaluar su situación y obtener ayuda.

Padre difícil

'Sabía en mi corazón que cuando mi padre, un viudo, vino a vivir con nosotros hace un año, no iba a funcionar, porque con sus amigos, siempre parece feliz, pero con su familia siempre ha sido difícil hombre con quien lidiar.'

Desde el principio, se sintió tirado de cuatro maneras por las necesidades de sus hijos, su esposo, su trabajo y las demandas adicionales de su padre,

quien espera que ella cumpla con todos él deseos. Aunque podía ayudar, la única contribución que hizo al correcto funcionamiento de su hogar fue una pequeña parte de su cheque de pensión, nunca su tiempo y esfuerzo. Él nunca había levantado una mano para ayudar en casa durante su matrimonio, entonces, ¿por qué debería comenzar ahora?

Su hija a menudo le había contado sobre su falta de cooperación, pero se negó a escuchar. Ella tiene que intentar una vez más explicarle lo molesto que es para ella lidiar con su actitud obstinada y poco cooperativa. Usando Toughlove, ella le explicará exactamente qué ayuda espera de él y las consecuencias (él tendrá que vivir en otro lado) si su comportamiento no cambia.

Todos deberían amarla

'Mi madre intenta complacer a todos. Ella pierde el sueño y se deprime mucho si cree que alguien está enojado con ella. ¿Cómo puedo convencerla de que es imposible complacer a todo el mundo todo el tiempo?'

Algunas personas esperan que todos, cónyuges, hijos, jefes, amigos, comerciantes e incluso la persona que venga a la venta de revistas, piensen que son los mejores. Esto es irracional, porque es un objetivo inalcanzable. Cuando tu madre hace esto, se vuelve menos autodirigida y más insegura. Ella realmente necesita entender que no puede complacer a todas las personas, todo el tiempo y estar dispuesta a vivir con ese hecho sin sentirse culpable.

Cuando trate con ella, explique lo imposible que es para ella complacer a todos. Ayúdela a comprender que no debe permitir que otros decidan qué tipo de día ella tiene (vea el capítulo 1). Aliéntela a tomar el control de sus situaciones negativas y recuérdele que no puede culpar a los demás por sus respuestas negativas a sus acciones.

Siempre llamando

'Mi madre me llama todas las noches y hablo por teléfono durante media hora. Esto interfiere con lo que mi esposa y yo hemos planeado para la noche. No me gusta ser grosero con ella, porque creo que soy el solo alguien que habla con ella todo el día.'

Descubrí que cuando las personas no tienen algo levantarse para por la mañana, están aletargadas y dependen de los demás para entretenerlos y hacerles compañía. Ayuda a canalizar ella impulsos en otras direcciones alentando a esta mujer:

- Ayuda a un vecino mayor que no puede salir de la casa para hacer sus compras.
- Ayúdala a conocer a otras personas solitarias.
- Sugiera que ella visite a personas mayores en una casa de retiro que tienen pocos visitantes.
- Obtenga una mascota para hacerle ella compañía y darle algo para que se levante todos los días.
- Dar ayuda a una madre joven con dos o tres hijos que lleva a sus hijos cuando va de compras.
- Ayudar a una familia joven que no puede pagar a una niñera a tener un poco de tiempo social privado.
- Involucrarla en actividades del club comunitario.
- Ayude a un recién llegado a encontrar su camino en torno a un nuevo sistema monetario, cómo moverse en su ciudad, agencias que pueden ayudarlo a adaptarse, cursos que lo ayudarán a hablar mejor su nuevo idioma.
- Haga que se una a un grupo de personas mayores.

No hay voluntad

'Mi padre se niega a hacer un testamento. Me preocupa cómo se las arreglaría mi madre si él no lo hace. ¿Cómo puedo convencerlo de que es necesario tener un testamento?'

Un testamento es el único documento legalmente reconocido que nos permite distribuir todas nuestras propiedades a otros después de nuestra muerte. Si su padre muere sin voluntad, el gobierno determinará la división y distribución de la herencia de acuerdo con las leyes locales. Es probable que nombren un administrador que probablemente no sea el elegido por tu padre, si hubiera tenido la oportunidad. Continúe alentando, señalando los beneficios de tener un testamento.

Si puede convencerlo de que escriba un testamento, el deberá reflexionar cuidadosamente sobre la elección de un ejecutor, que es responsable de organizar, pagar las deudas y distribuir el patrimonio de acuerdo con el testamento.

Si no has hecho un testamento tú mismo, entonces hazlo una prioridad.

Cancer de prostata

'Mi padre murió de cáncer de próstata hace veinte años y ahora que estoy cerca de los sesenta, me aterroriza que también lo tenga. ¿Cuáles son algunos de los hechos que necesito saber sobre la enfermedad y cómo puedo evitar que me suceda?'

Aunque el cincuenta por ciento de los hombres mayores de 40 años tienen problemas de próstata, generalmente no están relacionados con el cáncer. Si un agrandamiento benigno de la glándula, cáncer o infección bacteriana causa el problema, los hombres deben estar alertas a los siguientes síntomas:

- Orinar con frecuencia, difícil o doloroso;
- Goteo de orina;
- Sangre o pus en la orina;
- Dolor en la zona lumbar, zona pélvica o muslos superiores; o
- Eyaculación dolorosa.

Los crecimientos en la próstata a menudo se pueden encontrar antes de que el hombre sienta algún síntoma. Si el crecimiento es canceroso, el tratamiento puede comenzar antes de que se propague. Uno de cada once hombres sufrirá de cáncer de próstata y un tercio de los diagnosticados morirán de cáncer de próstata. Debido a que su padre tuvo cáncer de próstata, sería de cinco a seis veces más probable que lo tenga, por lo que debería haber tenido exámenes anuales de próstata después de cumplir los cuarenta.

Alentamos a todos los hombres a hacerse una prueba de antígeno prostático específico (antígeno prostático específico, PSA), que es una prueba de sangre que ayuda a detectar tumores de próstata. Si su nivel está por encima de lo normal, tu no necesariamente tiene cáncer, pero es una buena señal de que algo anda mal. Se realiza una biopsia y una gammagrafía ósea para descartar un cáncer y diagnosticar el problema. Con el cáncer de próstata, existen algunas opciones, incluida la cirugía para extirpar la próstata, el tratamiento o la radioterapia.

Desafortunadamente, un tercio de todos los pacientes se vuelven impotentes después del tratamiento.

No ver a un médico

Él murió de cáncer de colon en la edad de 51, sólo cinco meses después del diagnóstico, pero su familia piensa que sufrió por al menos una década. Sabían que algo estaba mal, pero también supieron para mantener su distancia cuando 'problemas de estómago' le hizo pendenciero. Nadie se atrevió sugieren que el consulte a un médico, porque él no había visto una desde que era adolescente. Los médicos están de acuerdo en que hombres de mediana edad en particular se ponen en serio riesgo de un diagnóstico catastrófico y una vida útil acortada al no ver a un médico regularmente. Agarrado por el miedo y delirios de invencibilidad, ocultan sus males en el mundo, causando su angustia emocional tremenda familias y dañan sus cuerpos.

Peligros del viaje

'Mis padres hacen un montón de viajar. Desde el 11 de septiembreth, 2001 he tenido miedo cada vez ellos salen de casa. ¿Qué cosas puede ellos hacer para mantener a salvo al viajar?'

Nada va a impedir que los terroristas cometan sus horribles actos, la mayoría de los cuales son impredecibles. Es la suerte del sorteo, si son elegidos para ser sus víctimas. Estas son algunas de las cosas que sus padres pueden hacer acerca de las situaciones que pueden controlar mientras viaja:

- Cuando viaje fuera del país, asegúrese de que tengan cobertura médica adicional. Deben saber su tipo de sangre en caso de emergencia.
- Coloque la identificación dentro de la bolsa, así como en el exterior.
- Al viajar en un avión, deben llevar documentos importantes, cheques de viaje y joyas en su persona o con ellos en un bolso, bolso o maletín. Esto también podría incluir algunos elementos básicos de supervivencia: un kit de baño, un cambio de ropa interior, etc., en caso de que el equipaje no llegue cuando lo hagan.
- Use una tarjeta de visita en las etiquetas de equipaje. De esa forma, si salen de la ciudad, ladrones no sabrán dónde viven.
- Permita suficiente tiempo entre vuelos de conexión. Pueden hacer conexiones en veinte minutos, pero el equipaje no es probable que lo haga (especialmente si cambian de avión).
- Haga que verifiquen los daños en un auto de alquiler y asegúrese de que estén anotados en el contrato antes de que abandonen el estacionamiento.

- Verifique si su compañía de seguro de automóvil personal ofrece un seguro de alquiler de automóvil.
- No confíe únicamente en la llamada de atención del hotel. Lleve un pequeño reloj despertador como respaldo.
- Si llegan tarde en la noche, llame a su hotel y hágales saber que están en camino. Muchos tienen un servicio de recogida en el aeropuerto.
- Reserve en hoteles que se publicitan como hoteles "de negocios" en lugar de hoteles *"turísticos"*. Son menos propensos a tener niños gritando corriendo por los pasillos.
- Asegúrese de que la reserva de hotel esté garantizada con un número de pago o tarjeta de crédito la primera noche. (Una reserva confirmada que no está garantizada solo se llevará a cabo hasta las 6:00 p. M.)
- Si viajan por negocios, al registrarse, informe al hotel que están allí por negocios. Dales una tarjeta de visita. La mayoría de los hoteles tienen tarifas corporativas.
- Si el registrador anuncia al alcance del oído de los demás, el número de su habitación o les da instrucciones sobre cómo encontrarlo, deben decirle al empleado que les gustaría otra habitación y explicar por qué.
- Cuando estén instalados en la habitación, determine dónde escapa el fuego (identifique al menos dos puntos, para que tengan alternativas). Cuente el número de habitaciones desde la suite hasta las escaleras de incendios y si están a la izquierda oa la derecha de la habitación. (Si ocurre un incendio, es posible que no puedan ver la salida y que tengan que arrastrarse por el piso y contar las habitaciones para llegar allí). Abra la puerta de salida para asegurarse de que no esté bloqueada. Determine si se trata de un escape exterior o parte del edificio.
- Mire por la ventana de la habitación para ver la altura de la habitación y la naturaleza de su entorno. Observe si y cómo se abren las ventanas: ¿se deslizan de derecha a izquierda, de izquierda a derecha o arriba, o no se abren en absoluto? ¿Hay un balcón?
- Cuando ellos duerman por la noche, coloque la llave de la habitación en la mesita de noche junto a ellos. Si ocurre un incendio, toma la llave al salir de la habitación. Es posible que ellos deban regresar a su habitación si el humo es demasiado pesado o si el fuego está demasiado cerca de la habitación. Si no tienen la llave, pueden quedar varados en un pasillo que está en llamas.
- Si tienen vecinos ruidosos; reporta a la recepción. Si no están satisfechos con la forma en que manejan esto, quejarse directamente con el gerente.
- Si se requiere salida tardía, avise a la recepción. El botones puede guardar el equipaje en una sala de almacenamiento.

Estos son algunos consejos de viaje para su madre cuando ella viaja sola:

- Ella no debería sentir que necesita comer en su habitación si está sola. ¡Aliéntela a tomar una comida tranquila en el comedor y diviértase!
- Cuando coma, ella debe esperar una mesa decente donde tenga algo de privacidad. ¡Ella no debería aceptar una mesa al lado de una puerta de cocina que se balancea!
- Ella barman o servidor no debe pasarle una nota o servirle una bebida no solicitada sin discutir la situación con ella primero. Si ella desea estar sola, debería decirle al barman.
- Cuando viaja por negocios con un colega varón, ella no debe reunirse en la habitación de su hotel ni invitar a otras personas a su habitación a tomar una copa. Esto elimina el riesgo de tener que lidiar con avances no deseados.
- Cuando el único lugar que ella tiene para una reunión de negocios es su propia habitación de hotel, debe pedirle al hotel que organice una suite.
- Si ella habitación no parece adecuada para una reunión, podría probar en un rincón tranquilo de un restaurante.
- Si ella está entreteniendo invitados en un restaurante, debe aclararle al servidor (o cuando hace la reserva) que la cuenta se cargará a su habitación. Es difícil para los camareros saber a quién facturar si hay tres o cuatro personas en la mesa.

Divorcio

'Mis padres han estado casados por treinta años, pero acaban de anunciar que se están divorciando. Mi hermana y yo estamos devastados. ¿Cómo podría suceder esto después de treinta años de matrimonio? Están en la cincuentena y no puedo entender por qué lo harían en esta etapa tardía de sus vidas.'

Casi puedo garantizar que el último niño haya abandonado el nido y que hayan observado su relación y la hayan encontrado deficiente. A veces las parejas simplemente se separan y continúan juntas *"a causa de los niños"*. Es posible que esto sea lo que les haya sucedido a tus padres. Es posible que no tengan las mismas actitudes y valores compartidos que tenían cuando se casaron por primera vez. Uno podría haber definido las diferencias de opiniones con el otro que han mantenido suprimido para *"mantener la paz"* en su matrimonio. Es posible que pensaran que estas importantes diferencias desaparecerían con el tiempo, pero rara vez lo hacen.

Es posible que la amistad que tenían entre ellos: las cosas compartidas que solían hacer juntos no hayan sucedido durante muchos años. En cambio, han centrado su atención en usted, en sus hijos, pero ahora están en una posición en la que pueden pensar primero en sí mismos. Tal vez se preguntan '¿Esto es todo lo que hay?'

Es posible que se hayan permitido caer en el hábito de los *"francotiradores"* que discuten entre ellos, o que uno tenga la costumbre de darle rudeza de género al otro. Si esto sucede con suficiente frecuencia, la amistad entre ellos puede haberlos convertido en rivales, en lugar de amigos.

Tu madre puede estar buscando a tu padre para ser más íntimo y tu padre no sabe cómo proporcionarlo. Posiblemente ella está buscando esto en otro hombre u otra relación. Posiblemente ella está buscando esto en otro hombre. O posiblemente el fuego se haya apagado en el departamento de la pasión y ambos lo estén buscando en otros.

O los hábitos que toleraron antes, con el tiempo pueden volverse insoportables. Los ronquidos del padre podrían ser una molestia que irrita los nervios de tu madre todas las noches. O tu padre puede estar cansado de lo que él percibe como tu madre que le regaña.

Tu madre puede estar cansada de la desigualdad en su matrimonio y tu padre puede estar cansado de oírla quejarse de que él no hace su parte en la casa. Tal vez su madre le contó a sus *"amigas"* sobre sus problemas con su padre y el se enteró.

Cualquiera sea la razón, esso probable que hayan pensado mucho antes de decidir separarse. Es su responsabilidad estar allí y apoyarlos durante este momento de crisis. No tomes partido y no dejes que te coloquen en el medio. No hablar sobre las fallas del otro padre - solo brinde apoyo.

CAPÍTULO 8

DIFÍCIL EN LEYES

Crítica de la suegra

Mildred tuvo problemas con su suegra, Doris interfirió. Todos los domingos, Mildred y su esposo, Victor, acudían a sus parientes políticos para cenar. Como ambos funcionaron, a menudo tenían que ponerse al día con la tarea el sábado. Esto solo dejó el domingo para que ellos disfruten la compañía de otros. Mildred se oponía a pasar esos días con sus suegros cada semana.

Había otra razón más oculta detrás de sus objeciones. Ella admitió que Doris constantemente le daba consejos sobre cómo planchar camisas, hornear, cocinar y mantener la casa. Ella también era muy crítica con todo lo demás que Mildred parecía hacer. Mildred finalmente habló con Victor sobre ella frustración. Ella anotó todos los consejos y críticas ella que le había dado ella domingo anterior. Víctor aceptó que estaba en lo cierto al estar ella molesta y le preguntó ella qué pensaba que podían hacer al respecto. Después de mucha discusión, decidieron que Mildred debería discutir sus sentimientos con Doris. Mildred le haría saber a Doris cómo sus acciones negativas la estaban afectando a ella y a Victor.

Mildred decidió hablar en privado a Doris una noche. Como discretamente como sea posible, ella explicó exactamente lo que estaba pasando y pidió co operation de Doris en la superación de los problemas. Esto molestó a Doris para saber que habían sido tomada tan negativamente sus consejos bien intencionados. Mildred aprendido no había habido ninguna maldad o upsmanship en Consejo Doris-dar - que sólo quería ayudar a su nuera a aprender de su experiencia. Doris, explicó que no había hijas de su propia y había mirado hacia adelante al día cuando ella podría ayudar a esposas de su hijo con problemas. Después de una charla de corazón a corazón seria, vinieron con las siguientes soluciones:

1. Cambiaría la visita de domingo a martes por la noche para las cenas semanales.
2. Cuando Mildred siente Doris esta interfería o criticar a ella, levantó su mano dando un gesto de parada. Doris acordó que esto sería la señal ella miraría para y detener ella crítica.

Mildred también se dio cuenta de que Doris tenía un gran conocimiento en el área de artes y oficios. Ella decidió pedir consejo en áreas donde sentía que necesitaba ayuda. Esto facilitó la transición de Doris, que de lo contrario se sentía rechazada. Cada mujer aprendió a ser más tolerante con los deseos, deseos y aspiraciones de los demás. Doris era mucho menos crítica y más útil. Mildred llegó a confiar en los consejos de artes y oficios que Doris estaba feliz de dar.

Disciplina a mis hijos

'Cuando visito a mi suegra, siempre está disciplinando a mis hijos y me opongo a esto. Según lo veo, tengo dos opciones: no llevaré a mis hijos allí en el futuro o le explicaré cuánto me opongo a ella acciones. ¿Hay otras opciones abiertas para mí?'

Primero, pregúntese si debería haber estado disciplinando a sus hijos por lo que estaban haciendo. Si ellos necesitan orientación y usted no hace nada, su suegra tenía todo el derecho a castigar a los hijos cuando visitan. Esto es especialmente cierto si tus hijos fueron destructivos a ella pertenencias o escandalosos con ella mascota.

Si este no fuera el caso, busque ejemplos de situaciones en las que ella haya disciplinado a tus hijos y pregunte por qué sintió la necesidad de hacerlo. ¿Es un abuelo que cree que los niños deben ser vistos y no escuchados? Si es traumático para ellos estar cerca de los niños, déjalos en casa. Tenga en cuenta que, en este caso, este es el problema del abuelo, no el de tus hijos, y debe actuar en consecuencia.

Pérdida de amor

'Mi suegra me acusa de robar a su hijo y no permitirle pasar suficiente tiempo con ella". Ahora está tan estresado con las responsabilidades comerciales y hogareñas que simplemente no puede darle más tiempo. Se siente muy culpable cuando ella se queja con él. Sé que sugerirás que mi esposo le hable, pero él dice que no puede hacer eso. ¿Cómo puedo lidiar con este problema en progreso?'

Tu esposo debe enderezar su espina dorsal y hablar con ella. Debe explicar que no fue *"robado"*, que está ocupando el lugar que le corresponde a su lado como tu compañero de tiempo completo.

Él podría agregar: *'Cuando te quejas del tiempo que paso contigo, me siento estirado como un elástico. Ese elástico se ha estirado tanto como el puede. Tengo obligaciones con los demás, tanto en el trabajo como en el hogar, que debo cumplir. Esto no tiene nada que ver con el tiempo que paso contigo. Tengo mucho amor para todos y cada amor es diferente. Por ejemplo, tengo amor por ti, amor por mi esposa, amor por mis hermanos y hermanas, amor por mis hijos y amor por mis amigos. Uno no eclipsa al otro y todos son importantes para mí.'* Puede que tenga que habla con ella for el usando palabras similares a estas:

Usted o él debería considerar dar a su madre un itinerario de lo que tiene que hacer (incluyendo conducción Jimmy al hockey, Susie para Brownies) y lo difícil que es pasar más tiempo con ella. Entonces él debe dedicar tiempo a encontrar actividades que mantendrán ella ocupada. Suena como si ella es canalizar todas sus energías hacia sus hijos. Esto podría ser el verdadero desafío y usted y su esposo deben ambos atacar este problema.

Cuñado

"Me estoy poniendo cada vez más furioso por la forma en que mi cuñado está tratando a mi hermana". Durante cinco años trabajó en un trabajo que odiaba apoyar mientras su marido iba a la escuela. Él ahora está trabajando, pero no haciendo lo mismo por ella. Para poder conseguir un trabajo que ella le gusta, quiere obtener más educación. Él está luchando para evitar ella que haga esto.'

A pesar de los enormes cambios en las últimas dos décadas en los roles de género, las mujeres continúan siendo las animadoras de nuestra sociedad. Es un rol de apoyo; un papel de *"defender a el hombre"* que respalde su carrera, sus actividades de ocio y sus actividades personales. A menudo, sin embargo, el nivel de apoyo no es recíproco. Una mujer puede ser buena en algo y, al hacerlo, deja a su marido atrás. Él puede ser bueno en otra cosa, pero puede no estar acostumbrado a que su esposa sea un experto en algo que él no es. En cierto sentido, él está siendo eclipsado por ella y se absorbe con otras cosas. Este desequilibrio de poder, y eso es lo que es, puede ser difícil de considerar como un abuso de poder, pero lo es.

Las mujeres tienden a ser muy solidarias con los hombres y con cualesquiera metas que persigan, pero los hombres tienden a ser menos, especialmente si están fuera del ámbito doméstico. Si estas mujeres tratan de hacer algo (aparte de criar a los niños y cocinar comidas) no recibe mucho apoyo. Parece ser una especie de amenaza para los hombres si las mujeres están tratando de ampliar o cambiar su papel particular de la tradicional. Mientras que el trabajo de las mujeres aumenta el ingreso familiar, esto puede representar amenazas para los hombres. Lo mismo es cierto para las actividades no tradicionales de ocio como un maratón correr o paracaidismo o puenting. El hombre puede resentir a la mujer que persigue estas metas que él siente competir con él o quita de lo que él está esperando de la relación. O la mujer se siente resentida de que no está recibiendo el apoyo que ella siente que tiene derecho a que se le da libremente en la búsqueda de sus objetivos.

Dígale a su hermana que la apoya y déle esta información sobre la cual basar la defensa de sus deseos para expandir su conocimiento y que no es justo que su esposo no tome su turno para apoyarla. Ella debería explicar por qué estaba bien que ella trabajara mientras él iba a la escuela, y que ella esperaba lo mismo de él. Ella puede tener que dar consecuencias si él no la apoya y ella debe estar preparada para manejar su respuesta positiva o negativa a ella deseos de más educación.

Agotamiento

'Mi suegro trabaja tan duro y la mayoría de las veces se derrumba tan pronto como llega a casa del trabajo. Él está a punto de retirarse, y me temo que, si no baja la velocidad, tendrá un ataque al corazón. Él explica que debe trabajar tanto como pueda antes de la jubilación, de lo contrario no tendrá suficiente en su fondo de jubilación. Tanto mi esposo como yo estamos seriamente preocupados por su salud.'

Parece como si el estuviera en las primeras etapas de "agotamiento". La descripción *"agotamiento"* es buena, porque transmite gráficamente lo que sucede cuando los organismos humanos operan demasiado rápido y demasiado tiempo sin el combustible y la lubricación adecuados. Tarde o temprano, la fricción aumenta a tal punto que las piezas comienzan a erosionarse, agrietarse o explotar. En las primeras etapas del agotamiento (una forma abrumadora de depresión que puede costarle a la gente su trabajo y arruinar su salud) los que la padecen pueden volverse irritables, posponer las cosas, incumplir plazos, obviar las tareas de rutina o aceptar desafíos sin prepararse adecuadamente para manejarlos. Pueden sufrir de insomnio, tener problemas para comer, quejarse de úlceras, migrañas o dolores de cabeza por tensión y sentirse nervioso, hiperactivo o letárgico. En las etapas posteriores, estos síntomas se vuelven más severos y pueden llevar a una depresión grave.

Algunos casos agotados lo resisten, al resignarse a vidas miserables, aceptar estoicamente la hipertensión, úlceras, alcoholismo, intestinos irritables y otros malestares físicos asociados con el estrés. Es el precio que pagan por 'éxito' o al menos por mantener su condición existente. Si no se trata, el agotamiento puede ser completamente incapacitante y, a menudo, requiere hospitalización.

Él puede ir al agotamiento si:

- Necesita más horas para hacer menos trabajo;
- Sufre fatiga crónica;
- Él Tiene problemas para comer y dormir adecuadamente;
- ÉlSe siente cansado todo el tiempo;
- ÉlSe siente deprimido todo el tiempo;
- Él está demasiado ocupado para hacer cosas de rutina como llamar a amigos;
- Él comienza olvidando citas y perdiendo objetos personales, como las llaves de la casa;
- Él siente que no tiene control sobre su vida y su futuro parece tan sombrío como el presente;

- Él bebe más alcohol y usa más drogas, con o sin receta;
- Él se siente cada vez más irritable, cínico o desencantado;
- Él no siente verdadera alegría en nada, ni siquiera en su trabajo;
- El trabajo es él vida;
- Él tTiene la sensación de que ha fallado, sin importar cuánto lo intente;
- No ve ninguna esperanza de mejora;
- Se queja constantemente;
- Siente que a nadie le importa;
- Se retira de la sociedad;
- Se siente molesto, frustrado, enojado la mayor parte del tiempo;
- Siente presiones intensas de trabajo;
- Él es altamente competitivo en todo lo que hace;
- Siente que no importa lo que el haga, no será suficiente; o
- Él siente que se derrumbará pronto.

Aquellos que sufren de agotamiento a menudo se sienten demasiado cansados para levantarse de la cama. Incluso si pudieran reunir la motivación, son tan cínicos acerca de su trabajo que se preguntan para qué sirve. La fatiga aumenta cuando se levantan de la cama. Fingen que pueden arreglárselas, pero eso solo los lleva tan lejos. En lugar de aumentar la presión arterial, deben cambiar su comportamiento para ver si están haciendo su día más difícil para ellos.

El final del agotamiento puede ser un suicidio. En los adultos, uno de los signos es que obtienen su vida *"en orden"*. Hacen que se pagos su seguro, que se paguen sus cuentas y que sus asuntos estén en orden. Los problemas de los niños y adolescentes pueden comenzar a regalar sus posesiones preciadas a amigos y familiares.

Los observadores de personas agotamiento deben estar alertas para detectar indicios de intentos de suicidio pendientes y dar un paso para ayudar a la persona. A menudo es un hombro donde llorar en, o una oreja para doblarse tanto como sea necesario. Sin embargo, algunos pueden reaccionar a sus intentos de ayudar con la hostilidad. Ser comprensivo y usar hechos para apoyar su creencia de que la persona está en problemas.

Las personas que sufren de agotamiento y que saben que tienen problemas deben tomarse un descanso de la presión y dedicar algo de tiempo libre antes de tomar decisiones importantes. Necesitan dormir lo suficiente y asegurarse de que estén comiendo y haciendo ejercicio correctamente. Participar en actividades que les dan placer puede ayudarlos a lidiar con un mal día.

Negar lo mal que se siente tu suegro, con la esperanza de que el problema desaparezca, no resolverá su cansancio. A veces, el mejor remedio para el agotamiento es confiar en los demás: miembros de la familia, compañeros de trabajo o amigos. Ofrezca su ayuda discutiendo sus preocupaciones sobre él. Si él tiene serias dificultades para superar su agotamiento, debe considerar buscar ayuda profesional antes de que lo derrote, su calidad de vida ha disintigraza o le cause problemas graves de salud.

Rabia en el camino

'Mi suegro conduce como un maníaco, explota cuando está detrás de otros conductores cuando conducen más lento que el límite de velocidad usa teléfonos inalámbricos, los sigue de cerca o no se molesta en señalar antes de cambiar de carril. Está constantemente en alerta roja. Su dedo medio está en constante uso y pasa la mayor parte de su tiempo maldiciendo a todos los que se le acercan.'

Él está sufriendo de rabia del camino crónico, que es un problema creciente en todas partes. La gente ha muerto en disputas entre los conductores y la policía dice que los informes de incidentes en los que un conductor bajó del vehículo y se enfrentó a otro son hechos de la vida cotidiana. Es probable que crean que su espacio ha sido violado.

Entonces, ¿por qué el pierde los estribos? ¿Son otros conductores realmente malos o la persona amigable se convierte en un monstruo cuando se pone detrás del volante? Muchas personas cambian su personalidad cuando suben a un automóvil. Cuando están en un automóvil, usan armadura y se sienten más habilitados. Los autos y las armas de fuego son muy similares. Si él es agresivo y tiene un arma en la mano; entonces él se siente poderoso. Lo mismo ocurre cuando él sube a un automóvil. Sin embargo, muchas cosas están fuera de él control cuando él conduce, y se combinan con la sensación adicional de poder y tienes rabia en la carretera buscando un lugar adonde ir. Si él casi tiene un accidente con otro automóvil, están invadiendo su espacio y luego toca su bocina.

Hay más colisiones en el invierno y el horario de transporte es el más peligroso. No muchas personas tienen prisa por ir a trabajar. El viaje de la tarde es el verdadero jangler de los nervios. Eso se debe a que las personas tienen más probabilidades de estar estresadas y cansadas después del trabajo. También es más probable que tengan prisa por llegar a casa y disfrutar de paz y tranquilidad.

Aquí hay otros ejemplos:

Una mujer dio un pitido a un hombre que cortó frente a ella en un sitio de construcción. Se detuvo y salió de su vehículo. Discutieron y el hombre vertió su café en el capó de ella auto antes de irse.

Tratando con parientes difíciles y en leyes

Dos hombres se enfrentaron en una intersección y discutieron en voz alta antes de que un hombre subiera al automóvil para luchar contra el otro hombre, que huyó.

A veces, decir o hacer algo inesperado puede evitar que la violencia se intensifique.

Una mujer, cuando conducía al trabajo, fue cortada por un camión pequeño. Ella pisó los frenos, haciendo que su cuerpo cayera sobre el volante, haciendo que la bocina se para irse apagara. En la siguiente intersección, el conductor del camión salió de su camión. La mujer comprobó que las puertas estaban bloqueadas. El hombre fue a ella ventana y gritó: *'¿Tienes un problema?'* La mujer (vestida con un traje de negocios muy inteligente) manejó la situación al preguntar con voz tranquila: *'Veo que no tuviste sexo anoche.'* El hombre retrocedió sorprendido, levantó las manos en el aire y regresó a su camioneta. La mujer lo observó explicando lo que se dijeron el uno al otro a otros dos hombres en el camión. Cuando los otros dos hombres miraron hacia atrás, ella sonrió y los saludó con la mano. La luz cambió y ambos vehículos continuaron su camino.

Cuando un hombre le dio el dedo a una mujer junto con una serie de improperios verbales, ella respondió: *'¡Hola! ¡Dile a tu madre hola para mí!'* La mirada en la cara del hombre la hizo reír, su presión no subió, y el terrón probablemente pensó antes de gritarle a alguien la próxima vez.

Recuerdo un día cuando conducía al lado de un hombre en una motocicleta que llevaba una chaqueta de cuero de Hells Angels. Yo tenía edad suficiente para ser su abuela. Sonreí, bajé la ventanilla y pregunté: *'¿Sabe tu madre que no llevas puesto el casco?'* Sonrió tímidamente, se quitó el casco del soporte detrás de él y se lo puso. Ambos nos reímos del incidente.

Si las personas han tenido un mal día en el trabajo o en casa, no deberían conducir. Las personas que llevan sus emociones a la carretera están destinados a tener accidentes.

Cuando se detienen en el tráfico de la hora pico y tienen que demorar una eternidad para llegar a donde van, pueden surgir todas sus emociones agresivas. Si son sabios, se obligarán a calmarse y establecerse en un estado racional de la mente. Si no son prudentes, sufrirán un accidente que los lastimará a ellos mismos y a los demás, o algo peor.

Y algunos permiten que los sentimientos de ira persistan una vez que llegan a su destino y continúan transmitiendo su agresividad. Cualquiera que se cruce en su camino sufre las consecuencias.

Entonces, ¿qué puede ayudar? La educación en seguridad vial es una de las claves para reducir el enojo a lo largo del camino al alentar a las personas a tratar a los demás con dignidad y respeto y aprender a compartir. No puedes creer que este es mi carril, mi camino y mi conjunto de luces. Y todos están de acuerdo en que los conductores deberían comenzar a ser menos egoístas. Necesitan mirarse en el espejo y admitir que tienen un problema.

Entonces, ¿cómo debería tu suegro detener su enojo en el camino?

1. No conduzcas. Esto puede parecer obvio, pero la mayoría de la gente no lo considera. El debe tomar el transporte público, trabajar en un horario flexible para evitar horarios de congestión máxima, obtener un trabajo que le permita caminar al trabajo o trabajar desde su casa.
2. Haz lo que él puedas para crear un ambiente relajante en el automóvil. Hace lo que él puede para crear una atmósfera relajante en su automóvil. él debería comprar el auto más cómodo que pueda permitirse y equiparlo con un buen conjunto de recursos para escuchar.
3. Trabaja para reducir el nivel de estrés general y prepárate para el viaje. El debería esperar que algo salga mal y relajarse antes de subirse a su automóvil. Los ejercicios especiales de respiración que lo colocan el en un estado de cerebro alfa o cerebro derecho lo relajarán el.
4. Hablarte en voz alta mientras conduces es una buena forma de evitar la furia del camino. *'No perderé los estribos. No voy a perder los estribos.'* El cerebro procesa la palabra hablada de una manera diferente a los pensamientos, diciendo verbalmente que se calma, que se relaja y respira más lentamente es más efectivo que solo pensar en ello.

Hasta que, a menos que esto suceda, sugiero que no lo dejes conducir con usted y su familia en el automóvil.

Fumadores

'Mi cuñada es una gran fumadora. Nunca he podido pasar mucho tiempo en su casa porque soy terriblemente alérgica al humo del cigarrillo. Cuando ella llega a mi casa, debe fumar afuera.

'Hace dieciocho meses, ella mencionó que ella y mi hermano esperaban quedar embarazada. Le pregunté ella cuándo ella iba a dejar de fumar. Ella respondió que lo haría cuando supiera que estaba embarazada. Le expliqué que ya sería demasiado tarde; porque el humo ya habría afectado al feto cuando ella confirmó que estaba embarazada. La alenté a dejar de fumar de inmediato para que su bebé no se viera afectado.

'El año pasado anunció que estaba embarazada, y lo adivinaste, fumó durante todo el embarazo. Le hice saber a mi hermano que me estaba furioso por esto. Me no soportaba estar cerca de ella sabiendo lo que ella le estaba haciendo a su hijo por nacer. Me cuando nació su hija, tenía una mancha de

vino de Oporto en la mejilla que se destacaba a aproximadamente un cuarto de pulgada de su cara (todavía la tiene). Cada vez que veo la cara de esa niña pobre me imagino un cigarrillo encendido.

'Todavía me estremezco cuando veo a mi sobrina y me enojo con su madre una vez más. Su madre todavía fuma mucho y ni siquiera salir para hacerlo, por lo que su hija está expuesta a su humo de segunda mano.'

Todavía me asombra cuando veo a una joven fumando, si está embarazada o no. ¿Cómo alguien querría oler así y comenzar un hábito que sería tan difícil de detener y perjudicial para los que les rodea me asombra? No sólo el fumar causa cáncer de pulmón y cientos de otras dificultades para el fumador y quien está a su alrededor, pero los fumadores probablemente envejecerán mucho más rápido. Siempre puedo decirle a un fumador por sus caras, la tos de su fumador y sus voces (las voces de las mujeres son más roncas de lo normal).

Las características distintivas de la cara del fumador (que hace que las personas se vean mucho más viejas que sus años) están presentes en el 46 por ciento de los fumadores actuales y en el 8 por ciento en los exfumadores. Con suerte, la amenaza de arrugas puede ser un motivador más poderoso para ayudar a su cuñada a dejar de fumar, que las consecuencias más mortales del cáncer de pulmón. Fumar agota el suministro de oxígeno de la piel al reducir la circulación. Disminuye la formación de colágeno, el principal componente estructural de la piel y puede reducir el contenido de agua de la piel, lo que aumenta las arrugas.

Ella puede pensar que tener un lavado de cara puede remediar las cosas, pero los fumadores tienen más complicaciones después de los estiramientos faciales.

Hable con su hermano y esposa y hágales saber cómo se siente acerca del entorno peligroso en el que ellos están obligando a ellos hija a vivir. Es una lástima que no haya más protección para los miembros de la familia cuando hay un fumador en el hogar o en el automóvil. La presión sobre los legisladores podría ser una forma de garantizar que este hábito destructivo no pueda afectar a los niños vulnerables y desprotegidos.

Quiere más nietos

'Mi suegra ha estado molestando a mi esposo y tengo otro hijo, tenemos un niño muy ocupado de tres años y no estamos listos para tener otro hijo. Pero a pesar de que le dijimos esto, todavía hace inferencias sobre el hecho de que el es hija única y necesita alguien con quien jugar. Vivimos en una granja próspera y él no juega regularmente con otros niños, pero él va al

Tratando con parientes difíciles y en leyes

vivero dos veces por semana y ocasionalmente otros días. Las madres traen a sus hijos a jugar con él. ¿Cómo debería tratar con esta agresiva suegra?'

Hay un dicho sarcástico que dice: '¿Qué pasa con este tema que no entiendes?' Eso es lo que probablemente quieras decirle ella. Sin embargo, eso podría causar más tensión entre ustedes. Tu esposo es quien debe hablar con su madre con comentarios como: *'Mamá, sé que tienes buenas intenciones, pero nos enojamos cuando insistes en que tengamos otro hijo y ambos nos enojamos. ¿Podrías por favor no hacerlo en el futuro?'*

a) describir el problema o situación.
'Cuando usted tejón nos acerca de tener otro hijo...'

b) definir qué sentimientos o reacciones.
'Ambos conseguimos molestadas.'

c) sugieren una solución o pedirles una solución.
'¿Usted por favor no hacerlo en el futuro?'

De ser necesario, seguiría los pasos de la retroalimentación para reforzar lo que quiso decir con lo que dijo. Tendría que estar preparado con las consecuencias si seguía haciendo lo que estaba haciendo. Le pediría a su padre que interviniera y lo alentaría a discutir el problema con su madre.

Ex cuñado

'Cuando mi hermana y su esposo Rick se divorciaron, continué asociado con su esposo. Ahora el se ha vuelto a casar y vive en otra ciudad. Cuando visito esa ciudad, a menudo me quedo con Rick y su nueva familia. Mi hermana está furiosa cuando se entera de esto ella me acusa de no ser leal a ella. Disfruto quedándome con Rick y su familia y se lo he ella dicho.'

Hay muchos tipos de amor y amistad. Porque él es tu ex cuñado no significa que tengas que cortar lazos con él. Su hermana debe tener un nivel muy bajo de autoestima o sufrir debido al divorcio. A menudo es aquel cuyo compañero se ha marchado que se siente de esa manera (a menudo durante años) cuando una pareja se separa. Me imagino que ella fue la que se quedó y todavía se siente emocionalmente por él. Hable sobre esto, mostrando que tu comprende cómo puede sentirse rechazada por él, pero que no tiene nada que ver con tu amistad con Rick y su nueva familia.

No puedes ver nietos

'Mi hijo y su esposa se separaron y ella tiene la custodia de los niños. Ella se alejó de donde vivimos y ya no los vemos. Amamos a nuestros nietos y hemos estado enviando regalos para cumpleaños y Navidad, pero nunca recibimos el reconocimiento de ellos de que los han recibido. ¿Debería seguir enviándolos regalos y cómo nos vemos de vez en cuando?'

Tu hijo debería tener momentos en los que pueda ver a sus hijos. Pregunta si puedes visitarlos cuando él los vea. Si tiene que viajar a el lugar, pregunte si estaría bien si tu fue con él durante él próxima visita. Pídale él que verifique si los niños recibieron tus regalos o mejor aún, pídale que tome los regalos cuando visite a sus hijos.

También podría escribir una carta a su ex nuera y preguntarle específicamente si tu puede ver a tus nietos y cuándo. Si ella se niega, pregúntele por qué ha decidido esto y preparése para su respuesta. Puede consultar con un abogado para ver si tiene los derechos de los abuelos de estos niños para verlos. Las leyes están cambiando y es posible que pueda establecer un horario de visita regular con ellos. Vale la pena intentarlo.

Blues de Navidad

'Mi suegra entra en una profunda depresión en torno a Navidad, porque su esposo murió dos días después de Navidad. ¿Cómo podemos ayudarla en este momento tan terrible?'

Hay tres razones importantes por las que es importante reconocer y tratar la depresión severa:

- Primero, los pensamientos de suicidio son extremadamente comunes, algunos incluso llevan a cabo sus pensamientos. La depresión puede ser enojo contra ellos mismos porque se sienten impotentes o incapaces de cambiar la situación.
- Segundo, las personas con depresión sufren. Su calidad de vida es pobre y no pueden ser entusiastas ni disfrutar de las actividades. El tratamiento oportuno hace que la mayoría de las personas se sienta mejor.
- En tercer lugar, identificar la depresión a menudo puede aclarar qué le pasa a la persona que se queja de una serie interminable de quejas físicas. Esto puede ser un gran alivio para el médico de la persona, que puede ahorrarle al paciente el gasto y el riesgo de las pruebas de diagnóstico si se sabe que la persona padece depresión.

¿Cómo puede ella evitar deprimirse? Una de las curas puede ser aumentar ella nivel de actividad. Haga ella que se involucre en las preparaciones de sus vacaciones familiares: hornear, envolver regalos, tener reuniones con amigos. Esto significa que ella no tendrá tiempo para sentarse frente a la televisión o mirar por la ventana y reflexionar sobre su soledad.

Aquí hay más pasos que ella puede tomar por sí misma para protegerse de las *"tristezas navideñas"*:

- Aliéntela a pasar tiempo con sus amigos si usted u otros miembros de la familia no están disponibles.

- Haga que pregunte a otras personas solitarias o desanimadas por una reunión de vacaciones llena de diversión.
- Haz algo especial para otra persona todos los días (son las pequeñas cosas las que cuentan).
- Haga suficiente ejercicio físico (pero haga que ella consulte con su médico antes de comenzar cualquier nueva actividad extenuante).
- Escuchar música o leer un buen libro.
- Ríete: en lugar de ver una película sombría o un programa de televisión, mira una comedia en la que ella puede reír para calmar sus tensiones. Divertirse es una buena manera de retomar el rumbo en tiempos difíciles.
- Aléjate de todo: da un paseo por la naturaleza.
- Únase a un grupo de apoyo: no lo haga solo.
- Use un pensamiento positivo, no negativo.
- Obtenga la cantidad correcta de sueño y descanso, pero no use el sueño como un escape de sus problemas.
- Haga que alguien ella dé un masaje relajante que puede ella hacer maravillas para mejorar su bienestar físico.

Alejándose

'Mi madre y mi suegro han vivido en su casa durante más de treinta años, pero se ha convertido en demasiado para ellos, por lo que decidieron mudarse a un departamento. Ellos viven en otra ciudad y quieren quedarse allí con sus amigos.

'Están preocupados por mudarse a un lugar nuevo y especialmente tener nuevos vecinos. Tuvieron vecinos maravillosos que fueron muy útiles cuando estaban enfermos y se ocuparon de su casa cuando no estaban. ¿Qué tipo de cosas puedo sugerir que hagan después de que instalarse en su nuevo hogar?'

Los amigos y parientes pueden tardar un rato en comunicarse con ellos en caso de emergencia. Sugiérales que tengan en cuenta los siguientes puntos al tratar con sus nuevos vecinos. Un vecino amistoso y positivo puede mejorar la sensación de seguridad y bienestar, mientras que un vecino hostil y negativo puede ser una fuente de estrés, turbulencia emocional, enojo, irritación, celos y críticas. Gran parte de nuestra risa y felicidad depende de la relación que tenemos con las personas que nos rodean, como nuestros amigos, familiares y especialmente nuestros vecinos. Nuestros vecinos pueden jugar un papel importante en el bienestar de cualquier familia porque están disponibles las veinticuatro horas del día y viven al lado.

Ayude a sus padres a comenzar con el pie derecho al recordar que es probable que necesiten la ayuda de su vecino:

- Durante una emergencia: incendio, percance, robo, robo, fuga de gas (especialmente si sus padres están ausentes o de vacaciones) o si sus padres tienen una emergencia médica o muerte en la familia.
- Cuidar la casa, las mascotas, las plantas y el correo de sus padres mientras están lejos por unas pocas horas o días (un entendimiento mutuo).
- Cuidando sus cartas y documentos importantes cuando están ausentes por un largo tiempo.
- Compartir sus éxitos y logros y brindar apoyo moral durante la crisis y el duelo.

Pueden construir una buena relación con sus vecinos al:

- Esté preparado para ayudar a su vecino de la misma manera (que es como un seguro para que sus padres consigan ayuda y apoyo de sus vecinos cuando sea necesario).
- Recuerde los cumpleaños de los aniversarios de bodas de sus vecinos (especialmente los de sus hijos) y felicítelos personalmente o envíe flores o tarjetas de felicitación.
- Envíe pequeños obsequios periódicamente para que sus vecinos se sientan especiales.
- Felicítelos por su hogar, sus hijos, sus éxitos y logros.
- Exprese gratitud cuando hacen algo pequeño para usted.
- Entrega de cartas y documentos con prontitud cuando se entregan incorrectamente a su dirección.
- No toque música alta durante fiestas y celebraciones. Deben invitar a sus vecinos a sus eventos, entonces probablemente no se quejarán.
- Evite la basura en una sala común o abra lugares que puedan causar incomodidad a los vecinos.
- Tenga cuidado y compasión cuando maneje peleas entre niños.
- Cuidadoso y compasivo al manejar peleas entre los niños.

CONCLUSIÓN

¿Estás listo para tus familiares difíciles y en leyes?

Tu Le han dado las herramientas que le permitirán tratar con ellos si se enojan, son groseros, impacientes, emocionales, molestos, agresivos o persistentes. Estas habilidades cruciales le permitirán tratar con todo tipo de personas y circunstancias difíciles. Aprenda estas habilidades y no puede evitar mejorar sus relaciones con sus familiares y las leyes.

Estas habilidades te ayudarán a controlar tu estado de ánimo y mantenerte fresco bajo fuego. Tu comenzará por comprender por qué los hombres y las mujeres tienen un tiempo tan arduo para comunicarse y por qué es probable que interpreten las situaciones de manera diferente. Si practicas las técnicas, serás capaz de:

- Controle sus cambios de humor mientras mantiene el control frente a situaciones negativas;
- Aumenta tu nivel de autoestima porque tienes control de tus emociones;
- Mantener la calma bajo fuego;
- Deje de desperdiciar su preciosa energía en emociones negativas;
- Desactivar los sentimientos heridos, culpables o defensivos;
- Dar y recibir críticas con más confianza;
- Saber cómo los estilos de comunicación masculinos y femeninos difieren;
- Sepa qué tipo de persona es usted y cómo llevarse bien con otros tipos de personalidad;
- Comprender conductas pasivas, agresivas, asertivas, pasivas resistentes, agresivas indirectas y pasivo-agresivas;
- Comprender la importancia de la comunicación no verbal;
- Usar diversas habilidades de comunicación, como paráfrasis, retroalimentación, escuchar y hablar;
- Identificar el comportamiento manipulador y saber cómo manejarlo de una manera directa;
- Tratar con llorones y quejosos;
- Detecta y trata con la ira en ti y en los demás; y
- Trate con hermanos difíciles, parientes, personas mayores y parientes políticos.

Aprende las técnicas y practícalas a diario. ¡Funcionan! Pero al igual que cualquier habilidad nueva, tendrás que usarlas indefectiblemente hasta que se vuelvan espontáneas. Si lo hace, puede esperar poder controlar cómo se enfrenta y reacciona con los demás.

Tu ya no permitirá que otros decidan qué tipo de día tiene. Debido a que has ganado este control, tu nivel de autoestima aumentará en consecuencia. Mientras más seguro de sí mismo seas, menos estrés y aprensión sentirás, lo que te dará más energía y entusiasmo. Use estas habilidades y prepárese para la comunicación mejorada que inevitablemente seguirá.

Encontrarás más técnicas e ideas en mi primer libro que ha sido un best-seller internacional desde 1990:

Tratando con gente difícil: tratar con clientes difíciles, gerentes exigentes y colegas no cooperativos

Y otras secuelas:

Tratando con frente a situaciones difíciles: en el trabajo y en el hogar

Tratando con cónyuges difíciles y niños

Tratando con parientes difíciles y en las leyes

Tratando con frente a la violencia doméstica y el abuso infantil

Tratando con la intimidación en la escuela

Tratando con frente a la intimidación en el lugar de trabajo

Tratando con frente a la intimidación en aldeas de jubilación

BIBLIOGRAFÍA

Cava, Roberta, *tratar con personas difíciles; Cómo tratar con clientes desagradables, exigentes jefes y colegas* (22 editores en 16 idiomas)

Cava, Roberta, *con difícil cónyuges e hijos; Cómo manejar problemas familiares difíciles,* Cava Consulting, 1995 y 2000.

Eckman, Paul, *por qué los niños mienten,* Penguin Books, 1991.

Fleming, Don, *Cómo dejar de luchar con su hijo,* Prentice Hall, 1993 y *Cómo dejar de luchar con su hijo adolescente,* Prentice Hall, 1993.

Gray, Dr. John, *Marte y Venus; Partida,* Harper Collins, 2007.

Gordon, Dr. Tomas, *padre efectividad formación; Probado el programa para criar hijos responsables,* Random House, 2001.

Greer, Dr. Jane, *¿Qué sobre mí? Dejar el egoísmo de arruinar su relación*, Sourcebooks Inc, 2010.

Killinger, Barbara, *adictos al trabajo; Los adictos respetables* Key Porter Books, Toronto, 2004.

Rapoport, Judith, *el muchacho que no podía dejar de lavarse,* libros del pingüino, 1999.

Tannen, Deborah, *simplemente no entiendes; Mujeres y hombres en la conversación,* Harper Collins, 2007.

Uly, Guillermo, *que pasado No; Negociación con personas difíciles,* Random House, 2002.

Woititz, Dr. Janet G., *la lucha de la intimidad,* comunicación de salud, 1993.

Wylie, Betty Jane, principios de; *Un libro para las viudas,* McClelland & Stewart, 1997.

www.ingramcontent.com/pod-product-compliance
Lightning Source LLC
LaVergne TN
LVHW051556070426
835507LV00021B/2604